SSAP

手册系列

I

作者手册

主　　编　谢曙光
执行主编　童根兴

社会科学文献出版社
SOCIAL SCIENCES ACADEMIC PRESS (CHINA)

用心　專業　創新　共享

共享　创新　专业　用心

社科文献新媒体矩阵

皮书说	集刊纵览	社科期刊网	社科数托邦	国际版话
先晓书院	甲骨文	索恩thornbird	启　微	方　寸
世间之盐	思想会mindtalk	凹阅读	九色鹿	群　学
社会学之思	鸣　沙	人文万象	边际客	城邦的世界
鹰　观	布鲁布克	列国格治	经管领读	及物设计SSAP

主要执笔人简介

主　编

谢曙光（笔名，本名谢寿光）

1956 年 10 月出生，毕业于厦门大学哲学系，曾先后在中国大百科全书出版社任编辑、编辑部主任、社长助理、社党组成员，主持《中国大百科全书》哲学、社会学卷编辑工作。1997 年秋调入中国社会科学院社会科学文献出版社。

现任中国社会科学院社会科学文献出版社社长，中国社会学会秘书长，二级研究员。中国社会科学院研究生院教授、华侨大学特聘教授。1993 年起享受国务院政府特殊津贴；1996 年获“全国优秀中青年编辑”称号；2008 年被评为“全国新闻出版行业领军人才”；2009 年荣获“韬奋出版奖”；2013 年起，受聘担任国家社会科学基金学科规划评审组专家；2017 年，荣获“第四届中国出版政府奖优秀出版人物奖”。

先后主持国家大型国情调研项目，出版“中国国情丛书——百县市经济社会调查”100 多卷，主持多项国家社科基金科研项目，担纲国家学术出版规范研制。开创知名学术品牌“皮书系列”图书，被誉为“中国皮书出版第一人”。

主要学术成果包括《哲学百科辞典》（合著，1992）、《中国社会工作百科全书》（主编，1994）、《中国大百科全书（简明版）》（社会学条目主要作者，1997）、《皮书手册：写作、编辑出版与评价指南》（主编，2016）、《学术出版研究中国学术图书质量与学术出版能力评价》（合著，2018）、《中国学术出版：现状、问题与机遇》（论文，2013）、《全面深化改革与中国社会学的责任担当》（论文，2014）、《学术出版与中国国际话语体系的构建》（论文，2014）、《大数据时代的学术出版》（论文，2017）等。

执行主编

童根兴，社会科学文献出版社副总编辑，中国社会学会理事、副秘书长，社会变迁研究会副秘书长。第三批北京市新闻出版广电行业领军人才。专注于社会学类图书、人文社会科学学术集刊出版，从事学术出版规范等相关研究。主要成果有《学术著作中的注释》（论文，2020）、《博士论文如何成书》（论文，2019）、《共识型工人的生产》（论文，2005）、《北镇家户工——日常实践逻辑与宏观政治经济学逻辑》（论文，2005）、《规则的动态演变——成文组织规则的变化》（译著，2005）。

作为主要成员参与研制并执笔新闻出版行业标准学术出版规范《一般要求》《引文》《注释》《表格》《插图》。

其他主要执笔人（按照章节顺序排列）

柳　杨，学术传播中心主任

易　卉，集刊分社法学编辑

丁阿丽，皮书研究院副院长

刘　姝，数字出版分社副总编辑

杨　洁，数据中心副主任

高　靖，国际出版分社副社长

郭瑞萍，文稿处理中心常务副主任

陈　荣，编审室质检编辑

梁　帆，国际出版分社总编辑

梅　玫，总编室副主任

姚冬梅，总编辑助理、总编室主任

蔡莎莎，总编室副主任、重点项目办公室主任

姚　敏，集刊分社社长助理

潘晓颖，融合发展办公室编辑

秦静花，北京社科智库电子音像出版社副社长

齐　佳，法务部常务副主任

郭聪燕，编审室质检编辑

杨桂凤，群学出版分社总编辑

王学英，编审室质检编辑

宋荣欣，历史学分社总编辑

目 录

细 目

前 言

作者泛指以文字、图像、视频为呈现方式从事原创内容生产的个人或团体；学术作品的作者是从事以上述介质为载体的学术内容创作的个人或团体，其中的个人通常称为“学者”。学者以提供原创学术内容为己任，是出版社的内容之源。出版社的活力正是源于作者的活力，学术出版社围绕学术作品的出版和传播展开工作，为学者提供服务。作者工作始终是出版社的中心工作之一。

社会科学文献出版社（下文简称“社科文献”，英文简称 SSAP）是直属于中国社会科学院的人文社会科学专业学术出版机构，社科文献的作者绝大部分是国内外从事人文社会科学原创学术研究的学者或学术团体。早在 20 世纪 90 年代末第二次创业之初，社科文献就明确提出背靠中国社科院，服务于中国与世界人文社科界的战略定位。经过 20 多年的努力，社科文献由二次创业之初仅 20 余人的无名小社成长为国际知名、国内一流的人文社科专业学术出版机构。如今，在社科文献这个专业学术平台上，约 400 位以学术编辑为主体的专业团队为近 10 万名学者和 3000 多家机构提供专业服务。

为方便社科文献作者获得快捷、便利、精准的专业服务，早在 1997 年秋我入社之初，积自己 15 年在中国大百科全书出版社从事哲学、社会学百科全书和“中国国情丛书——百县市经济社会调查”专业编辑经验体会，撰写了近 4 万字的、以编辑规范为主要内容的《管理条例》，涉及大量为作者服务的内容，这其实就是一个编辑如何为作者服务的工作手册。到 2012 年我负责原新闻出版总署学术出版规范行业标准起草时，同步在出版社内部组建《社会科学文献出版社学术出版手册——写作、编辑、出版指南》(简称《SSAP 手册》)课题组，力图打造“中国版的《芝加哥手册》”。同年正式印制《作者手册》供内部使用，此后几年陆续进行局部修订完善。随着《SSAP 手册》研制进入后期，尤其是在互联网、大数据、云计算、人工智能场景下，社科文献专业学术服务体系加速布局，全面修订《作者手册》随之提上重要日程。2019 年底我社招收的学术出版规范方向博士后孙慧娟博士正式入站，她所接手的第一项任务就是担任《作者手册》修订的串线人，从出版社通行规范流程和《SSAP 手册》课题组各板块成果中抽取汇集与作者相关的内容，并照应同步进行的《编辑手册》修订。按原定计划，2020 年春节结束后即着手讨论稿准备，不料 1 月 23 日全国打响新冠肺炎疫情防疫战，所有地面人际活动停止，社科文献在家线上办公从 2 月 3 日全面展开，这版《作者手册》修订工作随即在线上提速进行。

本手册是从作者立场出发的一部学术服务指南，它回答了：谁有可能成为社科文献的作者？怎样才能成为社科文献的作者？如何准备稿件？作者会享受到社科文献提供的哪些服务，应承担怎样的义务？社科文献的作品应遵守哪些规范和流程？

本手册除了前言、导论和附录外，共分 6 大部分 28 章。第 1 部分介绍学术出版物的类型及其相关规范要求，涉及普通图书、学术论文、学术译著、古籍整理等。第 2 部分介绍学术出版类型及其流程，涉及图书出版的整体流程、我社品牌出版——皮书出版及其流程、学术集刊出版及其流程、数字出版类型及其流程、国际出版类型及其流程，以及服务于作者的重点出版项目类型和申报流程。第 3 部分阐释学术出版中涉及的政治、法律和道德问题。第 4 部分讨论学术出版物中的具体用法和风格，包括文字、数字、标点、量、单位、公式、专有名词。第 5 部分讨论表格、插图和地图的各项要求。第 6 部分主要介绍学术著作中尤其需要强调的引文、注释和参考文献的类别与体例，以及如何编制索引。附录部分介绍了我社围绕服务作者、服务学术出版而搭建的内容部门和协调部门，作者可按图索骥，找到适合自己的服务部门。本手册的框架基本涵盖了目前学术出版中的相关领域，尽管很多细节需要更进一步精细化，但有了这个框架，后续就有了可以改进的方向和目标。

本手册是 SSAP 手册的一个部分，SSAP 手册前后经年，有诸多编辑参与其中，并做出了不同程度的贡献。本手册的具体执笔者我们在每章的脚注中做了详细说明，这里不再重复。这版以在线研讨、线下落笔为特征进行全面修订、研创和增补的《作者手册》，参与的课题组成员来自本社总编室、编审室、皮书研究院、国际出版分社、集刊分社、群学出版分社、文稿处理中心、法务部、融合发展办公室、数据中心、数字出版分社、人力资源部、出版部等 13 个部门。SSAP 手册课题组负责人、副总编辑童根兴担任执行主编并具体负责了领导工作。我与他前后多次探讨框架设计、具体篇目拟定、各部分之间风格体例统一、查漏补缺等方面的细节工作。在书稿完成后童根兴还进行了统稿。姚冬梅、蔡莎莎、魏小薇进行了前后文字以及相关内容的审核和编校。蔡莎莎和孙慧娟作为童根兴副总编辑的助手协同组织了这次修订。参与这版《作者手册》修订的其他人员还有：梁艳玲、柳杨、丁阿丽、姚敏、刘姝、潘晓颖、杨洁、秦静花、高靖、齐佳、郭瑞萍、郭聪燕、陈荣、杨桂凤、梅玫、吴丹、黄元洪、佟英磊、朱月等。我谨向上述各位同事致以最衷心的感谢。在本次修订过程中，我们参考引用了很多文献及其文字，并形成了我们自己的框架，由于是工作手册，为了方便阅读，我们没有直接列出参考文献，仅仅在手册最后编制了总体的参考文献列表。在此谨向这些文献的作者们表示最真诚的感谢，学术出版规范需要每个时代学术共同体的探索和积累，作为新时代的学术出版人，我们尽可能做到不辱使命。

本手册不仅有纸质版本，而且有多种电子版本。作者可通过访问社科文献的官方网站、先晓书院、企业微信了解更多内容，如有意出版皮书、创办集刊，可详见社科文献出版社出版的《皮书手册——写作、编辑、出版与评价指南》和《SSAP 学术集刊手册——编撰、出版和评价指南》。

学术出版规范建设是一个不断探索、不断演进的过程，我们将基于学术出版的现状和前沿深入研究、精益求精，将最新的调整和变化及时、实时地通过线上更新、邮件提醒等多种方式和渠道告知作者；同时每年对纸质版进行修订完善。欢迎并衷心期望所有的社科文献作者能积极参与这一修订、调整和完善的过程，为我们提供更多更好的建议，社科文献将在您的大力支持下不断优化《作者手册》，在更好地为作者提供出版服务的同时，助力和推进学术规范建设，为中国学术事业的繁荣和发展做出应有的贡献。

谢曙光

2020 年 3 月 31 日于北京新冠疫中

SSAP

手册系列

I

作者手册

社科文献出版社
官方微信二维码

社科文献数字
学术服务平台

导　论

以作者为中心的学术出版*

学术出版是学术作品经过评审、编辑加工和复制并向受众传播的专业活动，是学术作品进入传播渠道的重要关口。作者是所有原创作品的来源，是学术出版的起点和动力。围绕作品，服务作者和读者，服务科研，推动学术作品效益最大化，推动学术出版的规范化，构建良好的学术出版生态，是一家负责任的学术出版社应有的行为。

* 本部分执笔人：谢寿光、柳杨。

一
社科文献的历史和理念

社会科学文献出版社（简称社科文献出版社，下文简称社科文献；英文名Social Sciences Academic Press，简称SSAP）成立于1985年，由文化部文出字〔85〕第235号文件批准，社号419，是直属于中国社会科学院的人文社会科学专业学术出版机构。成立之初，社科文献以有计划地编译当代外国马克思主义研究和社会科学理论著作、外国研究中国的有代表性著作，介绍国外新兴学科、边缘学科、世界文化和学术思想，学术界人物、流派、会议、研究机构和有关文献资料为宗旨。

建社以来，尤其是1997年秋谢寿光同志从中国大百科全书出版社调入主持工作，并从1998年开启第二次创业以来，社科文献秉持“创社科经典，出传世文献”的出版理念，坚守“权威、前沿、原创”的产品定位，立足于中国人文社会科学界，面向海内外学者与高端学术研究机构，致力于全球学术资源整合、学术产品研发和学术成果传播，走出了一条专业化、市场化、数字化、国际化齐头并进的发展道路。

社科文献全方位构建了学术出版生态，服务于学者的出版和科研活动：以皮书数据库为核心，打造国内最大、最专业的智库报告出版与传播平台；以《列国志》为抓手，深度建设国别区域与全球治理数据平台；以学术集刊与期刊为依托，构建学术论文出版平台；以古籍文献为切入点，打造大型学术文献资源整合平台；以学术传播能力建设为根本，打造最专业的学术传播平台；通过“引进来”“走出去”，提升国际出版服务能力；围绕学界数字化建设需要，发展数字化学术科研平台；以学术出版高质量发展为第一要义，积极研制学术出版规范和评价体系。经过35年的发展，社科文献聚合了全国约3000家科研及智库机构和近10万名科研人员，打造了中国人文社会科学学术共同体。

二
社科文献的学术服务

作为一家学术出版机构，我们为作者提供全面的学术服务，为学术机构量身打造学术品牌，提升学术机构的价值和影响力，为学者打造个人流量平台，推动学术作品的效益最大化。

我们通过为学者个人和科研机构出版图书、建设数字科研平台、多语种多介质多平台推送作品和观点、搭建学术交流平台、提供学术规范培训、提供学术文献资源、提供智库和学术评价服务，打造学术科研服务的生态圈，助力学者成长，推动作品学术影响力、社会影响力、行业影响力最大化。

（一）图书出版

学术图书出版是学术出版机构的主业。社科文献是中国人文社会科学学术出

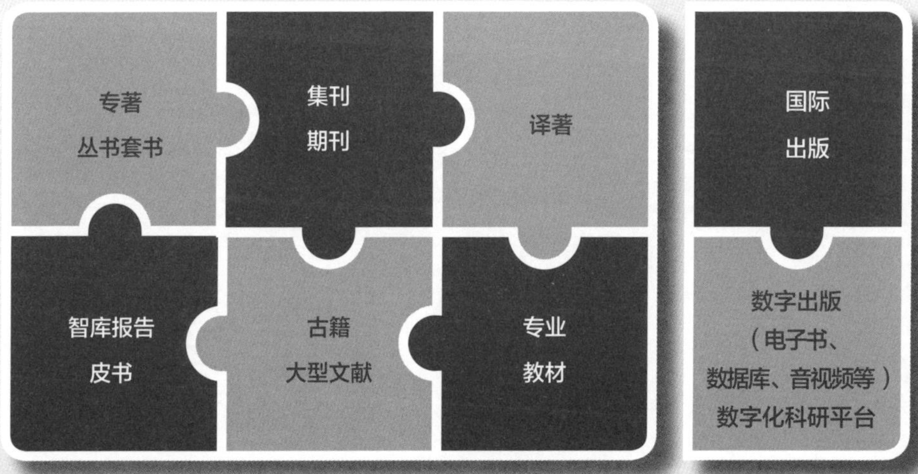

图1 SSAP 产品方阵

版的大社名社，年出版图书 2400 种，其中皮书 500 种，集刊 200 余种，并集中运营以中国社会科学院为主体的学术期刊 80 种，多项成果入选国家出版基金、中国社会科学院创新工程、国家社科基金后期资助等项目，多次获中国出版政府奖、中华优秀出版物奖、“五个一工程”奖、“三个一百”原创图书出版工程等荣誉。

（二）学科建设

社科文献视专业学术出版为立社之本，经过 35 年的积累与沉淀，出版业务覆盖文、史、哲、法、经、社等人文社会科学所有门类；形成了以皮书、列国志、中国史话、学术集刊与期刊、大型古籍文献为主线的产品集群；在马克思主义、经济学、社会学、历史学、政治学、公共管理、国别区域研究等专业学科和研究领域形成了优良的出版传统，奠定了学术出版重镇的领先地位。大量优秀学术著

表 1 社科文献产品覆盖的学科门类

学科门类	涵盖子学科
马克思主义	马列 / 科社、党史党建、思想政治教育
哲学	哲学、宗教学、伦理学、逻辑学等
经济学与管理学	经济学、财政学、金融学、贸易学、管理科学、工商管理、旅游管理等
社会政法	法学、政治学、社会学、社会工作、人类学、社会政策、人口学、民族学、社会心理学、公共管理等
文化、传媒与教育	新闻与传播学、数字出版、编辑学、教育学、体育学、艺术学、设计学、现代文化产业研究等
历史与考古	历史学、世界史、考古学、博物馆学、文物学等
语言与文学	语言学、中国文学、外国文学、外国语言、中国传统文化
生态文明与绿色发展	生态学、城市研究、健康研究、环境保护研究等
国际国别区域	国别研究、国际战略、国际经济、国际组织、全球性问题等
统计与方法	统计学、社会调查研究方法、计量方法等

作的出版为社科文献树立起高端学术出版的品牌特色，与国内多所知名高校与科研机构形成了学术资源共建机制，引领各学科出版齐头并进。

社科文献关注学科领域前沿问题，关注重大理论和现实问题研究，在 35 年的发展历程中，形成了“社科文献学术文库”“社科文献学术译库”“资本主义研究译丛”“全球化研究译丛”“改革开放研究丛书”“中国梦与中国发展道路研究丛书”“当代中国社会结构研究丛书”“近世中国”等具有鲜明特色的出版物。近些年来，社科文献孵化出甲骨文、索·恩、启微、九色鹿、思想会、方寸等大众学术品牌，为读者提供丰富的思想盛宴，为作者提供一流和前沿的学术文献。

（三）数字出版

紧跟科学技术发展的趋势，社科文献的数字出版从 2003 年开始起步，到目前为止，构建起包含电子书、音视频、音像制品、数据库、定制库、数据集等的多元化数字产品体系，包含学术科研服务平台、全流程数字出版解决方案等多方位数字出版服务体系，探索开放存取、预印本等学术出版新形式，以多形态高质量的数字产品、个性化多方位的数字出版服务，提升科研机构和学者在数字时代的学术话语权及影响力。

（四）国际出版

社科文献的国际出版集版权贸易、合作出版、海外宣传、学术营销、学术论坛等业务于一体，与英、美、俄、荷、法、德、日、韩等国及港澳台地区 40 多家出版和学术文化机构建立了长期稳定的合作关系，每年合作出版外文版学术图书近百种，先后与斯普林格（Springer）、博睿（Brill）、劳特利奇（Routledge）、麦克米伦（Macmillan）、世界科技（World Scientific）、日本东大出版协会、俄罗斯涅斯托尔出版社等国际出版机构合作，面向海外推出了英文版的“皮书”系列、“改革开放研究丛书”、“中国梦与中国发展道路研究丛书”等一系列在世界范围内引起强烈反响的作品，它们向世界展示了中国学者的学术水平和研究成果。

（五）学术传播

社科文献始终践行以作者为核心的发展战略，推动作者学术成果价值最大化。在社科文献平台上出版的学术成果，将以纸本、电子书、数据库、音频、视频等多种形态在全球范围内传播，覆盖海内外 3000 多家一流大学与知名研究机构及图书馆；上架当当、京东、淘宝、亚马逊、得到等各类电商和知识付费平台全网销售；在美国亚洲学会年会及国内高水平的专业学科学术会议包括国家社科基金年度评审会上展示或销售，得到专业领域知名学者或顶级流量推荐。作为社科文献的作者，能够通过出版社举办的发布会、研讨会、读者沙龙、学术讲堂、网络直播等多种方式与读者对话交流；直接使用出版社强大的媒体资源，在国家级主流媒体及全球 300 多家各类媒体上发表观点，扩大社会知名度。

（六）学术规范

社科文献出版社是中国学术出版规范与标准的倡议者与制定者。2012 年，社科文献代表全国 50 多家出版社发起实施学术著作出版规范的倡议，并承担学术著作规范行业标准的起草工作，制定了《CY/T 118-2015 学术出版规范 一般要求》《CY/T 121-2015 学术出版规范 引文》《CY/T 122-2015 学术出版规范注释》《CY/T 170-2015 学术出版规范 表格》《CY/T 171-2015 学术出版规范插图》。

社科文献研制出版了《皮书手册——写作、编辑出版与评价指南》《SSAP 学术集刊手册——编撰、出版与评价指南（内部版）》，历时 8 年研制的中国版《芝加哥手册》——《SSAP 手册》也将在 2020 年公开出版发行。社科文献每年组织召开“皮书研创高级研修班”“集刊研创集训班”等，指导和规范学者对相关出版物的写作，提升作者的写作研创能力。

（七）学术研究与学术评价

社科文献长期致力于打造研究型学术出版机构，每年招收博士后与相关专业编辑在智库建设、学术出版、学术评价，以及相关专业学科方向展开研究。现有在研国家社科基金课题 8 项，其中重点课题 2 项；横向合作和自筹课题 20 多项。2018 年结项的国家社科基金重点课题“中国学术图书质量评价与学术出版能力建设”，填补了国内该研究领域的空白。以客观指标和数据为基础的学术图书和学术出版能力评价、智库成果和智库影响力评价、人文社会科学学术影响力评价、学术集刊评价等，构成社科文献的学术评价体系。

（八）项目申报

社科文献协助作者申报各种研究和出版资助项目，申请国家哲学社会科学成果文库、国家社科基金后期资助项目、中华学术外译项目、经典中国国际出版工程项目等，社科文献的作者可享受各类国家级出版资金及科研项目申请的专业咨询服务和辅导，提升学术科研效率与水平。

（九）学术交流平台

社科文献以品牌出版为平台，持续致力于建设品牌年会和论坛，为国内外学者提供学术交流平台，学者可以在这些论坛上与诸多国内外高校科研机构的顶尖学者交流，获得第一手的学术信息，建立自己的学术链接。

2000 年持续至今的皮书年会

皮书年会源于皮书研创，是可以独立运行的学术共同体，也是中国智库研究者的学术嘉年华。作为从事皮书研创的专家学者交流经验、把握未来研创方向、共促皮书繁荣发展的年度盛会，皮书年会已经从最初的出版社工作会议演变成高黏性学术共同体会议。在这里，500 余个课题组、代表着数万名专家学者的观点碰撞、思想交汇，将当代中国社会科学理论与实践研究的精华，推向世界学术舞台。

2012 年持续至今的人文社会科学集刊年会

人文社会科学集刊年会旨在会聚从事集刊出版的主编、学者、作者和编辑，共同探讨学术集刊出版的相关事项，推动中国人文社会科学的发展和创新。在推动集刊学术化与规范化、提升学术集刊内容质量、扩展学术集刊营销渠道、提升学术集刊国际影响力、集刊的开放共享及诚信建设等方面取得了突出的成绩。每年来自中国社会科学院、各大院校及科研机构学者参加会议，人文社会科学集刊年会已成为集刊发展沟通交流最畅通有效的平台，影响力不断扩大，引起了国内外学术界的广泛关注。

2011 年持续至今的学术出版年会

中国学术出版年会（早期名为中国书业发展论坛）是以社科文献出版社建社 25 周年为契机，由社科文献联合中国新闻出版研究院、百道网于 2011 年初共同发起的年度行业盛会，2013 年正式更名为中国学术出版年会。年会每年在北京图书订货会期间举办，旨在为学术界、出版界、媒体以及社会各界搭建公共交流平台，就学术出版的地位、价值、现状与问题发表观点，探讨学术出版的规律以及解决发展问题的方法和路径。

2017 年持续至今的学术资源建设基地交流会

社科文献于 2014 年全面启动学术资源建设工作，而学术资源建设基地是社科文献学术资源建设工程的基础和中心，旨在巩固和拓展社科文献与国内外哲学社会科学各领域研究机构及学者的密切合作，搭建学术资源共享平台，培养学术人才，互利共赢，推进学术研究与出版的共同发展。为更好地开展学术知识服务，更好地满足高校及科研院所在学术研究成果转化、传播和推广方面的需求，构建更加紧密、共赢的战略合作关系，从 2017 年起社科文献每年举办学术资源建设基地交流会，助力提升基地优势学科影响力，多维度提升高校和科研院所学术话语权等。

三
结语：构建学术出版生态，助力科研成长

社科文献为作者提供课题申报、科研写作、学术规范、编辑加工、印制发行、宣传推广、数字出版、国际出版等服务，为作者提供品牌图书、前沿报告、数据库资源、多语种内容等产品，助力科研个体的成长。

社科文献也将通过提供丛书套书出版、智库报告出版、学术集刊出版、数字科研平台搭建、智库和学术影响力数据服务、品牌论坛合作、国际学术推广和学术话语权建设等，服务科研机构，推动科研机构品牌的形成和科研能力的提升。

我们期待在与作者的通力合作和共同努力下，不断丰富学术知识服务的维度，不断提升社科文献的服务水平和能力，共同推动中国哲学社会科学的繁荣与创新。

附录：社科文献作者服务一览

服务类型	服务项目	内容说明
通享服务	书稿加工	包括出版咨询、书稿润色、框架调整、文字加工、产品设计、数字化加工等
	成果数据开放	实时查询图书年度数据，了解所出版图书销售情况
	内容研创及学术规范培训	参与皮书高级研修班等研创培训，获取《社科文献学术著作出版规范》《皮书手册》《集刊手册》等及使用指导
	使用内容资源统一管理平台	免费获得作者本人著作电子书文件，在先晓书院平台免费阅读本人著作电子书，使用书架、笔记、社群、分享等各类服务
	获取学术动态及出版资讯	获取学科学术动态、学术会议以及社科文献资讯（包括图书出版信息、活动信息、出版社动态以及购书优惠信息等），优先参与社科文献各种大型学术活动，优先享受各类促销优惠的权限
	个人专属服务	获取作者购买图书、数字产品及文创产品专属折扣
流量拓展	内容曝光	公共媒体推广（召开新闻发布会、研讨会、联系媒体采访、刊登书讯书摘书评等多种形式在公共媒体平台发布推广）；自媒体推广（在社科文献官方网站、数据库、微信微博矩阵、社群矩阵等自媒体平台以及今日头条、豆瓣、抖音、喜马拉雅等第三方平台号发布推广）
	广告刊登	在《新华文摘》《中国社会科学报》以及社科文献运营的中国社科院学术期刊等社科研究相关刊物上刊登广告
	活动策划及组织	结合作者需求，围绕学术成果策划并组织召开发布会、研讨会、读书沙龙等各类活动，发起话题讨论
	学术会议展销	在成果所属学科重要学术会议上展示或作为会议资料呈现
	引流推荐	利用社科文献作者库及学者资源，邀请具有重要社会影响力或学术知名度的学者对作者学术成果进行推荐，也可视作者合作程度与各流量平台合作拓展作者影响力
商业转化	机构用户及垂直渠道开发	享受由作者介绍与出版社进行合作的机构用户或第三方垂直渠道的分销收益
	多元化开发	分享基于已有学术成果与社科文献进行深度合作开发的电子书、单篇报告、音视频产品、课程、数据库产品或科研平台等多种形态产品变现的经济收益

续表

服务类型	服务项目	内容说明
影响力提升	国际出版与传播	享有学术成果“走出去”优先推荐权益，参与国际学术活动、国际书展，进行学术成果海外发布
	担任评价评奖活动评委	参与由社科文献主办或参与的评选活动并担任评委，如社科文献年度十大好书评选、中国社会学年度好书评选、皮书评价评奖、集刊评奖等，提升个人社会影响力
	奖项及榜单申报	优质学术成果将由社科文献推荐参与各类政府奖、学术奖及媒体奖的评选，比如中国出版政府奖、中华优秀出版物奖、“五个一工程”奖、文津图书奖、中国好书等
	个人 IP 开发	围绕知名学者或极具潜力的作者，社科文献将组织团队围绕作者 IP 提供个性化的推广方案
决策咨询	重点项目申报及咨询	提供中宣部、国家新闻出版署、全国哲学社会科学工作办公室、中国社会科学院等机构各类资助项目的申报及咨询服务
	学术评价	提供学术评价定制服务，协助作者完成学术评价项目
	学术科研合作	提供各类学术科研项目内容合作及项目实施服务
数字化科研与出版服务技术支持	协同创作与在线出版	提供协同创作和在线出版流程支持，开放皮书等在线写作模板供作者使用
	数字化科研技术支持	开放在线审稿、投约稿平台，提供数据工具、机器翻译工具、学术不端检测等数字化科研服务

SSAP
手册系列
I

作者
手册

第1部分

学术出版物

学术出版物是刊发和传播学术研究成果的重要载体。公开的学术出版物主要有学术图书和学术期刊两类。学术期刊刊发学术论文。学术图书既刊发论文，也刊发章节性内容，还刊发知识点，比如词典、百科全书等。无论何种形式，学术出版物都有如下特征：研创者主要为受过专业训练的研究者；内容具有专业性，属于某一学科或专业领域研创性成果；主要受众（阅读人群）专业程度较高；使用专业语言和格式写作；具有特定要件，包括引文、注释、参考文献、索引等。

SSAP
手册系列
I

作者手册

学术图书作为结构化学术成果的重要类型，按照构成单元分，有以章节为单元的学术图书（包括专著、合著等）、以文章为单元的学术图书（包括文集、集刊蓝皮书等）、以知识点为单元的图书（包括词典、百科全书）等。按照空间来源分，有本土作品和外来作品（译著）。按照出版时期分，有当代作品、古籍和民国时期作品。按照功用分，有一般图书、学术工具书、智库产品、大众产品。按照学科领域分，有社会学、史学、经济学、管理学图书等。

本部分内容对普通图书、学术论文、译著、古籍整理等的基本构成和相关出版规范进行介绍，便于作者准备稿件和编辑评估稿件并准备出版。

第1章

普通图书*

普通图书既可以以章节为单位，也可以以文章为单位。两种构成方式具有编排上的区别，也有一定的规则依循。本章介绍普通图书的基本构成要件，以及写作和出版时应遵循的规则。

* 本章执笔人：童根兴。

1.1 图书基本构成

学术图书主要由外表部分、前置部分、正文和后附部分构成（见表 1.1）。

表 1.1 图书结构示意

	要件	必备性	起始页码
外表部分	护封、封面（封一、封四）、封二（封里）、封三（封底里）、书背/书脊、勒口/飘口	除护封、勒口/飘口外，都为必备，由出版社负责，作者可提供相关设计创意	无页码
前置部分	衬页（环衬）		不上页码
	书名页（扉页）		不上页码
	编委会/学术委员会	（可选）	不上页码
	作者简介	（可选）	不上页码
	声明、献词	（可选）	不上页码
	出版说明	（可选）	正面
	凡例	（可选）	正面或反面
	总序	（可选）	正面
	他序/自序/前言	（可选）	正面
	缩略语表	（可选）	正面或反面
	目录（总目/分目/细目）		正面
	图目	（可选）	正面或反面
	表目	（可选）	正面或反面
正文	导论或者第一章		从单数页开始编排，通常为导论或者第一章，第一页以阿拉伯数字 1 开始计算页码
	第一编/第一部分		暗码第 1 页
	空白页或者引言		第 2 页
	正文		第 3 页
后附部分	附录	（若与正文衔接不紧密，可放在参考文献后）	正面
	尾注		正面
	大事年表		正面
	术语表/译名对照		正面
	参考文献		正面
	作者简介	（或在前置部分）	正面
	索引		正面
	后记/跋		正面
	版权页、CIP 数据		不上页码

1.1.1　外表部分

外表部分由护封、封一、封二（封里）、封三（封底里）、书背 / 书脊、封四、勒口 / 飘口组成（见图 1.1）。

护封：包在封面外的另一张外封面，用以保护封面并有装饰作用。

封面：图书的外层，包括封一、封四、书背、书脊，载有本书的相关信息。

封二和封三：封二是封一的里面；封三是封底的里面。封二、封三通常空白，也可放置条码或其他信息。

书背：连接图书封面和封底的部分，书背两侧凸起部分称为书脊。

勒口：平装书的封一和封四或精装书的护封的切口处多留 30 毫米以上向里折转的空白纸张，连接封一的叫前勒口，连接封四的叫后勒口。前后勒口上可印刷作者简介、内容提要、相关图书链接等介绍性信息。

飘口：精装书或假精装书外壳比书心三面切口长出 3 毫米的部分，用来保护书心。

1.1.2　前置部分

图书的前置部分（the front matter）主要呈现图书的书名、出版者以及版权信息（版权信息也可放在后附部分）、声明、致谢、献词、序 / 前言，以及图书的基本结构信息，以介绍图书的主旨和基调。

除声明、献词外，前置部分各内容的标题，都可上目录，以便读者查阅。包含全书各部分信息的目录，更便于数字环境下读者掌握全书框架信息。

1.1.3　正文

正文（text）是学术图书的主体，是图书内容的陈述，包括文字、句子、论

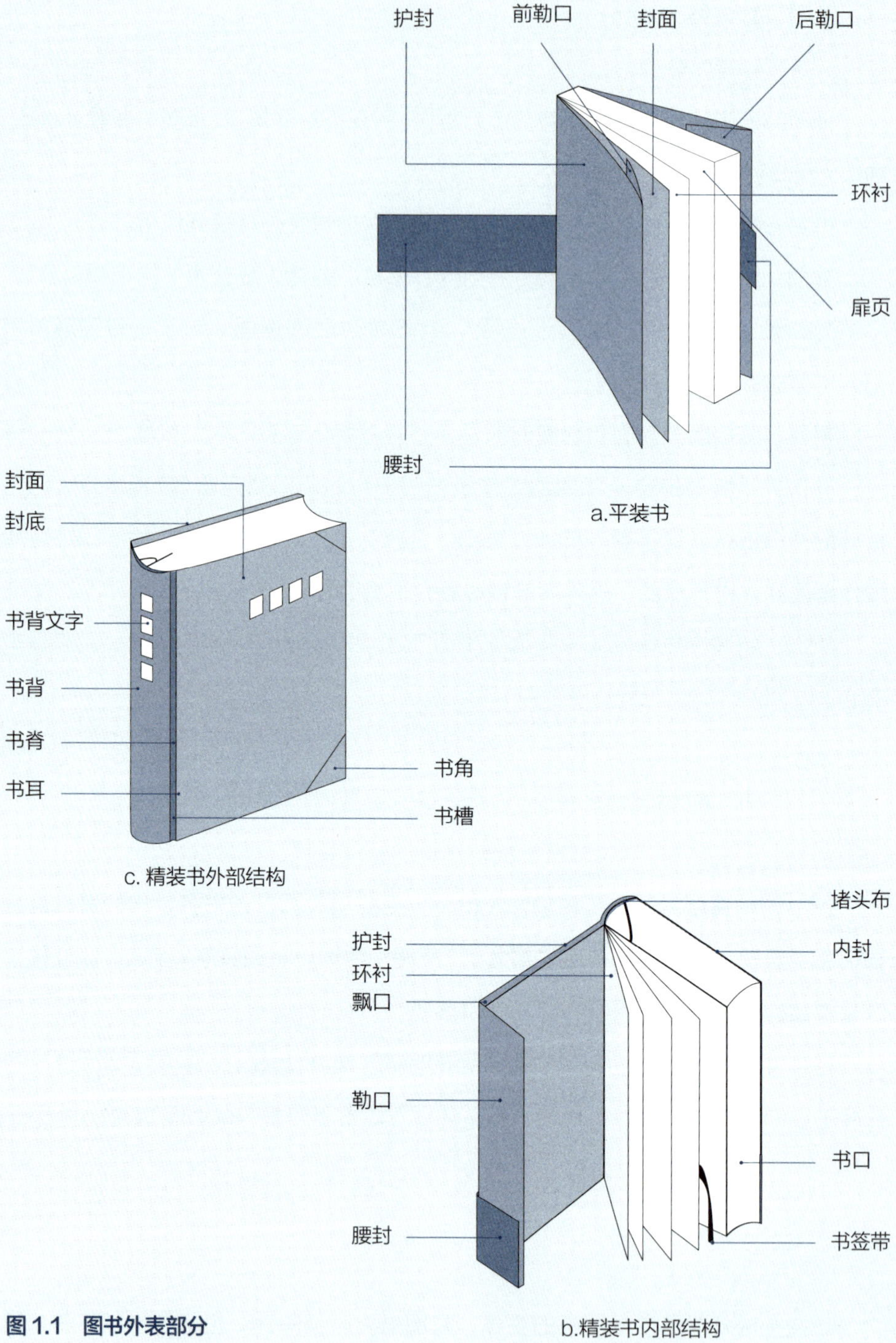
护封
前勒口
封面
后勒口
环衬
扉页
腰封
a.平装书
封面
封底
书背文字
书背
书脊
书耳
书角
书槽
c. 精装书外部结构
堵头布
护封
内封
环衬
飘口
勒口
书口
腰封
书签带
b.精装书内部结构

图 1.1 图书外表部分

据、数据、图表、插页、引文、注释、公式等，通常有一定的层次，按照内容的结构进行编、章、节的划分。

插页：插于正文中或者正文前又和正文文字不相连贯的一张单独书页，有艺术插图、地图、表格、照片等。

1.1.4　后附部分

后附部分（the back matter）包含的内容更多属于辅助性信息，但对理解正文又有支撑作用，不可或缺，页码与正文接续，统一用阿拉伯数字编排。

1.2 封面

1.2.1　封一

封一标明书名（含版次、卷号等信息）、著者及著作方式和出版单位（见图 1.2）；

文字信息应简略，并与书名页的信息基本一致；

作者名称采用全称，多作者时可列主要作者；

翻译作品应标明原文书名和中文书名、作者原名和译名，宜放置译者姓名；

宜使用规范的汉字、民族文字以及规范的外文；

题签等手写体、书法体、繁体等可作为书名及作者署名的文字。

1.2.2　封四

封四一般载有图书内容摘要、书号、条形码、其他与宣传推广等相关的信息，包括公众号、网页等。

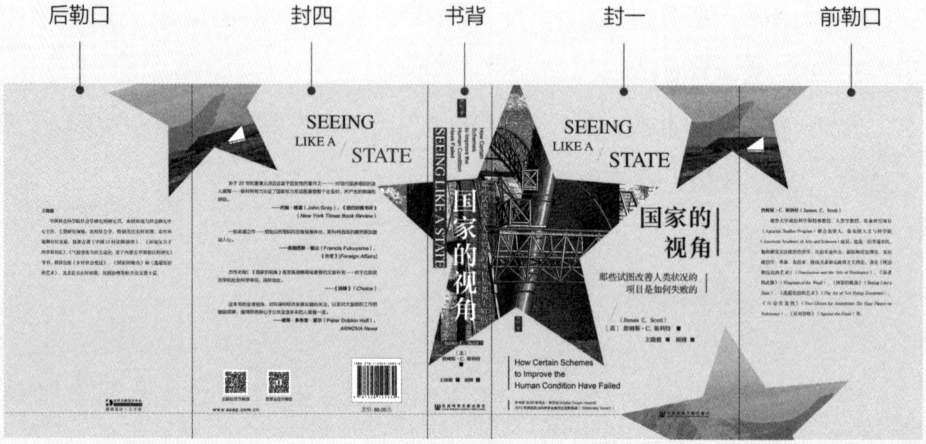

图 1.2　封面展开

1.2.3　书背

图书书背上应设计主书名和出版者名称（或者图案标志），如果版面允许，应加上著者或者译者姓名，以及副书名和其他内容。

系列出版物的书背，应包括本册的名称和出版社名称。如果版面允许，可加上总书名和册号。

多卷出版物的书背，应包括多卷出版物的总名称、分卷号和出版者名称，但不列分卷名称。

书背名称的排印应醒目、清晰、易读，便于查找。

1.3
书名

书名是指书的名字，一般有丛书名、系列书和多卷册书总名、正书名、副书名和说明书名文字、并列书名。

副书名是指对正书名作进一步解释说明而不独立使用的名称。

丛书名，直接表达或象征、隐喻丛书内容及其特征的共同题名。

并列书名，出版物另外一个语种的题名。学术出版物一般要求有对应的外文并列书名。通常本土原创图书应提供对应英文书名。

书名应准确概括该书的内容，简短精练，适合传播，符合学术习惯，书名内一般不加标点。外文并列书名应准确，符合该语种语法习惯。

1.4
作者署名及责任方式

1.4.1　作者署名

作者署名分为团体署名和个人署名。

学术出版单位应按照其与作者的约定进行署名。

署名作者应在作品形成过程中参与论证、研究、写作，能够答辩，承担责任。

多位作者时宜按贡献大小排序，各作者应对署名情况知情。

作者为多个团体时，一般全列。

作者为多位个人时，三人以下（含三人）全列，三人以上时，可只列第一位责任者或者前三位责任者，并在其后加“等”字；为四人时，可视情况全列。

李培林　陈光金　张　翼　等 著

个人作者为单名时，姓和名之间应空一格。

李　强 著

译著时，作者译名后用括号标示原文名。

马克斯·韦伯（Max Weber）著

1.4.2 著作方式

著作方式指的是作品形成的方式，作者应如实标注。

著作方式一般有如下几类。

著：作者根据自己的原创性见解撰写作品。

译：由一种文字翻译成另一种文字，或由古代汉语译为现代汉语。

著译：作者将自己的原创作品从一种文字翻译成另一种文字。

编：根据收集的文字资料或者参考已有著作进行内容和文字整理从而编排形成新的作品。

编著：既有自己原创的文字，也有运用他人著作材料改写而形成的作品。

编撰：编纂；撰写，包含编纂的意思，同时撰写自己部分观点形成的作品。

编纂：按照一定的题目、体例和方法编辑档案文献，多指资料较多、篇幅较大的著作。

主编：主持全书编著或者编辑工作。主编者对全书整体内容质量负责。

改编：根据某著作的材料，将其体裁、形式或某些内容予以变化、改写。

执笔：集体创作中负责记录、整理作品。

编译：编和译两种方式并用形成作品。以译为主时，可署为“译编”。

摄：用摄影、摄像等方式创作作品。

注：对内容或文字作注解，有“注解”“释”“注释”等。

绘：以创作编绘画图为主形成作品。

研创：研究创作的简称，多用于团队作品或者机构作品，学术机构或智库团队共同研究撰写学术作品或研究报告可用研创来说明作品形成方式，在社会科学文献出版社出版的“皮书系列”作品中已被普遍采用。

1.4.3 著作方式等级

在对作品进行评价时，人们经常根据作品内容原创程度对作品进行判断，简单地依据著作方式形成作品档次排名，比如认为著是最高的作品档次，编著、编不算作原创成果。事实上，不能仅仅从著作方式上简单地评判作品档次的高低，而应主要根据作品的内容价值来评价。高质量的工具书、教材，尽管可能是“编”，但其价值远高于一般“著”出来的论文或专著，优秀的译著也应如是。应将集成、整合视作一种创新，至少包含创新的因素。

1.4.4 作者信息

图书中的作者简介应该客观、简明扼要，一般不使用形容词，不包含与学术无关的内容。

内容包括作者的姓名、学历、学位、职称、研究方向、学术经历、主要学术成就（含学术成果、代表作、贡献）等。

作者信息既可以放在封面的前后勒口，也可以在正文前置或后附部分单列一页。放在后附部分时，作者信息可放置在索引之前。

1.5 版本

版本（edition）指的是由同一出版者出版、内容相同的所有复制品。初版是第一次出版的出版物。初版书不标版次。

新版，内容有小部分变动、采用了不同的装帧形式和（或）出版权转移后重新出版的图书。

再版，经较大修订后重新排版印制的图书，以原书为基础但要进行较大的修改，有时甚至是脱胎换骨的改造，完全按照生产新品种的程序进行。用新书号，装帧开本形式重新设计。

修订版，对原版本的内容进行修订后印刷的版本。

现代图书的版本类别名称还有普及本、通俗本、单行本、合订本、节本、缩写本、译本、重写本、改写本、审订本、横排本、直排本、重印本、集成本、汇编本、简编本、选本、抽印本等。

1.6
页码

页码（page number）是书页的号码，用以标明页面的顺序。页码用的字号、字体应根据图书的性质、开本和版式确定。

为了便于引用，学术图书通常区分前置部分页码和正文以及后附部分页码。

前置部分通常采用小写的罗马数字正体连续编页码，正文以及后附部分通常采用阿拉伯数字连续编页码。

多卷本（两卷及以上）图书出版时，要考虑各卷册之间是连续编页码还是分别编页码。如果多卷本图书只编一个索引，则连续编页码比较实用。如果分别编索引，则连续编页码或分别编页码都适用。一般的原则是，单卷图书超过 1000 页则分别编页码。

暗码，即页码连续计数，但不印出，空白页所占的暗码也叫空码。另页排的篇、章，整面的超版口图或表，或章末的空白页使用暗码。

边码，翻译著作除了译作的页码之外，原作的页码有时候以边码的形式呈现，标明原作内容单页的起止。

1.7
书眉

书页版心以外的空白部分，上边称天头，下边称地脚，书脊边称钉口留白，与书脊边相对一边称切口留白。为了起到导航的作用，通常在钉口留白以外的三个空白边之一印书名、编名、章名、节名或者其他可供读者快速查阅相关内容的文字、符号。这些反映正文章节变化的标示性文字，印在天头叫作书眉。

书眉的内容应简明、准确，能导引基本信息。书眉包括正文前置部分书眉和正文以及正文后附部分书眉，通常反面书眉排书名、正面书眉排章序号和标题，或者对应各部分标题。但如果正文反面书眉排一级标题（如章题），正面排二级标题（同一面上有两个以上二级标题时，只排最后一个标题），或正面、反面都排一级标题，则正文前置部分的正面、反面的书眉都排同样的内容。

致谢、声明、献词、编委会或学术委员会名单、版权页，或者目录、前言、编、章的第 1 页，书眉可以省略。

如果学术著作所有章节的尾注都放在书后，而且篇幅较大，为了便于读者查找，书眉上不仅要列出尾注字样，而且要标明尾注覆盖的正文的页码或者章节（见图 1.3）。

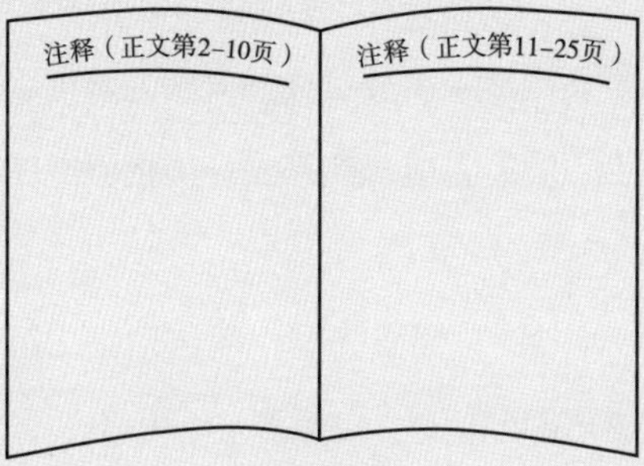

（a）

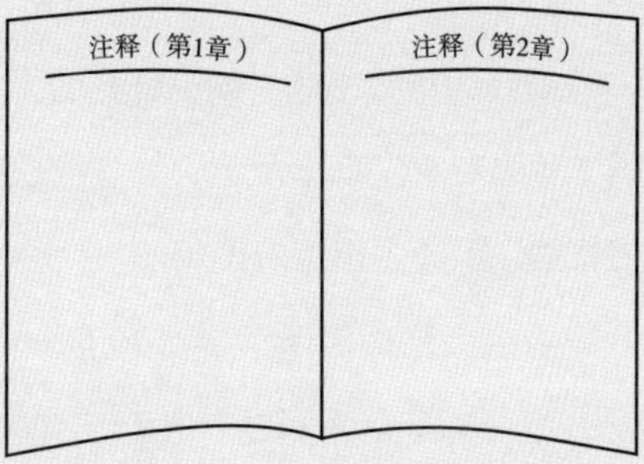

（b）

图 1.3　尾注的书眉

1.8 书名页

书名页（title leaf）：图书正文前载有完整书名信息的书页，包括主书名页和附书名页。

主书名页（title leaf）：载有本册图书书名、作者、出版者、版权说明、图书在版编目（CIP）数据、版本记录等内容的书页。包括扉页和版本记录页。

附书名页（half-title leaf）：载有多卷书、丛书、翻译书等有关书名信息的书页，位于主书名页之前。

扉页：载有图书的书名、作者、出版者等信息的书页。位于主书名页的正面，即单数页码面。

1.9 编辑委员会

编辑大型或重要出版物，如丛书、全集、文集、词典、工具书、成套教科书等，为集思广益，保证质量，一般都成立编辑委员会（editorial board），简称“编委会”。

编委会通常由主任、副主任和若干编辑委员组成。编委会成员大多为该出版物所属学科的专家学者以及这个领域的权威人士。编委会成员的产生，或指派或由学术团体推举，或由出版单位聘任。

编委会负责确定所编出版物的编辑（纂）方针、编纂体例、编选范围，解决编辑过程中某些重大问题，并对出版物文稿作最后审定。在编委会领导下，还设置编辑部，从事该出版物的具体编辑（纂）事宜。

编委会构成名单有一定的编排顺序，通常为：编委会主任→副主任→编委会成员。

编委会成员中应包括主任、副主任。

编委会成员应有适当的排序原则，或者按姓氏字母顺序编排，或者按姓氏笔画编排。

1.10 题词页

题词页内容包括题签、题词、献词、资助说明、获奖说明、研究项目说明、致谢等，可置于书名页之前。获得资金支持，或者表达对别人的致谢，也可在序或者前言中表示。题词页不上页码。

1.11 序

序（preface）指的是置于正文之前的有关本书的独立文章，由作者自己撰写或请他人撰写。

1.11.1 序的分类

以图书类型分，有丛书序、单本书序、译著序、修订版序或第 × 版序。

以序的作者来源分，有自序、他序、代序、原序、译序等。

丛书序：说明全套丛书（系列书）的编写意图、涉及范围、总体结构、共同体例以及某些事务性问题。

再版序：只在该书出修订版（不是重印）时才存在，一般是因新版对原版内容有了补充，对原来观点有了修正，需要在新序中加以说明。

自序：由作者撰写，内容一般包括该书的创作意图、基本内容、编撰体例、写作背景、资料来源、撰稿过程、主要特点、存在问题、读者对象以及作者的写作分工、所获帮助等，都是不宜写入正文而又有必要向读者交代清楚的内容。

他序：由他人撰写，但署为“序”即可。他序可以不只一篇，内容一般包括作者介绍，对作品的分析、价值评判以及就某些问题所作的深入探讨等。多人作序时，可标明“序一”“序二”等。

原序：一般只存在于引进版图书或编选图书中，指的是原著作者的序。

代序：放在正文前用以替代序言的，本非书序之体的文章。通常有文章名并在文章名后括注“代序”二字。

译序：一般只存在于引进版图书中，除了说明翻译缘由、翻译过程、翻译分工的文字之外，也可以介绍原作者的基本情况、创作意图、写作背景以及作品的基本内容与对其的分析、价值评判等。

1.11.2 序的排序

一般著作：他序在前，作者本人序在后，或将作者本人序改为“前言”。

丛书 / 系列书：丛书序在前，本书他序其次，本书自序最后。

译著：原作者中文版序在前，其他非译者序其次，译者序再次之，原著序最后。

再版书：再版序在前，原版序在后。

1.12 前言

前言（foreword）是置于正文之前，由作者撰写的有关本书的说明文字。内容与作者所撰写的序有相似之处，但与正文衔接更紧密。

1.13 目录

图书中的目录（contents），也称目次，置于出版物正文之前，排列正文及部分辅文的标题，包含排在其后的所有内容题目及其起始页码信息，包括正文前置部分（出版说明、各种序言、凡例等）、正文（包括篇章题）、正文后附部分（附录、参考文献、索引、后记等）。如果该著作以编或者部分进行划分，则编和部分的标题出现在目录中，但不标页码。

如果该著作由多位作者的文章构成，则著者名经常出现在目录中。

目录可以分为：

（1）多卷书的总目录，可称为总目，各分卷可称为分目录；

（2）单卷书目录；

（3）插图目录，简称图目；

（4）插表目录，简称表目；

（5）栏目目录。

如果一部著作只有很少的图表，或者有很多图表但与正文的内容联系非常紧密，不具有太强的独立性，则不必单独进行图目和表目的编排。

如果图表有必要单列，但数量较少，则图表目录可以合并在一处，称为图表目录。

如果图表及其他较独立的内容类型非常多，则可将其区分成各个类别，比如图目、表目、地图目、照片目、案例目等。

目录通常通栏排列，根据开本大小以及内容类型，也可双栏或者三栏排列。

1.14
缩略语列表

并非所有学术著作都有缩略语列表，但如果该著作中经常使用某些缩略语，则在书前列出缩略语对应词表会有助于读者阅读和作者写作。

1.15
导言 / 导论

导言 / 导论（introduction）又称绪言、绪论。与序和前言不同，导言是正文的一部分，其内容要与前言或者序有差别，指著作前的概述部分，用于说明自己撰写著作的目的、过程、资料来源，并扼要地说明书中阐述的观点和结论，使读者先有一个总体概念，以便于理解整部著作。导言的页码用阿拉伯数字编码，如果标题仅仅是“导言”二字，则不需要有“第一章”的字样，文内标题层级也不宜有“节”。但其后的章节都应当依序编号，包括结语。

导言的层次应当简单明了，层次不应过多，控制在二级标题即可。

1.16
正文的组织

正文部分按照内容、写作方式以编（部分）、章（篇）、节进行组织，并有前后顺序以及层次区分。

1.16.1 编 / 部分体

学术著作至少包含两章。章与章之间连续编号，贯穿全书。有些学术著作分成若干编（也称部分），每部分下面有若干章（篇）。

图书的每编或者每部分可以有引言，引言既可以跟着该部分的标题，从正面开始，也可以从随后的反面开始，还可以隔着反面空白页，从新的正面开始。

如果不包含引言，各部分的标题起始于正面，随后跟着空白的反面，之后章节的内容从正面开始。

1.16.2 章节体

学术著作最通常的区分方式就是章。各章之间篇幅基本统一。每一章通常起始于新的一页。第一章起始于正面。章名页通常包括章序号、章题以及章副题（可选）。

无论是尾注还是脚注，对于该章的整体注释通常以 * 为注码，区别于正文注释中阿拉伯序号注码。

1.16.3 文集

某位作者自己的文章集合，既可以加上章序号，以章的形式进行组织，也可以不加章序号，直接按照文章前后顺序组织。

多位作者的文章集合，可以以章进行组织，章题既可以包括章序号，也可以不加序号。该章的作者署名既可以位于标题下，也可以位于脚注中。

两种情况下，如果该文非首发，则需要标明文章的出处信息。出处信息和作者信息以脚注的形式标注，注码一般用 *、** 标示。通常出处信息在前，作者身份信息在后。

文集中各文章风格体例应基本一致，尤其是引文注释的风格应统一。

1.17 层级标题

1.17.1 层级标题的要求

标题是各部分内容的提示语，应简洁明确，提供该部分内容的概览和实质信息，也是分清文章层次的重要文字，不同层级的标题有不同的字体、字号。

图书各级标题的用字，应遵循“由大到小、由重到轻，变化有序、区别有秩”的原则。忌大小失序、轻重倒置。

标题层次不宜太多，且各部分之间层次应基本统一，以四级标题为宜。

1.17.2 层级标题的体例

标题序号可以采用“第 × 编”“第 × 章”“第 × 节”等明确表示级别次序的形式（见表 1.2）。

如果不采用上述形式，就需要另加符号或改变数字、字母的写法及字体字号来标明其级别次序。

表示标题级别的序号形式，一般从大到小依次为：“一”“（一）”“1.”“（1）”“①”等。可以根据标题的实有级数，跳过某些形式的序号。比如，可以在标题序号“一”之下就用“1.”作序号。但是这些序号的序列顺序不可倒置。比如，不能以“（一）”为一级标题的序号，而以“一”为二级标题的序号。

其他序号形式如“1”“1.1”“1.1.1”等或混合编排法也可采用。总体原则是可明确辨别出层次关系，并且全书统一。

表 1.2　标题层级示例

章节式	等级式	混合式
第一编	第 1 部分	第一编
第一章	1	第 1 章
第一节	1.1	1.1
一	1.1.1	1.1.1
（一）	1.1.1.1	1.1.1.1
1.	1）	1）
1）	（1）	（1）
（1）	①	①

1.18
行文要求

（1）汉语文字学术作品应符合国家通用语言文字的规范要求，少数民族文字和其他外国语言文字学术作品应遵循相应的规范。

（2）标点符号的使用应符合本书中关于标点使用方法规定（见第 16 章）。

（3）数字的使用应用法得体，局部统一，倡导阿拉伯数字（见第 15 章）。

（4）科学技术名词应符合相应学科及行业的规定。

（5）量和单位的名称、符号和书写规则应符合本书相关建议（见第 17 章）。

（6）科技符号应符合相关学科的规定。

（7）公式的编排应准确、简明和规范，应有编号，符号的意义和计量单位应加说明。

（8）表格应有表号和表名，插图应有图号和图名，具有可读性和自明性，前后风格统一。

（9）引文应相关、准确、贯通、规范。

（10）注释应必要、相关、准确、完整，风格和体例前后一致。

（11）参考文献应真实、完整、准确，体例一致。

1.19
附录

1.19.1　附录的内容

附录（appendix）应简明、可靠、新颖、实用，不包含与正文无关的零碎资料。所包含的内容有如下特点。

编入正文影响编排，但对保证正文的完整性又是必需的材料。

由于篇幅等原因不便置于正文中的材料。

对一般读者并非必要但对本专业同行具有参考价值的材料。

正文中未被引用但具有补充参考价值的参考书目。

某些重要的原始数据、数学推导、计算程序、图、表或者设备、技术等的信息描述。

1.19.2　附录的位置

附录通常紧跟在正文最后一章之后。但在包含多位作者文章的著作中，如果是某篇文章的附录，则通常紧跟该文章。如果该附录较为重要，也可在目录中出现附录内容标题信息。

附录中文字的字号既可以与正文相同，也可以略小于正文。

1.19.3　附录的标题及编号

附录应有标题，当有多个附录时，应进行编号。

附录编号时可采用阿拉伯数字或者大写拉丁字母。

比如附录 1、附录 2……或者附录 A、附录 B……

附录中章节的编排格式与正文章节的编排格式相同。

附录中的图、表、公式等一律用阿拉伯数字分别依序连续编号，并在序号前冠以附录编号。

比如附图 1-1、附表 2-1，或者图 A1、表 B2、公式（B3）。

1.20
大事年表

大事年表（chronology）是按年月日顺序记载重大事件的列表，兼具参考性和检索性功能。多为与该书基本内容相关的某一方面的内容，少数亦提供全面背景信息。

大事年表的编制应全面且详略得当、简洁而有利于参考。

大事年表既可以出现在正文之后，也可以出现在正文之前。

1.21
尾注

尾注（endnotes）通常位于附录之后、参考文献之前。

尾注分章节进行编排，按照注号先后顺序排列。

尾注部分的页眉应当标示正文对应部分的章节或者页码。

字号通常小于正文，但大于脚注文字。

如果是多位作者文章的集合，尾注通常附于单篇文章之后。

1.22
术语解释 / 译名对照

术语解释（terminology）部分通常包含一些读者不太熟悉的专有名词，或对本专业而言非常重要的专业用语，便于读者查阅和理解。

译名对照表是将有关中外人名、地名、事物名及其他专有名词的原文与译名对照列出，兼备参考性、检索性和说明性功能。

一般翻译图书、涉及外国事物较多的工具书和其他图书常附译名对照表于正文之后。它可以按汉字笔画排序，亦可以按音序或首字母顺序排序。

术语解释 / 译名对照通常位于参考文献之前。

1.23
参考文献

参考文献（Reference/bibliographies）列表在全书正文之后或各部分之后，一一列出参考、引用资料的名单。

参考文献是学术著作的重要组成部件，罗列参考文献既表现学术规范的要求和对原作者的尊重，也为读者的查检、研究提供方便。

通常情况下，所有的文献信息（专著、文集、文章、博士论文等）都按照第一作者的姓氏音序编排，不加序号。

不同类型参考文献可分类编排。

排列顺序为中文在前，日文、西文、俄文、其他文种依次在后。

同一责任者有多部参考作品，可按出版时间的先后顺序编排在该责任者名下。

参考文献排版时字号通常小于正文，并采用悬挂缩进的编排方式。

参考文献条目应完整、准确、真实，防止将未被作者研读或参考的文献资料列入。

外文参考文献条目不必译出，从原文，如需翻译，原文在前，译文在后。可只译出重要信息。

1.24
索引

学术图书宜编制索引（index），索引编制应简明、准确、客观揭示重要主题或特征信息，便于检索。

索引通常起于图书的单数页，后续索引接续编排。

人名索引通常位于主题索引之前。

索引通常双栏排版，悬挂缩进，字号小于正文。

1.25
跋 / 后记

跋 / 后记（afterword）是置于书末的有关本书的说明文字，与序、前言有所呼应和补充。

跋是相对于序而言的，后记、附记则是相对于前言、引言、前记、绪言等而言的。

跋、后记与序、前言既有区别又有联系。跋与后记或补充序与前言的不足，或对稿件完成后的新情况加以说明，或对他人在写作过程中给予的帮助致以谢意等。

译后记只存在于翻译图书中，在该书无译序或译者前言时，译后记有代替译序、译者前言对原作者和作品进行评介的功能；如有译序或译者前言，译后记则重在说明译校过程及其他技术性问题。

跋和后记一般应由作（译）者撰写，少数也请他人撰写。

在索引之后又有后记可能是中国的特例，一般认为索引是图书最后的部件。

1.26
版本记录页

版本记录页提供图书的版权说明、图书在版编目数据和版本记录。可印在主书名页后、封三，或书末单辟一页。

版本记录页为一部图书出版的历史信息记录，详细记载书名、责任者、出版、印刷、发行单位、开本、印张、插页、字数、版次、印次、历次印数和统一书号、定价、出版年月和发行范围等。

1.26.1 版权说明

经作者或者版权所有者授权出版的作品，可标注版权符号 ©，并注明版权授权信息。引进版图书应标明授权信息。

1.26.2 图书在版编目（CIP）数据

在图书出版过程中编制并印刷在图书上的书目数据，包括著录数据和检索数据两部分。著录数据是对图书识别特征的客观描述，包括书名与作者项、版本项、出版项、丛书项、附注项、标准书号项。检索数据提供图书的检索途径，包括图书识别特征的检索点（正书名、其他书名信息、第一作者、译者、其他作者）和内容主题的检索点（主题词、分类号）

图书在版编目（CIP）数据

正书名 = 并列书名 : 其他书名信息 / 第一作者 ; 其他作者 .—版次及其他版本形式 / 与本版有关的第一作者 .—出版地：出版者，出版时间

（正丛书名 = 并列丛书名 / 丛书主编，ISBN：丛书编号 . 附属丛书名）

附注

国际标准书号（ISBN）

Ⅰ. 书名 Ⅱ. 作者 Ⅲ. 主题词 Ⅳ. 分类号

其他注记

1.26.3 版本记录

版本记录提供图书在版编目数据中未包含的出版责任人记录、出版发行者说明、载体形态记录、印刷发行记录。出版责任人包括责任编辑、装帧设计、责任

校对和其他责任人；出版发行者包括出版者、排版印刷和装订者、发行者，都使用全称。

1.27 勘误表

当书稿已经印刷出来，但还未发行，这时如果发现书稿中存在严重错误，容易引起误解，影响读者对内容的理解，或者重新印刷，或者使用勘误表（errata）（见表 1.3）。

如果错误较少，可使用不干胶粘贴。

如果错误较多，则勘误表字样应当上目录，并附在图书最后或者前置部分最后，与正文装订在一起。

表 1.3　勘误表

页码	误	正
自序第 2 页第 16 行	2005 年 10 月	2004 年 6 月
自序第 6 页倒数第 1 行	Debora Davis	Deborah Davis
目录第 4 页倒数第 5 行	项目需要评估	项目需求评估
正文第 222 页倒数第 4 行	邓仪说。	邓仪说，
正文第 300 页第 1 行	2003 年 3 月 6 日	2006 年 3 月 6 日

1.28 版式

版式是书刊版面的编排格式，对于学术图书呈现内容起着重要作用。

版式编排遵循如下大致原则：

（1）开本实用，版面规整，便于阅读、携带和保藏。

（2）编排紧凑，配置适当，保障应有的信息容量。

（3）结构合理，层次清楚，能很好地表达书稿内容。

附 1.1 作者提交书稿自检表

（请作者提交书稿时，依据本表一一核对）

稿件格式	Word 文档或者与编辑达成一致的其他格式	□
篇幅	符合与出版社达成的协议	□
内容	无重大敏感问题 无抄袭、剽窃、篡改数据等学术不端问题 无学术伦理和道德问题	□ □ □
要件	中外文书名具备且准确、凝练、适合传播 署名准确真实 作者简介符合规范，内容真实，无与学术无关内容 中英文内容摘要和关键词 编委会名单准确真实，排序合理 献词 / 资助方信息 序 前言 缩略语 中英文目录：简洁准确，提供实质内容 正文 参考文献 附录 后记	□ □ □ □ □ □ □ □ □ □ □ □ □ □
分项要求		
书稿层次	层次清晰，且全书统一	□
脚注 / 尾注	只在确实需要的地方使用脚注或尾注 前后一致	□ □
图	高质量、清晰 无版权问题，有出处	□ □
表	清晰 格式规范，要件齐全 数据准确，且与正文中表述一致。	□ □ □
参考文献	完整、准确、一致 使用一种文献征引格式 注释 – 编号制 著者 – 出版年制 顺序 – 编码制 其他 ________	□ □ □ □ □

第 2 章

学术论文*

学术论文是发布学术研究成果的重要载体，既可以发表在学术期刊上，也可以发表在学术图书中，还可以以预印本的形式出现。前文所说文章集合构成的图书，基本单位就是学术论文。

* 本章执笔人：童根兴。

2.1
论文分类

学术论文按照承载的内容分为经验研究类（empirical studies）、文献综述类（literature reviews）、理论类（theoretical articles）、方法类（methodological articles）、案例研究类（case studies）等。

2.2
论文结构

为了方便学术交流和文献检索，学术论文有一定的格式和结构。尽管由于研究内容、论文类型、期刊和出版社要求不同，每篇论文的格式和结构不会千篇一律，但总体来说，结构和格式有相同之处。常见的是 IMRaD 格式，是由 introduction, materials/methods, results and discussion 五个单词首字母构成。可以理解为从引言到材料 / 方法，然后是结果、讨论。这种格式包含了论文中最基础也是最重要的部分（见图 2.1）。

（1）引言：引出论文研究的主题和原因。

（2）方法：交代研究的手段以及过程。

（3）结果：研究发现了什么。

（4）讨论：研究发现的意义以及未来需要进一步研究的内容。

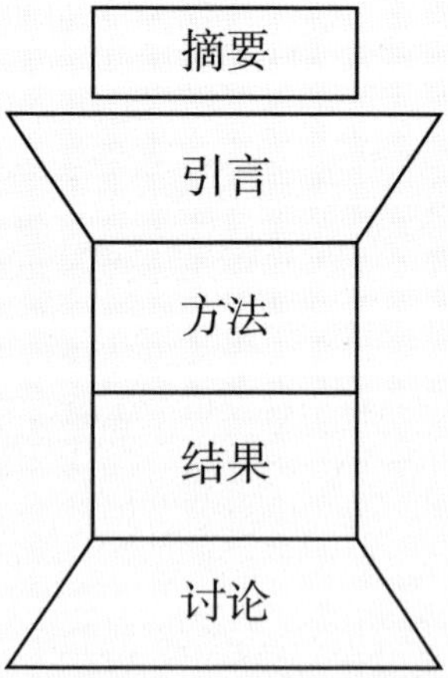

图 2.1 论文结构

当下学术论文通常包含如下要件：

（1）文章标题

（2）作者及所在单位信息

（3）研究资助信息

（4）摘要

（5）关键词

（6）正文（引言、数据、方法、结果、讨论）

（7）致谢

（8）参考文献

（9）利益冲突信息

（10）其他

2.3 写作要求

学术论文应当体现学术性、原创性，要件齐全，符合学术写作规范，没有抄袭、剽窃等学术不端行为，遵循相关政策法律规定，不存在政治、宗教和民族敏感性和其他不宜内容。

社会科学的经验研究报告，则应遵守两条重要的原则：充分的证据和清晰的行文。首先，经验研究的报告应该是可被证明的，要提供充足的证据来证明结果和结论的正确性。其次，经验研究的报告应该是清晰、一目了然的，应在探究和实践中运用明确的逻辑来指导整个过程，从最初的兴趣、选题、疑问或研究问题的发展，到定义、收集和分析数据或经验证据，一直到研究产生明确的结果。这样便于其他学者理解相关工作，也便于公众审查，还能够让其他人使用这些成果。

2.4 文章标题

标题“居文之首，勾文之要”，是文章主题最简明扼要的体现。文章标题应具有充分的阐释性，有趣并容易理解。

标题应是以最恰当简明的词语反映论文中最重要的特定内容的逻辑组合，不使用与学术风格和方法无关的词汇。

标题所用的词语应有助于选定关键词和编制题录、索引等二次文献，包含可供检索的特定实用信息。

标题应避免使用不常见的缩略词、首字母缩写字、字符、代号和公式等。

中文标题不宜超过 20 字，英文标题不宜超过 12 个实词。

必要时可考虑使用副标题，副标题只作为正标题的必要补充说明。

正副标题之间使用冒号（：）或破折号（——），两种符号不宜同时使用。

2.5 作者署名

署名作者应在作品形成过程中参与论证、研究、写作，能够答辩，承担责任。

多位作者时宜按学术贡献大小排序，无法确定贡献大小时可内部协商解决，每位作者对署名状况应知情。若学术期刊或者出版社采用其他排序原则，应明确说明。

作者姓名的排列顺序在交稿时应已确认，出版社编辑人员不对作者排位顺序负责。

作者信息应包括姓名、学位、职称、工作单位，以及常用电子邮件地址，不应标注与学术无关的其他信息。出版社或者刊物有时也可以在特定地方添加简短的作者学术传记。

如果有通讯作者，应标注，并注明联系方式。

2.6 致谢信息

应在致谢中表明该文章的资金来源、数据材料来源、研究过程中获得的帮助或服务，或其他任何帮助，比如帮助绘制图表、修改稿件或参与讨论的人、审稿人和编辑等。

2.7 文前摘要

论文中的摘要（abstract）亦称文前摘要，在文题页中介于作者署名和关键词之间，是对学术文章内容不加注释和评论的简短陈述。它是高度概括的简短论文，可独立使用。

摘要便于传播文章观点，引导读者深入阅读文章。在数字化传播条件下，摘要的不规范和错误会被放大，因而要认真对待。

2.7.1 摘要的结构

无论何种摘要，都应当包括如下四要素：目的、内容、方法、结论。

按照学术文章有无研究方法和模型，以及是否属于综述类，有如下相应的摘要形式。

（1）无明确研究方法或模型的学术文章，通常为一段式摘要，包含：

目的：简述研究背景、研究的问题主题。

结果：简述研究的过程以及得出了哪些重要结论（最新成果）（必写）。

结论：简述该研究的意义。

（2）综述类学术文章，通常为一段式摘要，包含：

目的：简述文章背景。

领域（范围）：阐述在如上背景下哪些领域是该文章的主要关注点（必写）。

结论：简述该研究的意义。

（3）有明确研究方法或模型的学术文章，通常为分段式结构性摘要，包含：

研究目的（必写）。

研究设计 / 研究方法 / 路径（必写）。

研究发现（必写）。

研究的局限性 / 启示（可写）。

应用性的启示（可写）。

社会影响（可写）。

独创性 / 价值（必写）。

2.7.2 摘要撰写要求

（1）应具有独立性和自含性，即读者不阅读论文全文，即可获得必要信息。

（2）应客观公正，语言简练、重点突出，无主观臆断，不用评价性语言。

（3）不用图表、公式、化学结构式，不用非公知公用的术语和符号，不宜有引文和参考文献。

（4）不应使用疑问句、感叹句或文学描述性语言。

（5）避免在本学科中已成常识的内容，不重复题名中已有的信息。

（6）一般不超过 300 字，外文摘要不超过 250 个实词，中外文基本对应。外文摘要的写作应考虑到相应文种的习惯。

（7）位置在作者署名和关键词之间，字体与正文有区别，字号小于正文字号，前面冠以“摘要：”二字，此二字一般为黑体。

（8）摘要的写作文体近些年有所变化，但从目的、方法、结果等角度提供实质内容是其基本要求。

2.8
关键词

关键词是为了文献标引工作而从报告、论文中选取出来用以表示全文主题内容信息的单词、词组或术语。关键词能反映文章的主题内容，便于作者判断论文的主体结构和价值，便于计算机存储和检索。

（1）是从论文中直接选出来的，表示全文主题内容，是论文内容、观点、涉及问题或类别等方面的标志和提示，是论文思维方法的提炼和概括。

（2）是反复推敲的词或词组，而不是句子。

（3）是术语，即某个学科中的专业用语。

（4）尽量从《汉语主题词表》中选用。

（5）未被词表收录的新学科、新技术中的重要学科、新兴的交叉学科和地区、人物、文物等名称，也可作为关键词。

（6）数量在 3~8 个，多个关键词之间可用空格或者分号分隔，便于计算机自动切分，最后一个词后不用标点。

（7）关键词前有“关键词：”作为标识，“关键词：”通常为黑体，排在摘要下，“关键词”三个字与“摘要”二字对应。

（8）字体字号通常与摘要相同。

（9）不应使用通用词作为关键词，如论述、研究、分析、探讨、简介、影响、意义、性质、特色、巨大、价值、形势等不宜用作关键词。

（10）应使用名词或动名词，不应使用形容词以及无实际意义的量词、介词、连词、感叹词等，如美丽、形象、生动等词都不宜使用。

（11）排列顺序恰切，反映词与词之间的逻辑关系，层层深入地显示出论文的主题内容。

（12）英文摘要和关键词应与中文摘要和关键词对应。

2.9 行文要求

论文行文应平实、理性、客观，不带有强烈感情色彩，遵循基本的文字规范和中文语句表达逻辑，正确运用标点、数字、相关符号、时态，使用外文时应符合相应语言的规范和逻辑，准确传达所要表达的意思。

应题文相符、结构严谨、用词准确、语言通顺、文字简洁、符合逻辑、无错别字、标点正确、数字用法得体。

2.10 层级标题

正文通过层级标题进行组织和划分，不同层级的标题可以仅通过不同的字体、字号进行区分，遵循“由大到小，由重到轻；变化有序，区别有秩”的原则，也可以在标题前冠以序号进行区分。

标题层级不宜太多，以四级标题为宜；或者遵守相关出版机构要求。

标题序号通常为一、（一）、1.、（1）。

段落中的序号宜使用①这一形式。

其中前三级为单独另起段层级，第四级即“（1）”为引领段落层级，标题后加句末标点。

2.11 引文

学术文章应合理使用引文。

应引用与行文相关的词语、句子或段落。

引用应完整、准确，有出处，与行文贯通。

对已有学术成果的介绍、评论、引用和注释，应力求客观、公允、准确。伪注、伪造、篡改文献和数据等，均属学术不端行为。

引文应以原始文献和第一手资料为原则。

凡引用他人观点、方案、资料、数据等，无论曾否发表，无论是纸质或电子版，均应详加注释。凡转引文献资料，应如实说明。

尽量引用正式出版及可便捷获取的文献信息，网页信息等应标注查阅时间。

2.12 注释

加注时，应遵循必要、相关、准确、完整、一致、可读的原则。

他注应统一标明。在注释结束后的句末标点后统一加“——译者注”或“——编者注”等字样。

对正文的注释与对标题和作者的注释区分开，前者使用数字编码，后者使用 * 和 ** 编码。

引文注的格式应统一、完整、准确、一致。

2.13
参考文献

应选择脚注－编码制、著者－出版年制或顺序－编码制中一种，一篇文章不应出现两种体例。

采用脚注－编码制以脚注或者尾注的形式体现参考文献时，为节省版面，文末可不再单列参考文献。

采用著者－出版年制作为引用文献来源的标注格式时，文末应有对应的参考文献，应前后对应不可有疏漏。

参考文献应要件齐全，排列规范，信息完整、准确、真实。

2.14
研究中的道德和利益冲突

在数据收集、分析、报告中应考虑研究道德因素，避免对他人利益造成损失，遵守人类研究保护中的道德要求。

论文应该描述任何潜在利益冲突，应标明研究资助的来源。

2.15
论文集

由论文为单元构成的论文集，有个人文集、多人多篇注文集，同一主题的专题注文集等。在汇编注文集时，各论文之间风格体例、文章层级、文献注释引用方式等应一致。主编或作者应交代文章的来源、遴选原则、成书原则和编排原则，以便于读者明了文献的脉络和来源。主编应获得文献相关授权，相应文章作者应明了自己文章的使用方式。

附 2.1 作者提交论文自检表

（请作者提交论文时，依据本表一一核对）

文档格式	Word 文档或者根据出版社要求提供的其他格式文档	□
文章长度	符合出版机构要求	□
文章题目	取名合适，简明精要，中外文兼具	□
文题页	文题页内容齐全，包括题目、作者信息、致谢与声明（含资助信息）、摘要、关键词	□
作者信息	每位作者的全名、按贡献大小排序、通讯作者的邮箱、作者简介（所在单位以及研究领域）	□
摘要（中英文）	符合摘要写作规范，且中英文对应	□
关键词（中英文）	3~8 个关键词	□
标题以及层级	简洁明了，层级结构清晰	□
脚注 / 尾注	只在确实必要的地方使用脚注 / 尾注	□
研究基金	在文章致谢部分写清所有外部资金来源，并描述资助者或发起人在整个研究过程中所扮演的角色	□
图	图的结构完整，包括图号、图题、图片、资料来源 图质量高、清晰 摄影图片格式为 .tif 或 . jpg 文件，分辨率大于 300 dpi 图中的内容准确，与正文一致	□ □ □ □
表	表格要件齐全 表中的数据已经核实，并与正文保持一致	□ □
参考文献	完整 准确 一致 全文只有一种文献引用方式	□ □ □ □
版权与伦理	使用的材料、引文以及图片无版权问题， 研究中不涉及研究对象的隐私 研究材料无伦理问题	□ □ □

第3章

学术译著*

译著（translated work）是指由一种语言文字翻译成另一种语言文字的著作。源语言文本称为原文（original language text），源语言文本转述成目标语言的文本称为译文（translated text）。除了翻译内容与语言转换过程中要求的“信达雅”，译文应忠实原文并表述准确，符合现代汉语的使用规范外，在翻译以及编辑出版方面，有一些基本的要求。

* 本章内容改写自《CY/T 123—2015 学术出版规范 中文译著》，收入本手册时标题及层级有所调整。

3.1 译著的编排

（1）译文各部件应按原文顺序排列。

（2）译文的篇章结构及其内容应与原文保持一致。如有删略，应做说明。

（3）译著增加的编委会名单、丛书总序、译者前言、他人序、原作者的中文版序言，应依次置于目录之前。排序一般为丛书总序—原作者中文版序—其他作者序—译者前言。可列入目录。

（4）译著增加的附录、索引（或译名对照表）、译后记，应依次置于译文之后，列入目录。

3.2 译著的页码

（1）应采用两套页码体系标注。从内封页起至正文之前宜用小罗马数字标示页码；从正文始到内文结束用阿拉伯数字标示页码。

（2）原文每页的起始宜在译文中用边码标示。

3.3 译著的书名页

（1）应符合一般图书出版相关规定。

（2）授权协议中明确要求列载的版权信息应列入附书名页。

3.4
译著的注释

（1）应与原文注释形式一致，对应采用脚注、章末注或书后注。

（2）注码方式宜与原文一致。

（3）译者注应与原文注释有所差别，一般采用不同的注码序列并在注释后加“——译注”加以区分。在特殊情况下，原注和译注也可以混排，但注文后会有“——译注”进行区别。

（4）译者注的注码方式应在“译者前言”或全书第一处译者注中说明。

3.5
人名翻译

（1）译文中人名的翻译应统一，前后一致。

（2）国内已有统一的通行译法的，应沿用通行译法。

（3）国内没有统一的通行译法的，按译名手册、译音表译出。

（4）国外汉学家有较通行的中文名字的，应采用其中文名字。

示例：John King Fairbank，应译作“费正清”。

（5）外文人名中单词间的分隔，在译名中采用中圆点（·）表示；缩写的外文字母及下脚点（.）在译文中不变；外文单词间用连字符隔开的，译文中用半字线隔开。

示例 1：Antony Giddens 译作：安东尼·吉登斯。

示例 2：Charles B. Davenport 译作：查尔斯·B. 达文波特。

示例 3：Levi-Strauss 译作：列维－斯特劳斯。

（6）除通行的译名之外，人名在译文中第一次出现时，应在译名后括注原文名称。

3.6 地名翻译

（1）译文中地名的译名应统一。

（2）地名译名应符合 GB/T 17693 的规定。

（3）除通行的译名外，地名在译文中第一次出现时，应在译名后括注原文名称。

3.7 组织机构名称翻译

（1）译文中组织机构名称的译名应统一。

（2）应采用权威机构公布的规范译名。

（3）除通行的译名外，组织机构名称在译文中第一次出现时，应在译名后括注原文名称。

3.8 专业术语翻译

（1）译文中专业术语的译名应统一。

（2）应采用该领域权威机构确定的规范译名或已在业界通行的译名。

（3）如无规范译名或通行译名，可采用单义性强、切近学术内涵或学科惯用的译名。

（4）除通行的译名外，专业术语在译文中第一次出现时，应在译名后括注原文名称。

3.9 缩写词翻译

原文缩写词第一次出现时，译文应完整译出，并在译名后括注原文全称。原文再次出现缩写形式时，通行的可照用原文词形，非通行的应译出完整的中文译名或通用的中文缩略语。

示例1： 美国国家航空航天局（National Aeronautics and Space Administration, NASA）于1959年10月1日成立。……后来NASA还相继调整、组建了肯尼迪航天中心、约翰逊航天中心、太空飞行器中心。

示例2： 2001年12月11日，我国正式加入世界贸易组织（World Trade Organization, WTO），成为其第143个成员。WTO作为正式的国际贸易组织在法律上与联合国等国际组织处于平等地位，其最高决策权力机构是部长会议，至少每两年召开一次会议。

示例3： 联合美国各种族的全国有色人种发展联合会（National Association for the Advancement of Colored People）于1990年成立。首批创始人在全国有色人种发展联合会中坚持并提倡文化多元主义。

示例4： 冷战结束以后，军费和军力建设成为困扰北大西洋公约组织（North Atlantic Treaty Organization）发展的长期性问题。美国以外的北约成员国普遍出现军费大幅下降的趋势，军费分摊不均成为北约成员国内部矛盾的来源之一。

3.10
世纪－年代的用法

原文中提及的世纪－年代，明确数字的在译文中用阿拉伯数字，模糊数字的用中文数字标示。

示例1：1960s（或1960's）译作："20世纪60年代"或"1960年代"。

示例2：1900s（或1900's）译作："20世纪头十年"或"1900年代"。

示例3：1960's–70's（或1960s–70s）译作："20世纪60至70年代"或"20世纪六七十年代"。

3.11
公式、方程式、符号的翻译

原文中的公式、方程式和符号可不译出。

3.12
量和单位的用法

（1）译文中量和单位的名称符号、书写规则应符合GB3100和GB3101的相关规定。

（2）译文中非公制和国家单位制的单位，宜以译者注的方式给出这些单位与公制或国际单位制的换算关系。

3.13
注释的翻译

（1）原文中说明性的注释应全部译出。

（2）原文中引文性注释可不必译出。

3.14
参考文献与推荐阅读书目的翻译

参考文献和推荐阅读书目可不必译出，照原文排录，也可译出责任人、题名，将相应中文译文括注其后。

示例 1：Johnstone, Frederic. *Class, Race and Gold*. London: Routledge & Kegan Paul, 1976.

示例 2：Johnstone, Frederic（弗雷德里克·约翰斯顿）. *Class, Race and Gold*（《阶级、种族与黄金》）.London: Routledge & Kegan Paul, 1976.

3.15
索引的翻译

（1）应译出索引款目，并应与正文中的相应词的译法统一。

（2）各款目按原文索引顺序排列的，每条款目应按照原文、中文译名、页码的顺序依次排列。正文有边码的，款目保留原书索引页码；无边码的，款目标示译文页码。

示例 1：Adorno, Theodor 阿多诺，特奥尔多 131,132,191

示例 2：*Advances in Social Theory and Methodology*《社会理论与方法论的进展》169 注

（3）各款目按照中文标目排序的，页码宜标示译文的相应页码；正文有边码的，款目可保留原书索引页码。

（4）原文无索引的，可按照相关规定编制索引或编写译名对照表。

3.16 图表的翻译

应译出图表中的题名、文字、说明性注释以及引文性注释中的说明性文字。

3.17 特殊标示

原文中的特殊标示应根据其不同含义翻译。

示例 1：*The Sociology of Science* 译为：《科学社会学》。

示例 2：durante DIEZ SEMANAS 译为：连续十周内。

3.18 原文中的错误或缺陷的处理

对于原文中的错误和缺陷，应用译者注的形式说明和更正，不应在正文中直接改动。

3.19 标点符号的用法

（1）译文标点符号的使用应符合 GB/T 15834 的规定。

（2）中外文混排时，译文中的外文句子或段落应保留原有的标点符号。如果中文句子内插入外文，整体使用中文标点符号，但外文语句内部使用外文标点符号；如果外文句子内插入中文，整体使用外文标点符号，但中文语句内部使用中文标点符号。

第 4 章

古籍整理*

* 本章内容改写自《CY/T 124—2015 学术出版规范古籍整理》，收入本手册时，框架以及一些表述有所调整。

4.1
古籍定义

古籍是中国古代书籍的简称，是指 1912 年以前在中国书写或刻印的书籍。1912 年至 1919 年五四运动以前编撰出版，凡内容涉及古代文化，采用传统著述方式，并具有古典装帧形式的图书也视为古籍。

4.2
古籍整理

为使古籍更便于阅读和利用而做的各种形式的加工。

4.3
古籍整理的相关术语

底本：影印、点校、注释、今译以及做索引所依据的古籍版本。

校本：一部古籍因编辑、传抄、刻板、排版或装订形式的不同而产生不同版本时，用于核对底本以发现讹误衍脱的其他本子。

抄本：亦称“写本”“钞本”，即抄写而成的书本。古代书籍都出于抄写。

刻本：亦称“刊本”“椠本”“镌本”，即雕版印刷而成的书本。

善本：一般指校勘精良、错误较少的书籍；古籍整理中将时代较远的旧刻本、精抄本、手稿、碑帖拓本及稀见的其他印刷品称为善本。

标点：给古籍添加现代通用标点符号的整理工作。

断句：在古籍文辞休止和停顿处添加圈点的标点形式。断句又称句读、圈断、圈点。

校勘： 查校古籍中文字的异同和勘正古书流传过程中出现的错误的整理工作。

凡例： 说明著作宗旨、目的、内容和编纂体例等的文字。多置于书前，亦称“例言”“发凡”。

4.4 古籍整理形式

古籍整理的形式可分为点校、注释、今译、影印、索引、汇编、辑佚、书目。

点校： 标点和校勘的合称。

注释： 对古籍的语汇、内容、背景、引文、出处等作诠释、评议的整理工作。

今译： 把文言文翻译成现代汉语的整理工作。

影印： 采用照相或电脑扫描复制出版的方式。

索引： 汇集书刊中包含的字词、语句、名词、事件、编号等主题，以适当方式编排，指引读者查找的检索工具。索引旧称通检、引得。

汇编： 按一定的主题和体例将散见于诸书的相关资料汇辑为一书，或将同类图书新编成古籍丛书、类书的整理工作。

辑佚： 从现存文献中辑录已散佚文献的材料，以求完全或部分恢复散佚文献原貌的整理工作。

书目： 按一定编次著录群书相关信息的目录。

4.5 古籍整理的要求

4.5.1 点校

（1）标点符号的使用应符合 GB/T 15834 的规定。

（2）标点可用断句或全式标点的特殊形式。断句应在文辞语意已尽处标示句号（。）或黑点（.），未尽而须停顿处标示读号（、）。

（3）应根据图书性质决定校勘繁简。简单校勘可选一二种主要版本对校；繁难校勘（或称集校、汇校、会校）应广采异本（甚至相关选本、总集、类书等）对校。

（4）校勘时应在判定各本异文是非的基础上，择善而从，校正底本文字。

（5）凡校勘皆需归纳为校勘记，置于页末、篇末或卷末。校勘记文字应简明扼要，运用校勘用语应符合习惯用法。

（6）校码一般采用：①、一或〔一〕。若同时有注释，应与注码区分清楚。

（7）点校本应包含前言、目录、正文、附录、参考文献、索引等部件。正文包括原文和校勘记。

4.5.2 注释

（1）应对字词音义、时地人物、典故出处、时代背景、文意主旨等进行注释。

（2）简注出注宜少，不引或少引书证。详注可采录旧注、诠解典故、引录出处原文、考证史实、讲解文意。注释详简应根据整理要求定。

（3）注释可采用夹注（或双行夹注）、脚注（本页注）、篇末注等形式。

（4）注码一般采用：①、一或〔一〕。若同时有校勘记，应与校码区分清楚。

（5）注释本可称为注、释、笺、疏、章句、校注、笺注、笺释、集解、集证、校证、笺疏等。

（6）注释本正文应包括原文、注释，可包含前言、目录、附录、参考文献、索引等。

4.5.3　今译

（1）可采用“直译”、“意译”或“神译”方式。叙事、议论性文字宜直译；直译不能达其意的文字宜意译；韵文之类可神译。

（2）可与注释并行，称注译或译注。

（3）校勘宜在注释中说明，不专列校勘记一栏。

（4）今译本正文应包括原文、注释、今译文，可包含前言、目录、附录、参考文献、索引等。

4.5.4　影印

（1）影印分仿真影印和缩小（或放大）影印。

（2）影印本应包含前言、目录、正文、校勘记、附录、参考文献、索引等部件。

（3）影印底本有缺损、错页，应补配、乙正，并作说明。正文可作断句。

4.5.5　索引

（1）古籍索引因其检索对象和使用功能的不同，可分为字词索引、专名索引、主题索引三大类型。

（2）索引可按照笔画、音序、四角号码或类别检索的方式编排。同一书中，围绕编次主体，可数种方式并用。

（3）索引可独自成书，或附于检索对象之后。

4.5.6　汇编

（1）汇编应包含前言、目录、正文、附录、参考文献、索引。

（2）资料汇编宜加按语说明。

4.5.7　辑佚

（1）辑佚可辑录佚书、辑录佚文、辑录一人或多人的著述、辑录专题。

（2）辑佚应恢复原书篇次、校正底本文字、说明资料出处和考订文献真伪。

4.5.8　书目

（1）书目的著录可用四部分类或时间编次的方式。

（2）书目著录内容应包括书名、卷数、编撰者、撰著方式、出版者、出版时地、版本类型、批校题跋和主要收藏机构名称等信息。

（3）书目应包含前言、目录、正文、索引。

4.6
古籍出版要求

底本：古籍整理工作应尽可能选用内容最完整、校刻最精善的版本作为底本。

校本：古籍整理中，一般选择若干有代表性的版本作通校，亦可再选用若干其他版本作参校。

前言：前言内容应包括作者生平、内容评价、版本源流、整理体例。整理体例可单独写成“凡例”，置于前言之后。

目录： 目录应根据全书层级排列。分册较多的图书可另编总目录。

附录： 古籍整理图书宜搜集与原书相关的书目著录和版本序跋、作者传记资料、前人评论资料等作为附录。原书旧有和整理者新辑的附录资料应分开编排。

用字： 古籍整理应采用规范的繁体字或简体字。在繁体字图书中宜采用新字形。

字体： 古籍整理图书宜采用宋体，引文或说明性文字可使用仿体，其他字体应少用。

排式： 古籍整理图书可采用直排或横排方式。

中缝： 直排书的中缝应排印书名、卷次、篇章名、页码。

装订： 古籍整理图书可采用平装、精装、线装三种装订形式。

署名： 古籍整理图书应署明古籍原作者、朝代及其著作方式、整理者及其整理方式。

SSAP
手册系列
I

作者
手册

第2部分

学术出版类型

本部分对我社图书出版、国际出版、数字出版的一般流程进行了说明，同时交代了我社具有特色的皮书出版和集刊出版。作者可根据自己的出版需求而查阅相关流程信息，明了学术出版的分工。

第5章

图书出版*

学术图书出版有一整套流程，涉及书稿准备、选题申报、编辑审校、生产制作、营销发行等系列环节，是一个需要作者和出版社共同完成的系统工程，参与主体分工明确，各司其职，但也需要双方积极配合，不断互动。

广义而言，学术图书的出版流程可分为四个阶段。

一是出版前的准备阶段，包括书稿写作、联系编辑、选题申报、出版社论证、稿件修改、签订出版合同、交稿等。

* 本章内容由总编室组织撰写，执笔人：易卉、姚冬梅、蔡莎莎，柳杨提供了市场营销方面的内容。

二是出版中的编辑审读阶段，包括书稿的预审、初审、复审和终审，以及校对、核红、通读等。

三是出版中的生产制作阶段，包括版式方案设计、排版、装帧设计、印前质检、签片、技术整理、印刷、装订、数据标引、进入数据库、电子书制作等。

四是学术传播（营销推广）阶段，包括通过各类媒体进行图书资讯的广泛发布、通过出版社的经销渠道对图书进行发行、通过在以图书馆为代表的各类知识服务平台上进行展示等。后续的多语种出版可同时展开。

四个阶段涵盖纸质出版、数字出版、国际出版等多维度的出版与传播活动，涉及作者、组稿编辑、文稿编辑、技术编辑、营销编辑等多种角色，关联作者方、出版方、销售方、采购方、读者方等多个群体。

为了保障学术图书出版的质量，实践中形成了一系列做法，比如选题三级论证、同行专家评议、稿件三审三校、通读、图书质量检查、样书检查等。

狭义上的学术图书出版，指图书从交稿到印制成书这个阶段，大致包括如下环节:（1）书稿提交（作者）;（2）书稿审读（出版社）;（3）作者回应（作者）;（4）最终定稿（共同）;（5）排版校对（出版社）;（6）编制索引（共同）;（7）最后通读（共同）;（8）印前质检（出版社）;（9）印前定稿（出版社）;（10）印制装订（出版社）。

本手册中学术图书出版流程（见图 5.1）主要从广义角度来论述，图 5.1 中蓝色方框为涉及作者的环节，在下文中以 * 标注。

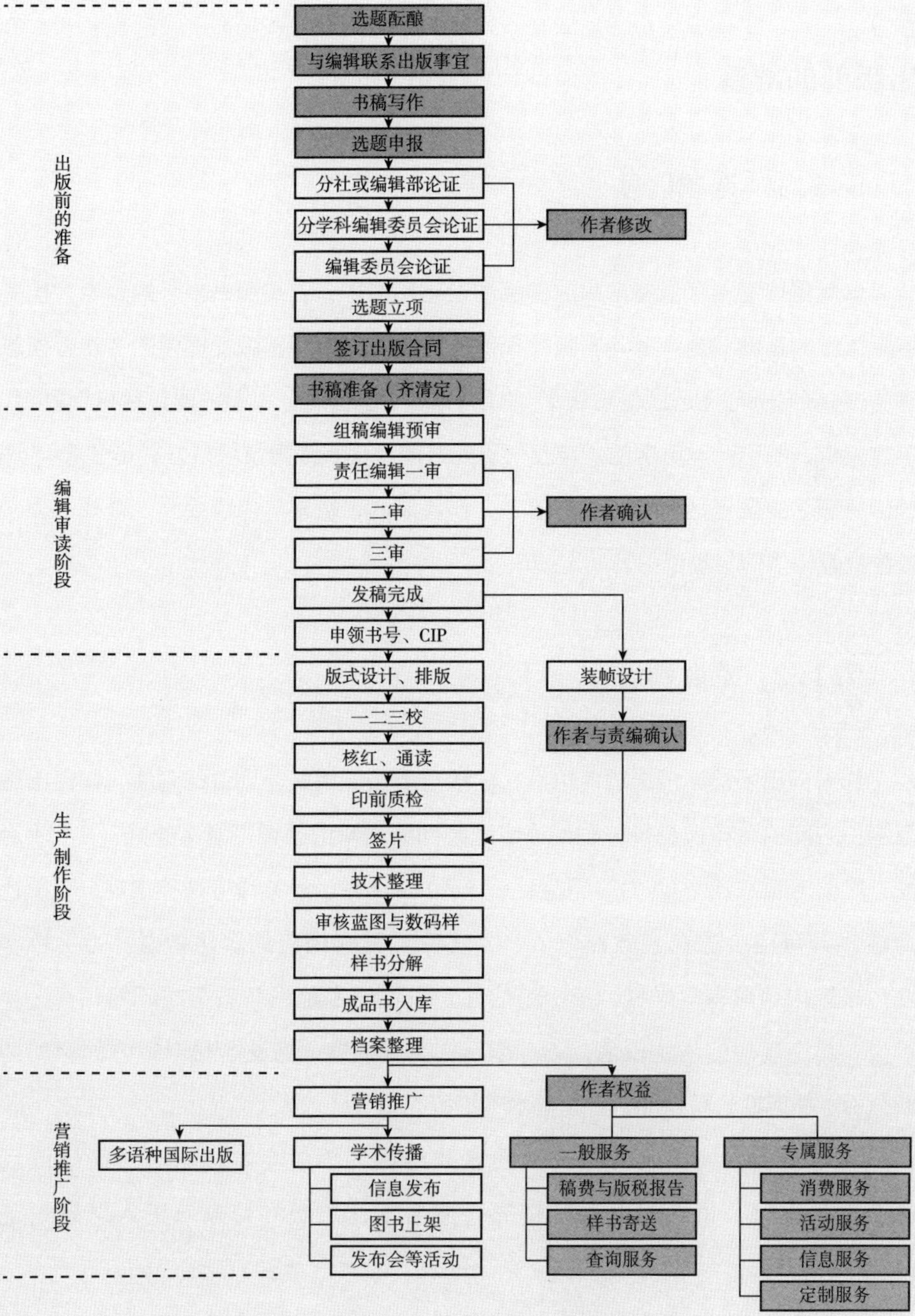

图 5.1 学术图书出版流程

5.1
出版前的准备

5.1.1　选题信息

选题是作者对于准备出版的作品的设想和构思，它是图书出版的起点，也是编辑工作的基础。当作者向出版社提供选题时，应填写出版社提供的《作者信息表》（附录 C）与《选题信息表》（附录 B）。《作者信息表》主要包括作者姓名、工作单位、职称、学历学位、专业与研究方向、代表成果及联系方式等信息；《选题信息表》主要包括书名、作者署名、作者简介、目录、内容简介、样章、部分参考文献（体例与条目）等。

5.1.2　选题判断

作者向出版社申报选题信息后，出版社要按照相关原则进行判断，符合出版范围和方向的可申报进行选题论证。选题判断通常遵循如下基本原则：（1）政治性，贯彻出版方针（“两为”“双百”）；（2）法律性，严格遵守法律法规；（3）社会性，具有相应的社会效益；（4）经济性，具有相应的经济效益；（5）科学性，研究内容具有科学性；（6）前沿性，关注学术前沿领域相关问题；（7）学术性，具有较高的学术价值；（8）创新性，在内容、方法、材料等方面有所创新；（9）规范性，写作规范，无学术不端行为。

经判断后，编辑通常有三种回复或结论：不适合本社出版；经修改后适合本社出版，进入选题论证环节；适合本社出版并可直接进入选题论证环节。

5.1.3 选题论证

出版社对选题实行三级论证 + 专项论证 / 同行评议的方式。三级论证是基本要求，专项论证 / 同行评议是补充和支持。

（1）一级论证。分社或编辑部论证。由组稿编辑发起申报，分社或编辑部召开会议进行初审，对选题进行初步论证，分社社长 / 主任签署意见。

（2）二级论证。由分学科编辑委员会进行论证，分学科编辑委员会主任根据选题申报内容进行复审并签署意见，报社编辑工作委员会审议。

（3）三级论证。总编辑定期主持召开社编辑工作委员会，进行全社选题论证，讨论通过的选题经社长签字批准后生效。

（4）专项论证。对某类特殊的选题或上述论证环节中对学术内容把握不准的选题也可实行同行评议，邀请外部专家评审。

5.1.4 选题立项

选题经论证后，一般有三种结论：不适合本社出版，不予立项；经修改后适合本社出版，视情况可以立项；适合本社出版，同意立项，并可进入出版环节。

选题立项后，组稿编辑须向作者提供本社体例规范，明确周期等出版计划，为后续环节的工作奠定良好基础。

5.1.5 签订合同*

选题立项后，出版社须与作者（著作权人）签订出版合同，明确著作权归属、出版时间、出版经费、稿费及样书赠送等权利义务。所有合同原件均应妥善保存。

对境内著作，一般与作者直接协商达成一致后签订出版合同。

对境外著作，组稿编辑或版权经理负责与权利方联系购买版权，签订版权合同；确定译者后，与译者签订翻译合同。

5.2 编辑审读

5.2.1　书稿准备与预审*

作者根据出版社提供的体例规范撰写或修改稿件后，提交给出版社的稿件应对照出版社提供的《编辑接收书稿检查清单》(见表 5.1) 进行要素检查。在形式上应符合齐、清、定及电子稿的相关要求。在稿件的具体内容上，按照稿件分专著、文集、研究报告、所属丛书等的不同，有不同的要求，总体上应在合法性、学术诚信、书名、正文、辅文、图表、参考文献等方面符合要求。

作者提交书稿后，由组稿编辑对书稿进行预审，也即从上述方面对书稿进行审查。

5.2.2　书稿审读*

稿件审读简称审稿，是编辑出版工作的中心环节，是图书出版和传播的前提与基础，在一定程度上决定稿件取舍，并通过审读和修改，能够提高稿件质量。

从修改的内容来看，审稿包括两种，一种是技术性审稿，主要根据已有规范和体例，解决书稿技术层面上的问题。如字词句、语法、译名、专有名词、数字、标点、量和单位、公式编排、表格插图、引文注释、参考文献条目、索引编制等。这些既有规范，既包括国家标准，也包括行业标准和企业标准，但都应一以贯之，保持连续性和统一性。

表 5.1　编辑接收书稿检查清单

形式要求	齐	稿件正文及要件完整、齐全	□
	清	稿面整洁、体例统一、文图相符、排版有序	□
	定	稿件内容确定，不可再进行实质性增删	□
	电子稿	符合出版社要求的应用格式	□
内容要求	合法	不违反党和国家相关政策、法律法规规定	□
	学术诚信	无抄袭、剽窃、篡改他人研究成果及伪造或篡改数据、文献，捏造事实等学术不端行为	□
	书名	准确适切，符合图书要求，并提供英文书名	□
	作者信息	准确完整，无冗余内容	□
	著作方式	真实、适当	□
	致谢信息	完备准确（可选）	□
	编委会信息	完整、准确，编排适当（可选）	□
	辅文	序、前言、后记简明，内容完整	□
	目录	详略适当，层次清晰，符合图书要求	□
	图表	图目、表目单列 风格一致，标号清晰，与正文内容一致	□ □
	正文	层次分明，论述适当，文字、语法使用符合相应语言要求	□
	注释与参考文献	完整、准确、规范统一	□
	公式	编排准确、简明、规范	□
	附录	完整，位置准确，编排有序	□
	索引	编制准确、简明，便于检索	□
	摘要	撰写规范，内容明了	□
	关键词	选择合理，符合相关要求	□

另一种是实质性审稿，主要目标是进一步提高书稿质量，增强书稿内容的准确性和可读性，调整内容的组织方式和表达方式，比如书名 / 篇名的修改、章节目录的调整、前后段落的修改、表格的转换、插图的更替等。这些修改都需要跟作者进行协商，征得作者的同意。具体而言，包括以下方面。

（1）审结构，如：书名、著作形式与目录、内容是否相符；要件是否齐全；全书逻辑结构是否清晰严密。谋篇布局是否合理，各篇章比例、顺序是否适当；论文集或者集刊的栏目名称与栏目下文章的内容是否相符。

（2）审内容，如政治性、思想性、科学性、知识性、原创性等。

（3）审规范，稿件应符合相应编辑体例规范，引文注释、参考文献等规范、完整，并注意二者的区分。

（4）审文字，要求使用规范汉字。除特殊情况外，一般不使用繁体字、异体字。不得随意制造简化字，也不要使用虽发布过但后来又被禁用的某些简化字。异体字只限用在各类名称中，包括译稿中的人名、地名、外国公司和其他专业机构名称、外来词、专业术语和专有名词等。译名在一部书稿内应前后统一（引文除外，但应以注释作说明），并根据有关工具书或约定俗成的原则。其他文字应符合相关文字的表述和使用方式。

5.2.3　审稿阶段

图书出版中通行的是三审三校这一保障质量的有效方式，三个环节缺一不可。

一审，是指图书出版三审三校环节的初审环节这一狭义概念。一审编辑在全面审读的基础上对稿件的优点和缺点进行分析，写出审稿意见，如有难以判定的问题或其他需提请二、三审解决的问题，亦应一并写明。一审的具体工作内容有消灭差错、润饰提高、规范统一、核对引文、查对资料、校订译文、推敲标题、规范辅文等。

二审，是指图书出版三审三校环节的复审环节这一狭义概念。二审工作具有独立性，不受一审以及项目负责人业务要求干扰，自主做出评判。对一审不到位的稿件可退回处理。二审应审读全部稿件，把握稿件的政治性、政策性、保密性、民族性、宗教性，确定稿件是否符合党和国家有关政策、是否符合法律法规规定，并对书稿部分易错内容重点把关。二审应对稿件质量及初审报告提出复审意见，解决初审中提出的问题，提出请三审审定的内容。

三审，是指图书出版三审三校环节中终审环节这一狭义概念。三审由具有正、副编审职称的社长、总编辑（副社长、副总编辑）或由社长、总编辑指定的具有正、副编审职称的人员担任。应对稿件的思想政治倾向、学术质量、社会效果、是否符合党和国家的政策规定等方面做出评价；如果选题涉及国家安全、社会安定等方面内容，属于应当由主管部门转报国务院出版行政部门备案的重大选题，或一审（初审）和二审（复审）意见不一致的，三审（终审）应通读稿件，对稿件能否出版做出决定。

5.2.4 发稿和书号申领

编辑在一、二、三审环节中提出的相关问题，应及时与作者商议解决。

通过一、二、三审并确定发稿的稿件，基本上达到要件齐全、体例统一、风格一致、层次分明、内容符合要求，形成排版前的定稿。书稿在一审结束后由责编申请发稿，三审结束后发稿完成。发稿后可向相应主管部门进行书号（ISBN）和图书在版编目（CIP）的申领工作。

5.2.5 校对

编辑工作和校对工作既相互衔接又相互独立，是确保图书内容质量的重要保障。原则上每部书稿要经过三个校次。一般一审编辑、著（译）者及编写者共同参与一校。责任编辑、校对人员参与二校和三校，必要时作者适当参与。

5.2.6 核红

由文稿编辑或校对人员完成，又称“核对”，检查、核对前次（或前几次）校样上色笔改动之处在后次校样上是否已经改正，并校正其漏改或错改之处的工作，分校次件核红和付印清样核红两种。

5.2.7 通读

由责任编辑负责。经过通读的校样应由责任编辑对图表及文前、文后项目做最终审核。原则上改定的三校样请作者审样并签字，但如果发排后没有大的内容问题，一校样或者二校样也可以请作者审样签字。通读之后的稿件为印前最终稿。

5.2.8 重大选题送审

对于某些类型的重大选题，出版社在出版之前，应当依照《图书、期刊、音像制品、电子出版物重大选题备案办法》报国家新闻出版署备案（也称“送审”）。未经备案批准的，不得出版发行。送审返回之后，一般有三种情形：不适合出版；根据审核意见修改后再次送审；根据审核意见修改后可以出版。该类书稿的运作周期要长于一般图书。

5.3 生产制作

5.3.1 版式设计和排版*

版式设计工作由出版部和设计人员配合编辑完成。版式设计方案完成后，由编辑与作者共同确定，排版人员根据编辑填写的组版单进行排版。

5.3.2　装帧设计*

装帧设计工作包括封面、用纸及辅助材料、加工工艺等的整体设计，由设计人员和出版部配合编辑完成。装帧设计方案完成后，由编辑与作者共同确定，最终由设计人员与出版部协调印厂共同完成。

5.3.3　印前质检

质检部门对书稿编校质量进行抽检，未达标稿件（差错率超过万分之 0.8）退编辑部门重读，重读后再次进行印前质检，合格后方可进行签片。

5.3.4　签片

签片是责任编辑对定稿文件可以付印的确认环节。印前质检合格后，责编确定稿件的印装顺序、定价、印数等，并签署付印意见。

5.3.5　技术整理

书稿付印前由技术编辑对签片书稿进行体例检查整理，核对页码、书眉，检查封面、扉页、版权页等相关信息，设计部门据此对封面、书脊等进行调整。确定无误后将电子文档传印厂出蓝图和数码样。

5.3.6　审核蓝图与数码样

这是印刷前的最后一次检查，由出版部和责任编辑审核蓝图和数码样，确认无误签字后下厂印刷。

5.3.7　样书分解

在印刷完成、大批量装订前，印厂将样书送至出版社进行检查。样书由出版部人员、组稿编辑或责任编辑、终审人员检查并签字确认，由总编室发出分解单并留签字样书存档。

5.3.8　成品书入库

出版部根据分解单通知印厂批量装订、入库，进入发行阶段。

5.3.9　档案整理

在样书分解一周之内，出版部汇总整理该图书的所有电子文档，社内各部门根据管理规定对电子档案进行管理与使用。

5.4
营销推广

图书出版仅仅是学术出版环节的结束，传播才是学术图书生命力的真正所在，通过传播，学术著作的内容进入思想生产的领域。在学术传播阶段，出版社将会围绕图书产品面向作者和读者提供多维的知识服务，帮助作者的成果获得学术传播的最佳效果。例如，通过各类信息资讯、思想评论类媒体广泛发布图书资讯，通过书店等经销渠道展开各种类型的销售，通过与以图书馆为代表的各类知识服务平台紧密合作，以及组织召开新书发布会或专题论坛，等等。（1）信息发布。在知识和信息大爆炸的时代，出版者必须通过整合各类信息发布的渠道，面向终端读者精准发布产品资讯。目前，出版社采用的产品信息发布渠道包括如下几种：以新闻发布为代表的综合类媒体平台、以微博微信为代表的自媒体平台、以学术类刊物为代表的广告发布平台、以终端客户读者数据为代表的信息直投平台、包含书评、书摘的各类读书媒体平台、以网络销售平台、书店为代表的广告发布平台。（2）图书上架。图书上架在当下的语境中，既包括传统意义上的图书在书店的陈列，也包括在信息化时代读者可以通个各类终端实现产品线上购买。目前，我们的产品上架方式包括以下几种：馆配商平台样书及产品信息的在架、各类学术会议上的产品的展示与销售、网络销售平台产品的在架、自媒体销售平台产品的在架、一线二线城市新华及民营书店产品的在架、特殊类型渠道的在架如机场书店等。（3）学术传播。为进一步提升学术图书的影响力和传播效果，出版者一般与作者通过进一步分享学术思想和资讯的方式展开。从形式上来看，有如下几种类型：①图书发布及研讨，主要通过新闻类媒体的观点分享达成；②学术研讨，主要通过学术共同体内部的分享交流传播达成；③学术讲座及读者沙龙，主要通过与读者的互动沟通交流达成，一般分为线上和线下两种模式。学术图书借助图书卖场、图书馆等传统发行渠道和微信、微博、电商等新媒体渠道到达终端读者手中，同时通过召开发布会、学术会议、读者沙龙等活动扩大图书的影响力和市场空间。

5.5 多语种多介质出版

对于优质书稿，符合国外读者要求，在经过与外方出版社确定之后，可以通过版权贸易、合作出版等国际出版手段，以多语种国际出版的方式，进入国际发行领域，扩大传播范围（具体参见国际出版流程）。可以以电子书的形式出版，亦可进入各种专题数据库。

附 5.1 编校符号及用法

本附录提供了编辑校对各种校样的专用符号及其用法，适用于中文（包括少数民族文字）各类书稿的编校工作，作者在修改稿件时可参考使用。

（1）编辑修改校样时，对确定的错误通常用色笔修改，对不确定的待解决问题通常用铅笔提出。作者在对校改进行确认时，应使用与编辑不同颜色的色笔。

（2）校样上改正的字符要求清楚，校改外文，要用印刷体。

（3）样中的校对引线要从行间画出。墨色相同的校对引线不可交叉。

编号	符号形态	符号作用	符号在文中和页边用法示例	说明
一、字符的改动				
1	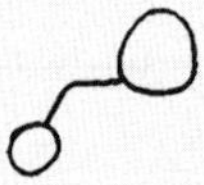	改正	增高出版物质量。 提 改革开攻 放	改正的字符较多，圈起来有困难时，可用线在页边画清改正的范围 必须更换的损、坏、污字也用改正符号画出
2		删除	提高出版物物质质量。	
3	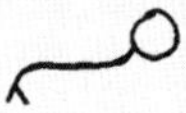	增补	要搞好校工作。 对	增补的字符较多，圈起来有困难时，可用线在页边画清增补的范围
4		改正上下角	16=42 2 H_2SO4 4 尼古拉费欣 · 0.25+0.25=05 . 举例2×3=6 : XY=1:2 :	
5		转正	字符颠覆要转正。	
二、字符字向位置的移动				
6		对调	认真经验总结。 认真验结经总。	用于相邻的字词 用于隔开的字词
7		接排	要重视校对工作， 提高出版物质量。	
8		另起段	完成了任务。明年——	

9	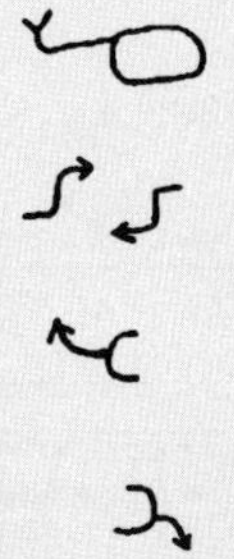	转　移	校对工作，提高出版物质量要重视。 ”。对上引文均见中文新版《列宁全集》。 编者　年　月 …… 各位编委：	用于行间附近的转移 用于相邻行首末衔接字符的推移 用于相邻页首末衔接行段的推移
10		上下移	序号　名称　数量 01　显微镜　2	字符上移到缺口左右水平线处 字符下移到箭头所指的短线处
11	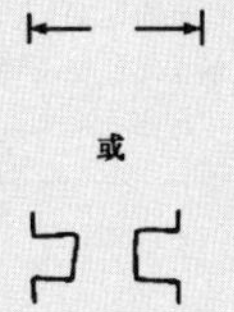	左右移	要重视校对工作，提高出版物质量。 3　4　5　6　5 欢呼　歌　唱	字符左移到箭头所指的短线处 字符左移到缺口上下垂直线处 符号画得太小时，要在页边重标
12	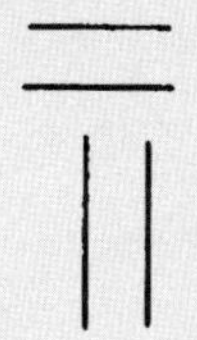	排　齐	校对工作非常重要。 必须提高印刷质量，缩短印刷周期。 国家标准	
13	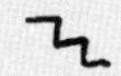	排阶梯形	RH_2	
14	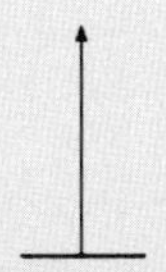	正　图	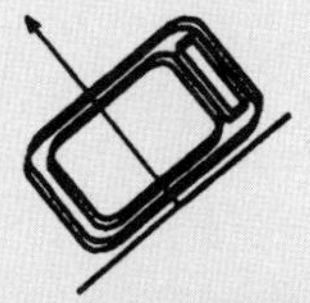	符号横线表示水平位置，竖线表示垂直位置，箭头表示上方
		三、字符间空距的改动		
15		加大空距	一、校对程序 校对胶印读物、影印书刊的注意事项：	表示在一定范围内适当加大空距 横式文字画在字头和行头之间
16		减小空距	二、校对程　序 校对胶印读物、影印书刊的注意事项：	表示不空或在一定范围内适当减小空距 横式文字画在字头和行头之间

17	# ⧣ ⧣ ⧣	空1字距 空1/2字距 空1/3字距 空1/4字距	第一章校对职责和方法 1. 责任校对	多个空距相同的，可用引线连出，只标示一个符号
18	Y	分　开	Good morning!	用于外文
		四、其　　他		
19	△	保　留	认真搞好校对工作。	除在原删除的字符下画△外，并在原删除符号上画两竖线
20	○=	代　替	㊂色的程度不同，从淡㊂色到深㊂色具有多种层次、如天㊂色、湖㊂色、海㊂色、宝㊂色…… ○=蓝	同页内有两个或多个相同的字符需要改正的，可用符号代替，并在页边注明
21	○○○	说　明	改黑体 第一章　校对的职责	说明或指令性文字不要圈起来，在其字下画圈，表示不作为改正的文字。如说明文字较多时，可在首末各三字下画圈

第 6 章

皮书出版*

皮书是对中国与世界发展状况和热点问题进行年度监测，以专业的角度、专家的视野和实证研究方法，针对某一领域或区域现状与发展态势展开分析和预测，具备原创性、实证性、专业性、连续性、前沿性、时效性等特点的公开出版物，由一系列权威研究报告组成。

皮书是智库报告的主要形式之一，是同一主题或同一机构（团队）智库报告的聚合。

* 本章内容由本社皮书研究院提供，6.1~6.5 内容摘自谢曙光主编《皮书手册（第三版）——写作、编辑出版与评价指南》，社会科学文献出版社，2019。6.6 内容执笔人：丁阿丽。

6.1
皮书分类

皮书有多种分类方式。

（1）按封面颜色分类，分为蓝皮书、绿皮书、黄皮书。

（2）按空间领域分类，分为全球与地区（国家）类、全国与省区市类、城市与农村类。

（3）按研究内容分类，分为经济类、社会政法类、文化传媒类、行业报告类、地方发展类、国别区域与全球治理类。

（4）按研究功能分类，分为发展报告型、分析预测型、评估评价型、研究报告型。

6.2
皮书研创主体

皮书的研创主体是指皮书的创作者，包括人文社会科学研究者、以研究为主要业务的机构或组织。

皮书一般是集体劳动的成果。皮书的研创一般由一个或多个单位的业务领导或学术带头人牵头，以本单位（高校、研究院所、中心）部分科研人员为基础，整合本学科、本领域的知名专家共同完成。

6.2.1　皮书编委会、课题组

皮书研创应组建编委会或课题组，编委会一般是皮书研创的学术指导机构，编委会主任一般由有学术声望或社会声望的专家学者担任，编委会主任可担任主编，也可不担任主编。如果不具备条件，也可不设立编委会，但须设立课题组。

课题组是皮书研创具体落实和执行的研究组织，每本皮书的研创必须组建对本项目进行持续研究的课题组，具体落实皮书总报告和重要报告的研究、撰写以及全书的研究组织和协调工作。课题组组长是皮书研创的实际负责人，一般担任主编或副主编，课题组主要成员应相对固定。

6.2.2 皮书主编

皮书主编是皮书研创的第一责任人。（1）皮书主编应具备较高的政治素质和理论水平，具备较强的科研能力和组织领导能力，是本皮书所涉专业和研究领域有较大影响力和较高知名度的专家学者，能够带领和指导皮书课题组开展皮书的研创工作。（2）皮书主编应有切实承担统领皮书研创工作的时间、精力之保证。（3）皮书主编可由多人担任，但原则上不超过 3 人。多人共同担任主编的，应明确责任分工。

6.2.3 皮书作者

皮书作者既包括主编、副主编以及皮书报告的撰写者和署名人，也包括课题组成员。皮书单篇报告作者对所撰写的皮书报告的政治导向与学术导向、数据来源、研究方法与结论以及主要观点负责，并保证皮书报告的首发。

6.3 皮书研创基础

6.3.1 研究领域

皮书的研究领域主要按照社会科学的研究范畴进行分类，如宏观经济、社会形势、教育发展等，也可以根据经济社会发展中的现实问题聚焦于某一个群体、某一个产业或某一个实践领域开展研究，如女性生活、京津冀协同发展、“一带一路”城市网络等。

6.3.2　研究主题

皮书的研究主题是指在确定全书的研究领域和研究对象之后，全书各个报告尤其是总报告所确定研究的问题。皮书的单篇报告作者需围绕研究领域设定本报告的研究主题。

6.3.3　研究方法

皮书研创主要使用实证的研究方法（文本写作主要使用归纳法），适当使用文献分析方法、历史比较分析方法和逻辑思辨方法等。实证研究方法又分为定量研究和定性研究的方法，定量研究方法如数理统计、社会调查、内容分析、模型分析与预测、控制实验等，定性研究方法如深度访谈、焦点小组、民族志/田野调查等。随着计算机技术和互联网的发展，大数据挖掘与分析已逐步成为社会科学研究的一种新的方法和手段。

6.3.4　数据来源

皮书以定量研究为主，主要通过对数据的获取、分析得出结论，数据是皮书的基本元素。皮书数据来源应可靠，最好使用一手数据。使用一手数据也是皮书质量和价值的重要体现和保证。

皮书研创应多使用拥有自主知识产权的一手数据，并在皮书研创的基础上构建基础数据库和成果数据库。通过统计分析、评价指标体系及模型分析与预测所得到的数据和结果应真实、可信。随着计算机技术和网络技术的发展，大数据对人文社会科学研究产生了深刻的影响，皮书研创可使用大数据开展相关研究。

皮书研创时，如果使用的是二手数据，包括图表，都应标注资料来源。

6.4 皮书要件

一本规范的皮书，应包含以下要件：皮书名称（中英文）、主编、编委会或者课题组、主要编撰者简介、全书摘要（中英文）、全书关键词（中英文）、篇章架构与目录、篇名、单篇报告。

6.4.1　皮书名称

皮书名称由两部分组成：丛书名和书名。

皮书的丛书名是一种或几种研究领域相似、主题相近的皮书固定、专用的称谓。丛书名所涵盖的范围应宽于书名所体现的研究范畴，但丛书名表述更简略。一个丛书名一般对应一个书名，也可对应多个书名。

皮书的书名一般包括时间（年份）、序号、空间区域、研究主题等，主要有三种表述方式：一是“……形势分析与预测”，二是“……发展（或研究）报告”，三是“……评估评价报告”。

6.4.2　编委会或课题组

皮书编委会或课题组在皮书中独立设置单页，放在皮书扉页之后。

6.4.3　主编

皮书主编（副主编、执行主编等）署名信息一般放在皮书扉页中。有皮书编委会的，主编等相关署名信息一般不重复出现在编委会中。

6.4.4　主要编撰者简介

主要编撰者是指实际参与了皮书全书的创作、对本皮书的研创发挥了重要的学术指导和协调作用的皮书主编、副主编和课题组负责人。

主要编撰者简介一般不超过 5 人，基本信息包括姓名、单位、职务、职称、学术经历、主要社会兼职、主要研究方向、与本皮书相关的主要研究成果（代表作、代表论文合计不超过 4 个）等。每位编撰者简介字数一般不超过 300 字。主要编撰者简介总字数一般不超过 1500 字。

6.4.5　全书摘要（中英文）

皮书摘要以提供皮书报告的主要观点和判断为目的，不加评论和补充解释，简明、确切地记述皮书报告的重要内容。其基本要素包括研究目的、研究方法、研究结果和研究结论，摘要应明确研究结果和研究结论，尽量避免对于报告或全书结构的介绍，尽量避免采用图、表、化学结构式、非公知公用的符号和术语等。

中文摘要放在中文目录前，英文摘要统一放在书后，中英文摘要内容要基本一致。

6.4.6　全书关键词（中英文）

皮书作为智库成果，其报告的关键词对于智库报告的科学归类、便捷检索有着重要的意义。准确的关键词不仅能够鲜明而直观地表达皮书研究报告表述的主题，使读者在未看皮书的摘要和正文之前，便能明确皮书研究的主题，同时能够便于报告的查阅、检索和利用。

关键词应将研究报告的主题概念表达全面，不仅要在研究报告的题名和摘要中抽取，还应分析出研究报告所包含的隐含概念，使选取的关键词能全面地反映研究报告的整体内容。

避免使用词义宽泛的“通用词”作为关键词，同义词和近义词不能并列为关键词，反义词和否定词不能作为关键词，不能用短句或词组作为关键词。

中文关键词放在中文摘要后，英文关键词统一放在书后，中英文关键词内容要基本一致。

全书关键词数量在 3~8 个为宜。

6.4.7　篇章架构与目录

皮书一般由 20 多篇围绕一个或多个主题而展开的研究报告组成，不同主题、不同类别的研究报告组成不同的篇。皮书一般分为 3~6 篇，每篇由 3~5 个主题相近、类别相似的报告组成。

皮书篇章架构的分类与设置应围绕全书研究领域和研究主题展开，避免“篇”不对“题”（书名），各篇之间应有相对比较清晰、严谨的区分，篇中的各个研究报告应与篇名所反映的主题一致，避免不同主题、不同性质的研究报告归入同一个篇，也不应把主题相近的皮书报告归入不同的篇。

皮书篇章架构可以“总报告—分报告—专题篇—案例篇”的方式展开，也可以“总报告—行业篇—区域篇—中外比较篇”等方式展开。皮书一般不使用章节体。

皮书的目录由总报告名（含一级标题）、篇名、报告名、作者姓名以及相应的页码组成。为便于海外读者阅读和使用，皮书除中文目录外，还应有英文目录。同时，还建议有图表目录。

6.4.8　篇名

皮书的篇名应简明扼要，篇名所反映的研究主题和研究范畴应从属于书名。

篇名应是本皮书所研究领域的社会热点和重点问题的简要表述，或者使用本研究领域规范的学术名词，应避免出现“理论篇”“研究篇”“实践篇”这样的篇名。以中国及所属地区为研究范围的皮书不宜使用“国际篇”“境外篇”这样的篇名（可使用“国际借鉴篇”“中外比较篇”）。

篇名不可过长，以不超过 5 个字为宜。

6.4.9　单篇报告

皮书中的单篇报告应围绕“篇名”和主题撰写，是运用数据、通过科学的研究方法进行分析的研究报告。皮书中的单篇报告应区别与新闻稿、通俗读物、工作总结、学术论文。

6.5
皮书单篇报告

6.5.1　皮书总报告

皮书总报告为皮书必备要素，也是呈现本皮书主要观点、体现皮书主要价值的首要报告。

皮书总报告一般由本皮书课题组成员共同参与，由主编或课题组主要负责人或主要参与者执笔完成。

皮书总报告放在皮书正文的最前面，篇幅一般以 1 万 ~2 万字为宜，总报告的一级标题应写在目录里。

皮书总报告可以作为独立的研究成果呈现，也可在全书各个分报告主要研究发现的基础上，综合提炼完成。但总报告绝不是对各个分报告的简单拼接，而是有独立的研究目的、研究内容、研究方法和研究结论。

总报告特别是分析预测类皮书的总报告应对上一年度形势预测的指标数值、主要结论及上一年度皮书总报告的主要观点进行回溯与总结。

6.5.2 皮书分报告

分报告是围绕全书主题所开展的更深入、更细致的研究，是对本书所研究领域的各个行业、各个区域、各个专业领域的深入调查、分析和预测，以使读者更全面、更深入地了解和认识所研究的问题。

分报告也可再细分为篇，如经济类皮书中可分为财政金融篇、产业篇、国际贸易篇、投资篇等，社会类皮书中可分为社会阶层篇、社会治理篇等。

6.5.3 皮书专题报告

专题报告是根据当年社会热点或所研究领域的前沿动态，选择一个社会各界所关注的主题，或者课题组归纳的具有年度特点的研究发现，由多个作者从不同侧面对同一主题、同一研究对象所开展的研究。专题报告必须具有专题性，避免出现不同主题、不同研究对象的报告拼凑在一起的问题。

6.5.4 皮书技术报告

皮书技术报告是指皮书报告中用于描述报告科学研究的逻辑推理过程、所使用的研究方法、研究结论的代表性，或者科研过程中遇到问题的社会科学研究的专业表述。

凡研究中使用较大规模的社会调查或数据模型、评价评级等研究方法，并以此为主要结论依据的皮书报告（包括总报告、分报告和专题报告），应附技术报告。

技术报告应包括研究背景、研究方法、研究对象、研究目标、研究样本及其代表性、研究过程，或者模型、指标体系、赋权方式等。

技术报告可放在总报告或分报告后，若是对全书内容的解释、说明，技术报告也可作为全书最后一个报告。

6.5.5　单篇报告名称

皮书的单篇报告应具备独立性，报告名应完整、规范，同时，能够提炼出报告的主题，具备可读性，并体现报告的时效性。

皮书报告名称应避免出现以下几种情况：一是标题过长无法明确表达主题内涵；二是理论文章或新闻报道式宣传语言；三是学术论文式标题，不使用“浅析”“浅论”“试论”“关于……的思考”“……概述”等表述；四是与内文的标题重合。

6.5.6　单篇报告摘要（中英文）

皮书单篇报告的摘要应包括研究的对象和范围、采用的主要手段和方法、数据分析或调研中所发现的问题、得出的结果和重要的结论或者所提出的对策建议等。摘要应成为一篇可以直接被引用的完整短文，而不是报告分析框架的概述。

皮书报告的摘要应以第三人称来撰写，不宜出现“我们”“作者”“笔者”这样的第一人称。

皮书单篇报告的中文摘要一般以 300~500 字为宜，英文摘要与中文摘要内容要基本一致，英文摘要统一放在书后。

6.5.7　单篇报告关键词（中英文）

关键词是对研究报告的研究领域、研究主题、核心内容、思想观点、论证方法、主要结论等的提炼和概括，是皮书报告中起关键作用、最能代表皮书报告内容特征的词或词组。

关键词选取应遵循一定的规范和原则，应尽可能选用《汉语主题词表》等专业词表中所提供的规范词；关键词应采用名词或动名词，不能使用形容词、量词、冠词、虚词、介词、连词、代词、副词、感叹词等；一些表示时间的词，如“新时期”“转型期”等，也不宜作为关键词；词义广泛的“通用词”，如“理论”“模型”“研究”“趋势”“预测”“展望”“平台”“体系”等应避免使用。

单篇报告的关键词以 3~5 个为宜，中英文关键词内容要基本一致，英文关键词统一放在书后。

关键词的排序应清晰、层层深入地反映皮书报告的主题。一般情况下，反映皮书报告的研究目的、对象、范围、方法、过程等内容的关键词在前，反映研究结果、意义、结论等内容的关键词在后。

以地理空间、区域发展为主要内容的皮书报告，应将研究的对象、学科、专业或行业等方面的关键词放在前面，地理区域放在后面，并采用该区域或地名的规范行政名称。

6.5.8 单篇报告的注释与参考文献

皮书单篇报告应有规范的引文、注释和参考文献。

皮书中标识文献征引的注释一般采用脚注 - 编号制，即采用当页页下注的方式，且全书应使用一种脚注方式。

参考文献是在学术研究过程中，对某一著作或论文的整体的参考或借鉴。皮书中，征引过的文献在注释中已注明，不再出现于文后参考文献中。若有未标明的参考文献，应附于每篇报告后，不标序号，先论文后专著，先英文后中文，分别按作者姓氏排序。

参考文献体例与注释相同。

6.6
皮书研创与编辑出版

6.6.1 皮书选题策划

皮书出版实施目录管理，进入目录的皮书方能出版。

新皮书的策划主要有两种情况。一种是出版社编辑策划选题后，约请合适的主编团队研创；另一种是由重要学者或机构发起策划。策划一本新的皮书之前，皮书主编应了解皮书的特性和基本要求，与出版社共同确定选题的可行性。皮书主编应组织召开选题会，确定内容框架、研究团队等，并向出版社提交准入申请。

对于皮书目录中的已有皮书，各皮书课题组在岁末年初或皮书固定的出版时间至少 8 个月前，应召开当年度皮书选题会，确定本皮书的年度主题、目录框架以及总报告的提纲，并提交出版社评审。

6.6.2 皮书准入

新皮书项目在进入出版社选题论证前，应参加同行评审，即进行皮书准入评审。主编单位填写《皮书准入申请表》(见附 6.1)，皮书编辑对申请表中的内容进行把关，审核通过后，提交皮书准入申请，上传准入材料。《皮书准入申请表》由同行专家组成的皮书编辑委员会评审后，再提交出版社编辑委员会论证，审议通过后可申报皮书选题。

皮书准入环节有通过、暂缓、否决三种结果。准入通过的，方可进入出版社选题论证环节。

准入时暂缓的选题，应按照评审专家的意见逐条作出修改说明，可再次提交准入申请。

准入时否决的选题，一般不接受再次申报，作者可以选择以一般图书、其他智库报告等形式出版。

皮书编辑应及时将评审结果反馈给课题组，指导皮书课题组根据专家的意见修改准入材料。

6.6.3 报告投约稿

皮书作者可以根据自己的研究方向或研究领域，关注相关选题的皮书课题组动态，如约稿函、出版时间等，可以向皮书课题组投稿，也可以通过皮书投约稿平台投稿，与皮书课题组或者出版社建立联系，参与到皮书的研创中。

无论是新准入的皮书还是已出版多年的已有皮书，组织皮书研创前，其目录均应通过皮书编辑审定。

6.6.4 皮书内容重复率

皮书中被收录的报告要求原创、首发，作者应将报告的内容重复率[①]控制在15%以内，并按照皮书的体例规范进行撰写。除单篇报告以外，全书的内容重复率也应控制在15%以内。

6.6.5 皮书原稿处理

根据合同约定的编校和印制的时间，课题组至少应在计划出版时间前60天提交书稿，且稿件应齐、清、定，即主编应保证原稿要件齐全、文档字迹及图表清晰、内容已最终确定。同时，还应提交所有插图和所有需要的许可证明，以及

① 皮书内容重复率是指皮书可检测的正文中引用已公开出版或发布的文字成果（包括政府公文、媒体报道、他人论文、著作，作者本人已发表或部分发表报告）的字数占该报告总字数的百分比。

所有报告通信作者（原则上每个单篇皮书报告都应有至少 1 位通信作者）的个人基本信息及联系方式，以便沟通解决书稿内容中存在的问题。要件检查清单参见《皮书交稿自检表》（见附 6.2）。

6.6.6 皮书编辑出版

进入皮书目录的皮书，可以皮书形式申报选题。皮书选题通过后，按照选题申报条件，进行合同网签。网签时，应将《皮书作者原创性声明》（见附 6.3）作为合同附件上传。

皮书稿件出版必须经过三审三校。在三审三校中，作者应对编辑提出的书稿中的疑问做出回应。在稿件完成所有编辑、修改并通过印前质检后，编辑和主编都应进行最后的稿件和封面审核，并在稿件和封面上签字确认，方可付印。

6.6.7 皮书发布

皮书出版后，应面向社会公开发布。可以单独举办发布活动，也可与相关领域的专业论坛结合进行发布。皮书主编可与皮书编辑、皮书营销编辑共同筹备皮书发布，单篇报告作者也可参与皮书发布、宣传推广等相关事宜。

6.6.8 参与学术共同体建设

皮书是智库建设、学术共同体建设的重要抓手。社科文献搭建了皮书年会、皮书研创高级研修班、皮书研究院理事会等多种形式的智库平台，充分发挥皮书学术共同体的作用。皮书主编及报告作者可充分利用皮书学术共同体扩大本皮书及研创机构的影响力。

附 6.1
皮书准入申请表

一、图书基本信息

皮书丛书名（中英文）					
首本皮书书名（中英文）					
预计出版时间		出版周期		WORD 字数（万字）	
封面署名			著作权人		
研究领域					
本领域研究现状					
本书选题价值及创新					
全书目录	（注：评审未通过的目录框架，修改后须重新评审；经评审通过的目录框架如有改动，须重新评审）				
总报告内容结构					
研究方法					
主要资料来源					

二、课题组基本信息

主编单位简介（每个机构介绍500字以内）							
主要编纂者简介（每人限300字以内；须写明主要研究方向及相关研究成果）							
皮书主编及副主编	姓名	单位	职称	职务	联系方式	邮箱	通信地址
课题组联系人及主要成员	姓名	单位	职称	职务	联系方式	邮箱	通信地址

三、皮书的推广

读者对象	
专业分类 （学科领域）	
课题组皮书推广计划	

四、编辑部门评审

编辑部门意见	

附 6.2　皮书交稿自检表

（主编提交稿件时，请根据本表一一核对）

文档格式	Word 文档	□
篇幅	皮书篇幅一般在 10 万字到 25 万字（Word 字符数）	□
质量	文章已审稿，被编辑组编辑过，无重大敏感问题，无学术不端问题	□
要件齐全	中英文丛书名	□
	中英文书名	□
	封面署名和著述方式	□
	编委会名单	□
	主要编撰者简介 全书摘要、关键词（中英文）	□
	目录（中英文）	□
	单篇报告摘要、关键词（中英文）	□
	单篇报告作者及作者简介	□
篇名	围绕本书主题，符合逻辑性	□
报告标题	标题简洁明了，反映文章核心主题	□
报告层次	层次清晰，且全书基本统一	□
脚注 / 尾注	只在确实需要的地方使用脚注或尾注	□
图	高质量、清晰	□
	按文章标明序号	□
	无版权问题	□
	有出处	□
表格	格式与要求相一致，要件齐全	□
	数据准确，且与正文中表述一致；有出处	□
参考文献	完整性	□
	准确性	□
	一致性	□
版权与伦理	单篇报告已获得作者许可或者原出版商许可	□

附 6.3
皮书作者原创性声明

______年__________皮书（丛书名）作者原创性声明

郑重声明：本人所撰报告是在皮书课题组支持下进行的原创性研究成果。除文中已经注明引用的内容外，本报告不包含本人及其他个人或单位已经公开发表过的研究成果。对本报告的研究做出重要贡献的个人和集体，均已在文中作了明确说明。

如所声明的内容与事实不符，与课题组（主编）、出版机构无关。由此引起的一切纠纷，由本人承担法律责任。

文章名	作者	签名

填写说明：

本表格由皮书主编组织各报告撰写人填写；

各报告撰写人阅读声明后提供签名；

可用电子版签名；

本表格作为皮书合同附件，提交出版社。

______年____月____日

附 6.4
皮书出版反馈单

__________年版__________蓝皮书出版反馈单

皮书名称			
计划出版日期		选题会召开日期	
课题组出版事务联系人		电话	
2020 年版目录			
总报告执笔人		电话	
总报告提纲			
出版社评审意见			
联系人：________，分社：____________，电话：__________，邮箱：__________________			

填表说明：皮书出版前 3~8 个月，主编应组织填写本表，当年皮书目录由皮书主编团队与皮书编辑共同审定后，方可组织报告研创工作。

第7章

集刊出版*

学术集刊特指除期刊、报纸之外，近年来被国内学界广泛接纳的介乎期刊与图书之间的汇集学术论文的出版方式。学术集刊以专业学科为基础，以单篇文章为构成单位，但有别于一般论文集，在形式上具有稳定统一的名称，以分册形式按照年、半年、季度、双月等周期定期出版，并有年、卷、期标识序号，计划无限期出版并具有正式书号。

* 此章内容按照此次手册撰写要求调整自《SSAP集刊手册》，由集刊分社提供，执笔人：姚敏。

SSAP

手册系列

I

作者手册

集刊的立项、准入、审读、出版、推广是集刊学术质量、出版质量以及影响力建设的重要抓手，学术集刊实行严格的项目准入、文章评审以及出版管理制度。

从整体上而言，集刊的出版包括出版前阶段、编辑出版阶段以及营销传播阶段。出版前阶段包括集刊的创设、集刊准入、文章征集、文章评审等；编辑出版阶段包括集刊预处理、集刊审读、编辑校对、印刷制作等；营销传播阶段包括集刊的发行、推广、数字化传播、影响力建设等。

7.1
集刊创设

主办方或主编拟创设集刊时，首先要考虑一部规范的学术集刊应包含哪些要件，而所有要件都应围绕透明度原则展开，这是规范集刊的首要原则。以下为学术集刊基本要件。

7.1.1　集刊名

集刊名应该是独特的，体现集刊的内容取向和学术定位，建议以相对固定的二三级学科、专业、研究领域为名称，不建议综合性刊名，避免与已有集刊或期刊名重合，不应误导潜在作者或读者对集刊的认知。

良好的集刊要充分考虑集刊的主题范围、是否有足够的读者受众、主题内部每年拥有的总的文章量、是否独树一帜。集刊名中若出现主办单位的机构名，应充分考虑机构的影响力；若出现区域范围，应充分考虑该集刊受众面的宽窄。

7.1.2　集刊卷辑

卷、辑（volume，issue）是体现集刊前后连续性的组织原则。一卷通常由某个日历年度或学术年度出版的若干辑组成。对于一本一年四辑的集刊来说，一卷包含 4 辑，月刊的一卷包含 12 辑。卷、辑序号宜用阿拉伯数字表示，其构成要素应体现总出版辑数，前后稳定，且应有对应的外文。若集刊出版周期不稳定，建议不出现年份标识，仅出现连续编号即可。

7.1.3　集刊主办方

学术集刊宜有主办方，主办方应为正式学术机构、学会、专业委员会、研究

中心 / 基地等，应在相应研究领域具有较高权威性。主办方应保持长期稳定。

7.1.4 集刊主编

集刊主编应是相应学科领域的著名学者，具有较高的学术造诣和较强的学术号召力。主编应切实负责，并在相应时间内保持稳定。为了便利组稿、突出专题，集刊主编可聘任执行主编或轮值主编、栏目主编，负责相应内容的组稿和审核。署名时，应同时标示主编和执行主编的信息。

7.1.5 集刊学术委员会 / 编辑委员会

集刊应设立学术委员会 / 编辑委员会，学术委员会和编辑委员会可统一，也可分开设立。集刊学术委员会 / 编辑委员会由相应学术领域的专家组成，体现集刊学术性、权威性和影响力。建议在学术委员 / 编辑委员中加入国际编委。同时，学术委员会 / 编辑委员会应切实履行职责。出版时应在相应位置明确公布集刊学术委员 / 编辑委员的全名、职称以及隶属单位等。

7.1.6 集刊编辑部 / 编辑组

集刊应设立编辑组，负责稿件质量的控制和初审，避免稿件出现要件缺失、体例不统一、学术不端、政治 / 宗教 / 民族敏感等问题。编辑组由主办单位专职或兼职人员和出版社的相应编辑共同组成。集刊应在相应位置明确公布编辑组成员全名、隶属单位、联系方式等信息。

7.1.7 集刊目录及栏目

集刊应有目录，集刊目录是体现集刊文章前后顺序以及文章类型、构成、重要性及作者和位置信息的组织方式。目录页上应包含集刊名、出版年、卷辑、栏目名、文章和相关作者名、稿约及对应的页码信息等。

集刊目录应分栏目，栏目可分为固定栏目和变动栏目。栏目的名称通常可设为本期主题、一般论文、评述、会议信息等。集刊栏目名不应局限于文章的主题分类，还应显示每辑的问题导向和主编意图，同时要便于征文。主办单位和主编应认真对待和设计集刊目录以及集刊栏目，它们是吸引读者、扩大宣传、显示集刊定位的重要索引。

7.1.8　集刊文章及稿约

学术文章是集刊构成的最基本和最重要单元，是显示集刊学术性和定位的基本单元。集刊文章应学术要件齐全、写作规范，具有原创性、首发性、学术性，符合学术规范和集刊定位。从讲话稿、录音、访谈中转化而来的稿件，应做基本的修改，以符合学术文章的要件要求和学术集刊的基本定位。

同时，集刊应有明确的约稿、用稿和体例说明，稿约单设一篇，并在目录上以“稿约”二字呈现。稿约宜有对应的外文版，在集刊网等网站页面内体现。稿约应交代集刊的主办单位，专业定位，约稿范围，栏目设置，文章的内容、体例和篇幅要求，审稿程序，著作权归属，联系方式以及其他需要交代的内容。

除了上述基本要件，主办方还要制定创刊方针，形成集刊定位，明确集刊发展政策、介绍文章来源、审稿程序以及出版周期等，有条件的可召集学术同行进行论证，同时与社内相关编辑密切沟通，就相关问题进行研讨。

7.2
集刊准入

集刊主办方 / 编辑部确定创办集刊的意愿并形成初步方案后，填写《学术集刊准入申请表》(见本章附件),本社编辑对申请表中的内容把关,审核通过后,可按集刊准入流程申报项目。

集刊编辑委员会就集刊名、集刊定位、编委会构成、栏目设置、机构影响力、可持续性等进行讨论,形成通过、暂缓或否决的论证意见。

7.3 稿件征集

主编在集刊创设之后,可按照创设方针向社会和同行公开征集稿件,在每期纸质出版物中添加"稿约",同时,可通过编辑部自有的微信公众号或社科文献的"集刊"公众号、中国集刊网(www.jikan.com.cn)以及投约稿系统(www.iedol.cn)进行稿件征集和管理。

7.4 同行评议

稿件的评审可由学术同行、主编和编辑部成员三方力量构成。建议逐步建设同行评议制度。同行评议是指单篇文章需要得到该领域内专家的建议,且该评审专家不应是集刊的编辑部成员。同行评议是文章学术价值的基础,也是出版道德委员会(Committee on Publication Ethics,COPE)"透明度原则"中的第一条要求。

同行评议可帮助主编、主办方、编辑部决定学术文章是否应该被接收、经修改后可被接收或拒稿。同行评议通常被认为是保证学术质量所必需的,但并不一定适用于所有集刊;在初创期评审制度暂未建立或是某些暂无法开展同行评议的学科领域,可由主编审读替代,并辅以特邀主编审读,特邀主编一般为对当期学术集刊主题较为熟悉且在本领域有较高声誉的学者。同行评审 / 主编审读的意见通常应返回给作者,用于文章的修改。

同行评议通常分为双盲评审、单盲评审、开放评审三种,学术集刊可选用双盲评审、单盲评审中的一种。

7.5 编辑部审读

编辑部审读对确保学术集刊规范性具有重要的作用。按照办刊主旨、原则以及体例规范要求对文章进行初审是确保集刊收录文章符合本集刊学术规范的基础。

编辑部的主要职责有：确保文章要件齐全，标题、摘要、关键词符合规范，英文标题、摘要、关键词译文准确规范，作者信息、文章资助信息齐全准确，参考文献、注释格式统一并符合集刊要求，文章层级明细，图表清晰齐全。

7.6 主编审读

无论是否采取同行评议，主编审读对于学术集刊来说均是必不可少的。主编应统筹考虑集刊各期主题，组织学术委员会 / 编辑委员会研讨集刊发展方向，规划发展脉络，确定每期主题，邀请特约主编或是相关专家协助开展审读，确保每期刊物文章学术质量、政治导向等。

7.7 责任编辑

学术集刊的编辑一般由两部分组成，一部分是主办单位编辑部的成员，另一部分是出版社的责任编辑。相关人员应都是具有学术集刊研究领域相关学科背景且对该领域有一定了解的专业人士。双方共同负责学术集刊的编辑出版工作。为了确保学术集刊质量，编辑人员应保持稳定，无特殊情况不应轻易更换。

7.8
选题填报及合同签订

在填写已有集刊的选题之前，编辑应提醒集刊编辑部在集刊固定出版时间前，召开集刊选题会，确定本年度集刊的年度主题、目录框架等，确认后填写集刊选题单。在此过程中，编辑需同作者商议，尽可能保证选题信息准确、完善。

集刊选题通过后，按照选题申报条件，进行合同网签。根据合同约定的编校和印制时间，编辑部至少应在计划出版时间前 3 个月提交书稿，主编审读完书稿后应对照《稿件自检表》（见本章附件）确保所提交稿件齐、清、定。

7.9
稿件预审预处理

稿件预审预处理是主编交稿和书稿进入审读阶段之间的过渡环节，在电子版上进行，解决集刊稿件要件是否齐全、体例层次是否统一、目录层级是否合理且与正文是否对应、注释格式是否一致、参考文献条目是否准确、经典引文是否合规、图表编排是否规范等问题。如果问题较多，可退回主编修改。调整完毕后，书稿可进入纸质审读阶段，除非有严重内容质量问题，书稿不再做系统性调整。

7.10
编辑审稿

作者交稿后，编辑进入审稿环节。主办方及出版社的编辑应通力协作，相互配合，按照三审三校的原则对学术集刊进行审校。在审校过程中，责任编辑除正常编校外，还需要重点对学术文章的学术质量、规范要求、主题统一性等进行把控，删除学术质量不高、规范性较差、与集刊主题格格不入的文章，以免此类文章影响学术集刊的整体质量。同时，要注意把控审稿、编校时间，以确保学术集刊按时保质出版。

编辑具体职责有：学术不端检测；确保集刊各项要件齐全；确保标题、摘要、关键词符合规范；确保作者信息齐全；确保文章层级明晰；确保英文标题、摘要、关键词译文准确规范；消灭病句；纠正错别字；订正标点符号；标准化处理量和单位；加工公式；规范化处理数字、外文字母；加工插图和表格；统一注释和参考文献格式。

7.11 排版设计

编辑发稿通过后，可进入版式设计、技术制作和校对阶段，同时进行封面设计流程，确保集刊书稿的文字质量、内容质量、编排质量等。

7.12 印前质检及签片

编辑对排版的稿件进行最后的修改确认。确认后为确保集刊质量，应由编审室进行印前质量检查，要求差错率不得高于万分之零点八。印前质检合格的，方可付印；印前质检不合格的，需要返给编辑重新审读，未达标稿件退编辑部门返工。

在稿件完成所有编辑、修改并通过印前质检后，编辑和主编都应进行最后的书稿和封面审核，责编确定书稿的印装顺序、定价、印数、要书时间，并在稿件和封面上签字确认，确认签片，出版部技术编辑进行印前技术整理，方可付印。

7.13 生产制作

签片流程完成后，出版部对发印项目包括封面、正文设计与材料、工艺要求是否匹配进行检查，并对发印项目进行核对，晒蓝图并开具印单。大批量装订前，编辑应对样书进行检查，签字确认后，方可大批量装订。出版部根据总编室发出的分解单通知装订厂批量装订，装订好的图书按要求分送到社内、作者处和库房，进入发行阶段。

7.14 集刊数字化

集刊出版统一由数据中心负责数字化，学术集刊统一由集刊分社按单期纳入中国集刊数据库（纸电同步），通过中国集刊网统一对外发布。

欲加入中国知网、维普的集刊，主办单位及主编可联系社科文献集刊分社相关负责人确认流程，之后方可安排优秀原创学术集刊进入中国知网。

7.15 评审与分类

社科文献每年组织一次学术集刊评优工作，按照学术集刊编辑出版规范及学术集刊评价标准，对学术集刊名录中的集刊进行细致审核，评选出优秀集刊及名录集刊。同时，淘汰未能按时按期出版以及在内容质量、形式规范等方面出现问题的集刊。

根据学术集刊的不同类型，社科文献对学术集刊进行分层分类管理，主要分三大类：普通集刊、名录集刊及优秀集刊。

（1）普通集刊，即各部门申报的经过集刊编辑委员会论证通过的集刊。

（2）名录集刊，在普通集刊基础上经过年度评审委员会评审并经编辑委员会确认后产生的较为规范的集刊。

（3）优秀集刊，即在年度名录集刊基础上由评审委员会遴选并经编辑委员会确认后产生的学术质量高、形式规范、影响力较大、长期稳定出版的优秀集刊。

7.16
推广与营销

7.16.1 邮发

社科文献每年与中国邮政合作开展学术集刊邮发征订工作，集刊主办单位自愿申请加入。凡进入邮发系统的学术集刊须保证出版周期、每期出版时间及固定定价，如逾期未出版或因重大变动而造成损失的，由集刊主办单位及责任部门承担相应的损失。

7.16.2 公众号宣传

社科文献负责集刊微信推广的公众号为“集刊”，该公众号致力于深度推介中国人文社会科学学术集刊及内容资源，推广社内已出版集刊，宣传集刊品牌，传播与集刊相关的实时资讯，以及作为窗口链接进入两大集刊平台——中国集刊网和集刊网络编辑管理系统，搭建集刊信息共享平台，推动集刊品牌化、规范化发展。

7.16.3 论文转载

社科文献已与《社科文摘》《人大复印报刊资料》等文摘类期刊创立互通渠道，定期推介优质原创文章，并寄送样书。

7.16.4 定期寄送 CSSCI 中心

社科文献按季度寄送已出版的集刊到南京大学中国社会科学研究评价中心，便于纳入评价视野。

附 7.1
集刊主编提交稿件自检表

（主编在提交集刊稿件之前，请根据本表一一核对）

文档格式	Word 文档	☐
篇幅	篇幅符合与出版社达成的协议	☐
质量	文章已审稿，被编辑组编辑过，无重大敏感问题，无学术不端问题	☐
要件齐全	中英文集刊名	☐
	中英文卷期	☐
	主办单位名称	☐
	主编名，如果有特邀主编，则标明特邀主编名	☐
	编委会名单	☐
	编辑组名单，以及通信编辑的 E-mail	☐
	目录（中英文）	☐
	文章摘要、关键词（中英文）	☐
	资助方信息	☐
文章标题	标题简洁明了，反映文章核心主题	☐
文章层次	层次清晰，且全书基本统一	☐
脚注 / 尾注	只在确实需要的地方使用脚注或尾注	☐
	前后一致	☐
图	高质量、清晰	☐
	按文章标明序号	☐
	无版权问题	☐
	有出处	☐
表格	格式与要求相一致，要件齐全	☐
	数据准确，且与正文中表述一致	☐
参考文献	完整性	☐
	准确性	☐
	一致性	☐
	只有一种引用文献方式	☐
版权与伦理	文章已获得作者许可或者原出版商许可	☐

附 7.2
新创学术集刊准入表

<table>
<tr><td>著作权人
（合同签章人）</td><td colspan="4"></td></tr>
<tr><td rowspan="2">集刊名称</td><td>中文题名</td><td colspan="3"></td></tr>
<tr><td>英文题名</td><td colspan="3"></td></tr>
<tr><td>出版周期</td><td colspan="2">□ 半年刊 □ 年刊 □ 其他__</td><td>集刊篇幅（万字）</td><td></td></tr>
<tr><td>所属学科</td><td colspan="4">（建议按中图法分到三、四级类）</td></tr>
<tr><td colspan="5">（一）集刊内容</td></tr>
<tr><td>集刊简介（包括集刊定位、学科方向、研究领域、研究方法等）</td><td colspan="4"></td></tr>
<tr><td>集刊栏目</td><td colspan="4"></td></tr>
<tr><td>本集刊的价值及优劣势分析</td><td colspan="4">出版本集刊的原因：

本集刊能够为学界带来什么效果：

该学科领域有哪些较具影响的期刊或集刊：

本集刊与这些期刊或集刊有哪些不同：</td></tr>
<tr><td>集刊关键词</td><td colspan="4"></td></tr>
<tr><td>读者对象及推广范围</td><td colspan="4"></td></tr>
</table>

（二）集刊稿件			
约稿范围和途径			
稿件评审	（请从评审方式、约稿等方面进行阐述）		
（三）集刊主办机构信息			
主办单位及简介			
主编简介及联系方式			
学术委员会 / 编辑委员会 构成及介绍			
编辑部成员 及职责分工	其中：A. 在编人员（　　）人　　B. 编制外人员（　　）人		
经费来源			
编辑部联系人			
联系人电话		联系人邮箱	
邮寄地址和邮编			
（四）出版社联系信息：________________分社 / 编辑部			
组稿编辑			
联系电话		联系邮箱	
出版社信息	社名：社会科学文献出版社 官方网站：www.ssap.com.cn 地址：北京市西城区北三环中路甲 29 号院华龙大厦 A/B 座 13、15 层（100029）		

第 8 章

数字出版*

数字出版是出版行业与现代计算机、互联网技术相结合产生的新兴出版业态，利用数字技术进行内容编辑加工，并通过网络传播数字内容产品，主要特征为内容生产数字化、管理过程数字化、产品形态数字化和传播渠道网络化。数字出版是互联网大数据时代，以用户为中心，更深度地发现作品价值，更广泛、快速、多样、精准地传播作品，全方位、多渠道增强作品影响力的重要手段，是出版业未来发展趋势和主要战略方向。

* 此部分内容由刘姝负责，执笔人：刘姝、潘晓颖、杨洁、秦静花。

8.1
社科文献的数字出版

社科文献的数字出版立足出版社学术出版资源和优势出版领域，坚持“学术、权威、专业”的产品定位，面向人文社会科学领域的海内外学者与学术研究机构，提供集数字产品、数字平台、解决方案、定制服务等于一体的多元化学术知识服务。

社科文献以皮书光盘版建设为数字出版工作发端，陆续推出了皮书数据库、国别区域与全球治理数据平台、“一带一路”数据库、集刊数据库等 8 个数据库产品，多次斩获“中国出版政府奖 · 音像电子网络出版物奖”提名奖、“中华优秀出版物奖 · 音像电子游戏出版物奖”提名奖、“数字出版 · 优秀品牌”等荣誉；推出上万本电子书，并基本实现国内外主力经销渠道全覆盖。2015 年以来，社科文献顺应《关于推动传统出版和新兴出版融合发展的指导意见》，在社内积极进行融合发展业务试点，并对外提供学术科研服务平台业务，已为中山大学等几十家知名机构提供了服务。社科文献还成功入选“全国数字出版转型示范单位”“专业数字内容资源知识服务模式试点单位”“国家数字复合出版系统工程应用试点单位”，是专业出版社数字化转型升级的领跑者，融合发展水平处于行业领先地位。

目前，社科文献已构建起包含电子书、音视频、音像制品、数据库、定制库等的多元化数字产品体系，包含学术科研服务平台、全流程数字出版解决方案等的多方位数字出版服务体系（见图 8.1），以多形态高质量的数字产品、个性化多方位的数字出版服务，提升科研机构和专家学者数字时代的学术话语权及学界影响力。

8.2
数字产品类型及流程

无论是正式出版物，如皮书、集刊、学术专著、论文等，还是未出版资源，如数据资料、调查资料、单篇报告、笔记手稿、数字化资源（如电子课件）等，

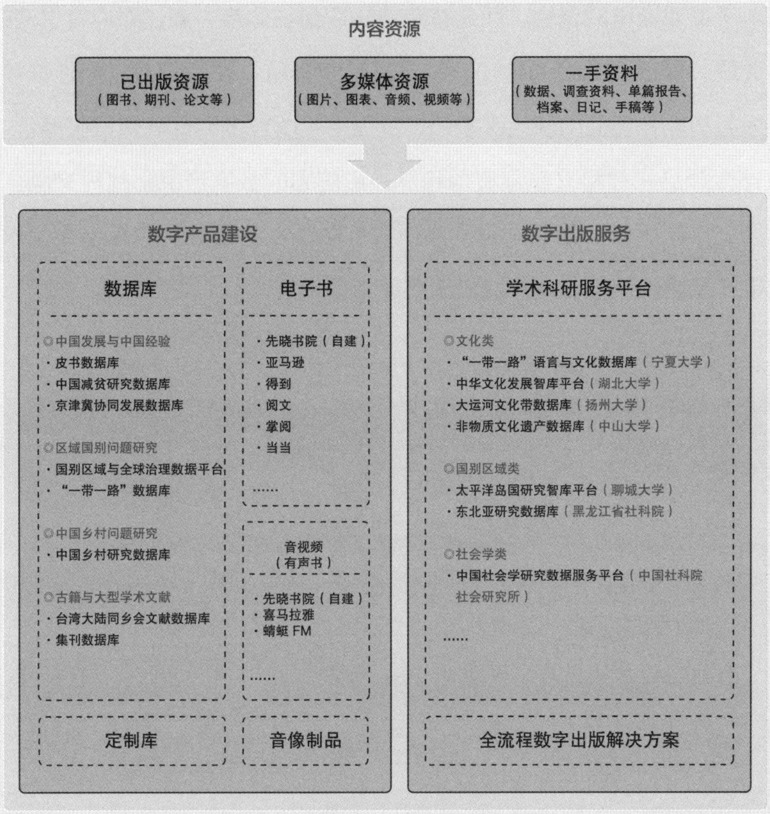

图 8.1 社科文献数字出版业务矩阵

均可以正式出版的数字产品或平台进一步发现、传播价值。

由于数字出版技术处于快速发展中，数字产品形态和服务模式也在不断丰富升级。目前，在人文社会科学学术出版领域，主要的数字产品形态有电子书、数据库、音视频、音像制品等，主要的服务模式有学术科研服务平台等。

8.2.1 数据库产品

数据库产品是某一类特定内容的集合体，具备资源海量、资源类型多样、检索便捷、便于提供增值产品和服务等特征，适用于专业内容。数据库产品并不是简单的电子书或资讯的聚合，而是有专业知识组织体系，通过对内容资源的拆分、重组、关联，深度发掘资源价值，并具备检索导航、阅读下载、个性推荐、特色工具等服务功能，能面向使用需求和场景提供不同粒度和形式知识服务。

数据库产品是社科文献最典型和最具影响力的数字产品。社科文献全力打造中国发展与中国经验、国际国别问题研究、中国乡村研究、古籍与大型学术文献四大数字产品线，已推出八个数据库产品（见表 8.1）。

表 8.1　社科文献数据库产品一览

产品名称	产品简介	二维码
皮书数据库（www.pishu.com.cn）	分析解读当下中国发展变迁的智库产品与知识服务平台	
国别区域与全球治理数据平台（www.crggcn.com）	国别区域与全球治理数据资源与研究成果整合发布平台	
“一带一路”数据库（www.ydylcn.com）	共建“一带一路”国家国情及发展情况的基础资料库	
集刊数据库（www.jikan.com.cn）	中国学术集刊运营发布知识服务平台	
台湾大陆同乡会文献数据库（www.tongxianghuicn.com）	展示赴台各省同乡的集体记忆与社会生活的史料库	
中国减贫研究数据库（www.jianpincn.com）	国内首个关于减贫研究的学术成果库和基础资料库	
中国乡村研究数据库（www.ruralchina.cn）	聚焦研究成果解析“三农”问题，整合调查资料走进中国乡村	
京津冀协同发展数据库（www.jingjinjicn.com）	围绕京津冀三地发展现状、规划布局、发展路径打造而成的专题数据库	

这些产品多次荣获“中国出版政府奖·音像电子网络出版物奖”提名奖、“中华优秀出版物奖·音像电子游戏出版物奖”提名奖等国家大奖，累计使用用户超过 3000 家，遍布中国、美国、加拿大、澳大利亚、英国、德国、日本等多个国家，在人文社科领域极具影响力。社科文献基于已有数据库产品，可面向作者提供数据库发布作品、影响力数据报告、研创资料及工具支持等多种服务，并可根据作者需求提供定制库服务。

在数据库中发布作品需提供的要件包括资料清单，电子文件或纸质文件，关于汇编权、信息网络传播权等权利的授权文件等。

8.2.2 电子书

电子书是指将文字、图片、声音、影像等信息内容数字化后制作而成的电子版图书。主要格式有 TXT、DOC、PDF、CEB、ePub、Mobi 等，可借助电脑、手机、手持阅读器等终端设备来读取、复制和传输。

社科文献可为作者提供多种格式的电子书开发制作，以及营销推广服务，可实现纸电同步。社科文献覆盖了国内外多个面向个人和机构的电子书主力经销渠道，包括自建电子书平台——先晓书院，以及亚马逊、得到、阅文、掌阅、当当、京东、豆瓣、台湾华艺、中文在线、人天、可知、中图、国家图书馆等 20 家经销合作商。

出版电子书需提供的要件包括拟出版内容的电子文件或纸质文件、关于信息网络传播权等权利的授权文件。

8.2.3 音视频产品

社科文献可为作者提供有声书、音视频作品制作等服务，通常会在 1 个月左右完成作品录制。社科文献在人文社科领域学术图书的音视频产品开发运营上经验丰富，推出了《富人的逻辑》《现代金融创新史》《领读公司法》《职场密码》《战略简史》《撒哈拉之南》《列国志系列丛书》等多部有声书；与喜马拉雅合作开通了“社会科学文献出版社官方电台”，完成了《现代金融创新史》《领读公司法》《职场密码》等书的音视频制作和发布；与蜻蜓FM等多家音视频推广平台有长期合作。

出版音视频产品需提供的要件包括有声书录制文稿的策划案、身份证复印件、出版合同、图书版权页、所涉及的相关权利的授权文件等。

8.2.4 音像制品

社科文献2002年全额投资成立了北京社科智库电子音像出版社，致力于田野影像笔记、学者大讲堂、智库专家专题讲座、学术规范培训、财富管理等实用课堂的音频视频制品出版，可将作者调查研究过程中的影像、影片、课件、笔记等各类资料，开发成光盘、U盘、二维码等多种形态的音像制品。近年来，社科文献立足于学术性和专业性优势，实施精品战略，推出了“民族影像志”系列产品等多部影视人类学专题纪录片、《匠心 · 北京》等自主策划的纪录故事、《波段制胜操盘技法》等理财投资课程类产品，以及实验影像等各类产品，多次获得学术类影片奖项。

出版音像制品需提供的要件包括选题基本信息表、单独输出字幕速记稿、完整成片（需输出未上字幕的小样，分辨率1920×1080为佳，MP4、MOV等通用格式、使用方正字库）、封面用素材（如影片剧照、幕后花絮等）等。

8.2.5 学术科研服务平台

学术科研服务平台是基于学术机构/科研单位的数字科研需求，全面整合相关学术资源，通过技术手段，依托社科文献优质资源，为学术机构/科研单位量身打造的集资料获取、资源整合、成果发布、科研工具、数据服务、学术交流、内部工作平台、对外宣传平台等于一体的数字科研服务平台。

社科文献拥有 30 年出版的专业人文社会科学内容资源以及丰富的数字科研平台建设经验与成功案例。社科文献学术科研服务平台以“智慧学术”理念为主导，对学术需求深度发掘，坚持数据贯穿学术研究的整个过程的理念，依托学科编辑提供的专业化研究建议，实现数据整合和数据成果转化功能，为人文社会科学研究机构和学者搭建资源共享交流平台，最大限度实现学术增值服务。

打造专属学术科研服务平台，需提供的要件包括建设需求、经费预算等信息。

附 8.1 数字产品选题表

选题名称	
作者 / 机构及简介	作者 / 机构名称： 联系人及联系方式： 简介：
所属部门	
项目负责人	
已出版情况	□ 已出版纸质出版物 □ 已出版数字产品 □ 未出版
原出版单位	（如有）
拟出版的产品形态	□ 数据库 □ 电子书 □ 有声书 □ 音视频 □ 音像制品 □ 学术科研服务平台 □ 其他________
原始资源简介	（约 200 字）
原始资源类型	□ 图书 □ 期刊 □ 文章 / 报告 □ 数据 □ 图片 □ 档案资料 □ 调查资料 □ 多媒体资料 □ 其他________
原始资源格式	□ 纸质文本 □ 电子文档（Word、PDF 等） □ 音频文件 □ 视频文件 □ 其他________
资源样例	（可以附件形式提供）
产品建设需求	（关于产品策划的想法及要求、呈现形式需求等）
经费预算	
用户对象	
申报部门意见	

第 9 章

国际出版*

国际版话

国际出版指的是国际化视野和背景下的出版，主要包括出版物的“走出去”和“引进来”。本章中的国际出版主要是指出版物“走出去”，通过“实物出口”“版权输出”“合作出版”等方式以中文版或外文版在海外出版发行。

* 本章内容由国际出版分社提供，执笔人：高靖。

9.1 社科文献的国际出版

社科文献已与多家国际知名学术出版机构展开战略合作，在实物出口、版权输出、合作出版以及海外本土化等方面全方位发展。目前，社科文献已经与欧美、亚太及港澳台地区近 40 家出版和学术文化机构建立了长期稳定的合作关系，累计输出图书近 900 种，先后与施普林格·自然（Springer Nature）、博睿学术（Brill）、泰勒·弗朗西斯（Taylor & Francis Group）、麦克米伦（Macmillan）、世界科技（World Scientific）、德古意特（De Gruyter）、兰培德（Peter Lang）等国际出版机构合作，合作区域遍及亚洲、欧洲、美洲、非洲、大洋洲，合作语种覆盖英语、德语、法语、西班牙语、葡萄牙语、罗马尼亚语、阿尔巴尼亚语、塞尔维亚语、匈牙利语、俄语、日语、韩语、马来语、印度尼西亚语、越南语、老挝语、僧伽罗语、印地语、乌尔都语、阿拉伯语等，面向海外推出了外文版的“中国梦与中国发展道路研究”系列、“皮书”系列、“中国研究视角”系列、“改革开放研究丛书”系列等一批在世界范围内引起强烈反响的作品，向世界展示了中国学者的研究成果和学术水平。

9.2 国际出版的模式

一般而言，国际出版主要有传统国际出版和开放获取出版两种形式。传统国际出版（Traditional Publishing）是以传统的方式编辑、出版、发行，主要是相对于开放获取而言。传统国际出版主要有三种路径：第一，版权输出，即直接向外方推荐，通过版权转让，将现有著作改写并翻译出版；第二，外方组稿，即根据外方出版机构需求，将同一主题的内容资源聚合到一起并翻译出版；第三，合作出版，即双方共同策划选题。社科文献在业界具备较强的国际影响力和国际对话能力，与外方出版机构合作出版的项目成功率高，时间周期短。

开放获取出版（Open Access Publishing）是在尊重作者权益的前提下，利用互联网为用户免费提供学术信息和研究成果的全文服务，是除传统出版模式以外的另一种选择，是学术出版业态发展的大趋势。开放获取出版始于学术期刊出版，截至目前，各知名出版机构都已拥有自己的开放获取期刊。然而，在学术图书出版领域，尤其是人文社科领域，开放获取出版相对于传统的出版模式，还处于初级阶段，但影响力在逐步增强。例如，社科文献与施普林格·自然集团合作出版的《价值为纲》《全球环境竞争力报告》，与兰培德出版社合作出版的《数权法》，通过开放获取出版，总下载量较传统国际出版图书有明显优势，使该书作者团队的知名度和影响力得到了较大程度的提升。

9.3 国际出版流程

从确定选题、组织稿件，到翻译编辑、宣传营销，国际出版共分为12个阶段。

（1）选题来源。选题来源主要为编辑推荐、作者推荐、国际出版分社推荐、与国外出版社共同策划。编辑或作者需要撰写选题信息表，包括中英文书名、目录、内容简介、作者简介等。

（2）选题论证。国际出版工作委员会定期召开会议，对提交的选题材料进行讨论，对选题进行论证，通过的选题进入国际出版选题库。

（3）选题推荐。国际出版分社对选题库中的图书进行遴选，填写外方出版社的申请书（见附9.1），对相关材料进行整理与丰富，加入翻译样章。若为已出版的图书，还要加入中文图书的销售情况、专家评论、读者反馈等。

（4）签订协议。若国外出版社对图书合作有意向，则由国际出版编辑就贸易条款与对方进行沟通谈判，并签订合作出版协议。

（5）资金与资助。国际出版分社根据图书的具体情况，申请相关翻译资助。目前主要资助项目有："中华学术外译""经典中国国际出版工程""丝路书香工程""中国图书对外推广计划""中国社会科学院创新工程中译外项目"等。

（6）文本改写。对于确定进行合作出版的图书，由国际出版分社负责联络作者或责编对中文书稿进行修订。

（7）翻译与审校。中文书稿定稿后，由国际出版分社负责落实翻译与审校工作，并严格按照工作流程进行翻译和润色。国际出版分社应邀请2名以上的译者试译书稿，并确定最终的翻译人选，译稿完成后聘请审校人员（Native Speaker）对书稿进行润色。作者也可以提供英文书稿，但应先提供样章以评判是否达到国际出版的要求。

（8）译稿通读。国际出版编辑负责对翻译、审校后的书稿进行通读并进行编辑，交给外方出版社的书稿应达到齐、清、定标准。

（9）校样处理。国际出版编辑对外方出版社返回的校样进行处理，包括署名、文字、图表、引文等。

（10）跟踪与反馈。国际出版编辑跟踪国外出版进度，根据国外出版社的要求填写推广计划书，完成图书的国际出版工作。图书出版后，国际出版编辑与原作者和项目负责人及时联络，反馈出版信息（包括该书的出版进度、出版后的影响、引用量及下载量）。

（11）宣传推广。国际出版分社通过参加国际会议、书展，邀请业内人士撰写书评等方式对"走出去"图书进行宣传推广。

（12）样书管理。国际出版编辑将收到的样书进行登记归档，给作者、译者寄送样书。

9.4 国际出版书稿要件

为确保出版过程顺利进行，并将作者的稿件无缝转换为最终版式和各种电子格式（如用于在线出版的 HTML 格式、用于电子书阅读器的 ePub 格式），对国际出版的稿件有如下要求（此处以英文书稿出版为例）。

I 稿件结构（Manuscript Structure）	
文前部分（Front Matter）	· 包括扉页（Title Page）、前言（Foreword）、序言（Preface）、致谢（Acknowledgments）、缩略语表（List of Abbreviations）、目录（Table of Contents）
正文（Text Body）	· 包含书稿的文本内容（Text）、图（Figure）、表格（Table）、参考文献（References）
文后部分（Back Matter）	· 在书稿最后一个章节的后面，包括附录（Appendix）、术语表（Glossary）和索引（Index），所有这些都是可选的
II 分项说明	
扉页（Title Page）	· 包括书名和副书名 · 包括所有作者姓名（对于编著书稿，提供所有编者姓名） · 确保作者 / 编者姓名的顺序正确 · 不可出现“等著”字样
前言（Foreword）	· 通常是作为该书稿的推荐语，由该研究领域的权威专家撰写 · 必须和书稿同时提交 · 前言的作者通常在其末尾出现，不用体现其机构和职位，可包含撰写的时间和地点
序言（Preface）	· 一般由该书稿的作者或编辑撰写，字数一般多于前言 · 内容一般是关于该书稿的写作原因、目的、结构或宗旨 · 序言部分不应有参考文献 · 致谢可以作为序言的最后一部分，如果致谢超过 1 页，应在致谢标题之下单独设页面

目录 （Table of Contents）	· 目录应从该书稿的第一章开始，文前页不包含在目录中 · 章节（Chapter）编号应使用阿拉伯数字，Chap. 1, Chap. 2... · 部分（Part）编号应使用罗马数字，Part Ⅰ，Part Ⅱ ... · 关于该书稿历史背景、定义或方法论的导论（Introduction）出现在第一章，应包含章节编号，即 Chapter 1 Introduction · 对于专著书稿，部分 / 章节之下可再增加二级标题；对于编著书稿，一般只包含章节名称和作者姓名 · 参考文献部分一般无章节编号
缩略语 （List of Abbreviations）	· 缩写和符号的列表不是必要元素，但对于缩写和符号众多的书稿还是非常必要的
章节（Chapter）	· 章节一般包含文本、图、表、参考文献等，导论作为第一章也同样如此 · 编著作品的章节首页（Chapter Title Page）署名为该章节的作者（Chapter Author）；专著书稿的章节也需署名，即该书作者 · 编著作品的章节作者机构和邮箱一般出现在章节首页的脚注中 · 章节的下载页面链接以及著者、书名、版权信息也会在排版时自动出现在章节首页的下端
摘要（Abstract）	· 每个章节都必须有摘要（Abstract），一般为 150~250 个英文单词。摘要完全不做权限限制，可在线检索
关键词（Keywords）	· 关键词不是每个章节的必要元素，它应是由 1 个或 2 个单词组成的词组，不能是超过 2 个单词的复合词组，每个关键词组的首字母应大写 · 关键词应为一些术语，以便在线搜索的时候检索到。不应使用宽泛概念的单词或词组
标题（Headings）	· 章节标题必须按照层级，最多可以有 5 个层级。前 3 个层级一般使用阿拉伯数字，例如，Chapter 1，1.1，1.1.1 · 标题中所有主要单词都要首字母大写，等于或少于 4 个字母的冠词、连词和介词除外
脚注（Footnotes）	· 脚注一般用来代替尾注，但不能代替参考文献 · 脚注旨在为书稿提供更多的信息，不提供参考文献书目的详细信息

表格（Tables）	· 表格必须有标题，一般置于表格上方，如需注明来源，请放在标题末尾 · 表格编号必须根据章节编号，例如，第一章的第一个表格编号为 Table 1.1 · 确保所有表格在文中按顺序引用 · 如在 Word 中编辑书稿，请使用 Word 中的表格功能编辑，避免使用 Excel 制作表格插入，以避免排版误差
图（Figures and Illustrations）	· 图必须有标题，一般置于图下方，如需注明来源（如图是根据已出版的资料再创作，必须注明来源），请放在标题末尾 · 图编号必须根据章节编号，例如，第一章的第一幅图编号为 Fig. 1.1 如 PDF 书稿中，图的位置一般在页面的顶端或底部，尽量靠近引用处
参考文献（References）	· 文中引用（Reference Citations）：一般使用 Harvard system 即 ——一个作者：(Miller 1991) 或 Miller (1991) ——两个作者：(Miller and Smith 1994) 或 Miller and Smith (1994) ——三个或更多作者：(Miller et al. 1995) 或 Miller et al. (1995) · 列表（Reference List） ——每个章节的末尾必须有章节参考文献列表，在电子书中可以由文中引用链接到 ——所有已出版或者已被接受的书稿必须列入参考文献列表中，未出版的书稿在文中提及即可。不可用脚注代替参考文献列表 ——列表的条目一般按照字母顺序，即 同一作者的多部作品，按照作品出版的年份先后排序 一位作者和其合著者的多部作品，按照合著者姓氏排序 一位作者和其多位合著者的多部作品，按照作品出版的年份先后排序 · 体例（Reference Style） 可根据学科的不同，使用不同的参考文献的体例，这样有助于作者进行文献引用。主要体例有： Basic Style：The Harvard style and recommendations of the Council of Biology Editors (CBE) Humanities Style：The Chicago Manual of Style SocPsych Style：American Psychological Association (APA) Physics Style：American Physical Society (APS) Vancouver Style：NLM guidelines Citing Medicine

附 9.1
国际出版选题表

向国外出版社推荐出版选题通常需要填写一份选题申请表，基本内容如下。

0.【选题表】

Book Proposal Questionnaire
Author's / Editor's Template for a Book Proposal

1.【作品名称、系列名】

Title (or working title); series (if known):
English title:
Subtitle: no
Chinese title:
Series:

2.【作品类型】专著 / 主编；章节作品 / 文集 / 教科书 / 工具书

Type of work and book category:
_ Authored or __ edited work?
_ Monograph, __ conference proceedings, __ textbook or __Handbook?
Remark: Please choose one in each line.

3.【作品估计页码；图的数量】

Estimated number of pages and estimated number of figures:
Pages:
Figures:

4.【是否彩印】

Is color necessary?
Remark: E-Books will always be full color, printed volumes may sometimes be mixed black/white and color.

5.【交稿时间】

When do you think you can submit your manuscript?
Month/Year:

6.【作品语言】

Type of language:
_ American English or __British English
_Excellent, __Fair, or __Poor quality

7.【目录】

Complete Table of Content (preliminary):

8.【每位作者的姓名、地址、联系方式】

Name and address of each author or editor:
Name, title(s), address/phone/fax/e-mail/home page

9.【每位作者的信息、出生年月、国别】

Information about each author/editor:
Last Name, First Name, Date of Birth, Citizenship

10.【图书的内容简介、所属学科、研究方法、研究结论、内容特点】

What disciplines - in order of importance - are addressed by your book:

Please write a short text about your book (approx. 80–100 words), in the language of publication, incorporating answers to the following questions. (This statement will serve as the basis for our promotional texts.)

What is the subject of your book? What methods, results, or topics will be of particular interest to the readers, and why? Are there any special features like illustrations, tables, a new form of presentation, or didactic approach? What main benefit will the reader derive from the book?

11.【学科领域的具体信息、获得过哪些奖项】

Additional author information:

Please give details of your area of work, honors, etc. which underline the usefulness of your book to the reader.

12.【3~5个词描述图书的卖点】

Unique Selling Points (USP):

Please write 3 to five clear short phrases (not more than one line) as selling points of your book making it unique compared to others:

1.
2.
3.

13.【类似出版物】

Competitive literature:

What other works have been published on this subject? How does your work differ from them?

Please give author, title, publisher, year of publication.

14.【本社已有的相关出版物】

Related titles:

Do you know if there are similar works from Springer about this subject?

15.【五个最重要的关键词】

Keywords for Catalogue index and Search Engine Optimization:

Please give the five most important keywords in the language of publication

16.【参考文献信息】

References:

If your book is research-level, a brief bibliography (preliminary) will help us evaluate your proposal. Be sure to include any important recent books.

17.【可能的审稿人】

Possible Reviewers:

Are there any people whom you would recommend as reviewers (experts in this area or teaching a suitable course). Please be free to recommend Chinese and foreign colleagues, if you like.

18.【其他推广本书的渠道】

Other comments or suggestions for promotional activities:

Congresses (place, date)

Journals for reviews

Professional Societies

Comments

第 10 章

重点出版项目申报*

为了鼓励哲学社会科学领域的学者多出优秀成果，中宣部、国家新闻出版署、全国哲学社会科学工作办公室、中国社会科学院等机构每年会资助一大批优秀学术成果的出版，常见的有中宣部的主题出版重点出版物资助项目，国家新闻出版署的国家出版基金资助项目、古籍整理出版资助项目，全国哲学社会科学工作办公室的国家哲学社会科学成果文库、国家社科基金后期资助以及中华学术外译项目等，中国社会科学院的创新工程博士后文库等项目。

以上项目中有的必须由出版社推荐申报，有的只能由出版社代作者申报。学者可与出版社加强联系，通过出版社申请资助。

---

* 本章由重点项目办公室、国际出版分社组织撰写，执笔人：蔡莎莎、高靖。

国内出版项目

10.1 主题出版重点出版物

组织主体：中宣部

申报时间：每年 3 月

申报人资格：出版社（学者可通过出版社申报）

成稿要求：50%

资助额度：由国家出版基金根据项目实际支出的直接成本核拨

申报要点：体现国家政治导向作用，成果应是对国家大政方针或特定时期与事件的关注或纪念

出版范围：中文国内出版

10.2 国家出版基金项目

组织主体：国家新闻出版署国家出版基金规划管理办公室

申报时间：每年 6~7 月

申报人资格：出版社（学者可通过出版社申报）

成稿要求：60%

资助额度：根据项目预算核拨

申报要点：社会效益好而经济效益差的优质项目，以多卷本为主

出版范围：中文国内出版

10.3 国家古籍整理出版资助项目

组织主体：国家新闻出版署全国古籍整理出版规划领导小组办公室

申报时间：每年 11~12 月

申报人资格：出版社（学者可通过出版社申报）

成稿要求：80%

资助额度：根据项目预算核拨

申报要点：对 1911 年以前文献资料成果整理与出版的支持

出版范围：中文国内出版

10.4 国家哲学社会科学成果文库

组织主体：全国哲学社会科学工作办公室

申报时间：每年 4~5 月

申报人资格：高级称职的研究人员（须由指定出版社推荐）

成稿要求：100%

资助额度：3.5 万 /10 万字（含 150 元 / 千字稿费）

申报要点：侧重于哲学社会科学类应用研究，是哲学社科领域最高成果的体现，也有对成果的奖励性质，要求严格，须由 17 家指定出版社统一设计、印制、出版

出版范围：中文国内出版

10.5
国家社科基金后期资助项目

组织主体：全国哲学社会科学工作办公室

申报时间：每年 3~5 月

申报人资格：副高以上职称或有博士学位的研究人员（须由指定出版社推荐）

成稿要求：80%

资助额度：3 万元 /10 万字（稿费不作规定）

申报要点：侧重于哲学社会科学类基础研究，是对研究过程及出版的资助，需作者和出版社配合完成

出版范围：中文国内出版

10.6
数字出版精品遴选推荐计划

组织主体：国家新闻出版署

申报时间：每年 4 月

申报人资格：出版社（学者可通过出版社申报）

成稿要求：100%

资助额度：根据项目预算核拨

申报要点：是对优秀数字出版项目的资助

出版范围：中文国内出版

10.7 中国社会科学院创新工程博士后文库

组织主体：中国社会科学院

申报时间：每年 9~12 月

申报人资格：全国范围内的博士后

成稿要求：100%

资助额度：2.1 万元 /10 万字

申报要点：博士后的出站报告、在研成果

出版范围：中文国内出版

国际出版项目

10.8 丝路书香工程

丝路书香工程是中宣部资助的“走出去”项目主要类别之一。申报项目须实现向周边国家和“一带一路”沿线国家的出版发行，输出方式是版权输出或合作出版。

组织主体：中宣部

申报时间：每年 2~4 月

出版范围：外文国际出版

10.9 经典中国国际出版工程

经典中国国际出版工程是中宣部资助的“走出去”项目主要类别之一。申报项目须实现向非华语地区版权输出或与非华语地区的出版单位合作出版发行。输出方式是版权输出、合作出版。申报语种为中文，输出地为中国港澳台地区的不予受理。申请项目的出版物仅限于图书，不包括音像制品、电子出版物、数字图书等。

组织主体：中宣部

申报时间：每年 2~4 月

出版范围：外文国际出版

10.10 中华学术外译

中华学术外译项目是国家社科基金项目的主要类别之一，主要资助代表中国学术水准、体现中华文化精髓、反映中国学术前沿的学术精品以外文形式在国外权威出版机构出版并进入国外主流发行传播渠道。主要领域包括：①研究马克思主义特别是习近平新时代中国特色社会主义思想和党的十九大精神，研究阐释中国道路、中国模式、中国经验，有助于国际社会全面客观认识当代中国的优秀成果；②研究当代中国经济、政治、文化、法律、社会等各领域，有助于国外了解中国社会科学研究前沿的优秀成果；③研究中华优秀传统文化，具有文化积累和传播价值，有助于国外了解中国文化和民族精神的优秀成果；④研究人类共同关注话题、重大国际和地区问题，有助于参与世界学术对话、反映我国为世界做出重大贡献的优秀成果。

组织主体：全国哲学社会科学工作办公室

申报时间：

选题申报：每年 5~7 月；正式申报：每年 8~10 月

10.11 中国图书对外推广计划

中国图书对外推广计划是中宣部资助的“走出去”项目主要类别之一，该项目资助反映中国优秀传统文化和当代文化创新成果的中国图书“走出去”，同时将有针对性地围绕以下领域予以资助：①对外宣介习近平新时代中国特色社会主义思想和党的十九大精神；②对外宣介中国特色社会主义道路、理论、制度和文化；③对外宣介中国共产党治国理政的实践成就和有益经验；④对外宣介当代中国价值观念和展示当代中国人奋斗圆梦的精彩故事；⑤对外宣介中国各领域改革发展的非凡历程、重大成就和宝贵经验；⑥对外宣介中国在科技、医疗、教育、环保、体育等领域新进展，展示中国自然科学和人文社会科学等领域研究成果；⑦对外宣介中国的扶贫实践和可喜进展，展示中国即将全面建成小康社会的光明前景；⑧对外宣介共建“一带一路”的进展及成果；⑨对外宣介“人类命运共同体”理念以及“天下大同”“天下为公”“协和万邦”等中华优秀传统文化观念；⑩对外宣介中国主张贸易自由化、便利化，始终积极支持和参与经济全球化进程，尽己所能推动世界和平发展；⑪ 适合对外译介推广的其他中国精品出版物。

组织主体：中宣部

申报时间：每年 10 月

出版范围：外文国际出版

SSAP

—

手册系列

I

作者手册

第 3 部分

学术出版中的政治、法律与道德

任何出版活动，都是在一定的社会政治文化背景下展开的，受到特定政治文化、风俗习惯、伦理道德的约束。学术出版社，是学术作品进入流通市场的最后把关人，引领作品导向是第一要务。应坚持正确的出版导向，以习近平新时代中国特色社会主义思想为指导，在出版流程各环节把好政治关，避免出版物中出现政治性错误和重大敏感内容。坚持为人民服务、为社会主义服务的方向，传播和积累有益于提高民族素质、有益于经济发展和社会进步的科学技术和文化知识的内容。因而学术出版要有政治意识、大局意识、核心意识、看齐意识，坚持政策性、政治性、法律性、保密性，要有宗教敏感性等。

第 11 章

学术出版的政治性*

* 本章内容由童根兴、蔡莎莎摘自相关法律法规。

11.1 国家安全

按照我国相关法律法规规定，公民有在出版物上自由表达自己对国家事务、经济和文化事业、社会事务的见解和意愿，自由发表自己从事科学研究、文学艺术创作和其他文化活动的成果的权利。同时，出版物的出版要严格遵守《出版管理条例》《宗教事务条例》《图书质量管理规定》《图书质量保障体系》《图书、期刊、音像制品、电子出版物重大选题备案办法》等相关法律法规。据此，出版物不得含有以下内容：

（一）反对宪法确定的基本原则的；

（二）危害国家统一、主权和领土完整的；

（三）泄露国家秘密、危害国家安全或者损害国家荣誉和利益的；

（四）煽动民族仇恨、民族歧视，破坏民族团结，或者侵害民族风俗、习惯的；

（五）宣扬邪教、迷信的；

（六）扰乱社会秩序，破坏社会稳定的；

（七）宣扬淫秽、赌博、暴力或者教唆犯罪的；

（八）侮辱或者诽谤他人，侵害他人合法权益的；

（九）危害社会公德或者民族优秀文化传统的；

（十）有法律、行政法规和国家规定禁止的其他内容的。

11.2 宗教内容

涉及宗教内容的出版物，不得含有下列内容：

（一）破坏信教公民与不信教公民和睦相处的；

（二）破坏不同宗教之间和睦以及宗教内部和睦的；

（三）歧视、侮辱信教公民或者不信教公民的；

（四）宣扬宗教极端主义的；

（五）违背宗教的独立自主自办原则的。

11.3 保密性

《中华人民共和国保守国家秘密法》规定：

第九条 下列涉及国家安全和利益的事项，泄露后可能损害国家在政治、经济、国防、外交等领域的安全和利益的，应当确定为国家秘密：

（一）国家事务重大决策中的秘密事项；

（二）国防建设和武装力量活动中的秘密事项；

（三）外交和外事活动中的秘密事项以及对外承担保密义务的秘密事项；

（四）国民经济和社会发展中的秘密事项；

（五）科学技术中的秘密事项；

（六）维护国家安全活动和追查刑事犯罪中的秘密事项；

（七）经国家保密行政管理部门确定的其他秘密事项。

政党的秘密事项中符合前款规定的，属于国家秘密。

第十条 国家秘密的密级分为绝密、机密、秘密三级。

绝密级国家秘密是最重要的国家秘密，泄露会使国家安全和利益遭受特别严重的损害；机密级国家秘密是重要的国家秘密，泄露会使国家安全和利益遭受严重的损害；秘密级国家秘密是一般的国家秘密，泄露会使国家安全和利益遭受损害。

第二十七条 报刊、图书、音像制品、电子出版物的编辑、出版、印制、发行，广播节目、电视节目、电影的制作和播放，互联网、移动通信网等公共信息网络及其他传媒的信息编辑、发布，应当遵守有关保密规定。

《中华人民共和国保守国家秘密法实施条例》第三章第二十一条规定：

（四）复制国家秘密载体或者摘录、引用、汇编属于国家秘密的内容，应当按照规定报批，不得擅自改变原件的密级、保密期限和知悉范围，复制件应当加盖复制机关、单位戳记，并视同原件进行管理。

11.4 重大选题送审

对于某些类型的重大选题，出版社在出版之前，应当依照《图书、期刊、音像制品、电子出版物重大选题备案办法》报国家新闻出版署备案（也称“送审”）。未经备案批准的，不得出版发行。送审返回之后，一般有三种情形：不适合出版；根据审核意见修改后再次送审；根据审核意见修改后可以出版。该类书稿的运作周期要长于一般图书。

需要进行重大选题备案的选题包括以下几类。

（1）有关党和国家重要文件、文献选题。

（2）有关现任、曾任党和国家领导人讲话、著作、文章及其工作和生活情况的选题，有关现任党和国家主要领导人重要讲话学习读物类选题。

（3）涉及中国共产党历史、中华人民共和国历史上重大事件、重大决策过程、重要人物选题。

（4）涉及国防和军队建设及我军各个历史时期重大决策部署、重要战役战斗、重要工作、重要人物选题。

（5）集中介绍党政机构设置和领导干部情况选题。

（6）专门或集中反映、评价“文化大革命”等历史和重要事件、重要人物选题。

（7）专门反映国民党重要人物和其他上层统战对象的选题。

（8）涉及民族宗教问题选题。

（9）涉及中国国界地图选题。

（10）反映香港特别行政区、澳门特别行政区和台湾地区经济、政治、历史、文化、重要社会事务等选题。

（11）涉及苏联、东欧等社会主义时期重大事件和主要领导人选题。

（12）涉及外交方面重要工作选题。

第12章

学术出版中的著作权法要求*

本部分内容以现行法律法规为基础。相关法律法规为:《中华人民共和国著作权法(2010 修正)》、《中华人民共和国著作权法实施条例(2013 修订)》等。

* 本章执笔人:齐佳。

12.1 基本概念

12.1.1 作品

作品，是指文学、艺术和科学领域内具有独创性并能以某种有形形式复制的智力成果。著作权法所称的作品，包括文学、艺术和自然科学、社会科学、工程技术等作品。我国著作权法对给予保护的作品种类采用非穷尽列举式与概括式相结合的方法进行了规定，同时也明确了几类不受著作权法保护的对象。

作品的范围：

文字作品；

口述作品；

音乐、戏剧、曲艺、舞蹈、杂技艺术作品；

美术、建筑作品；

摄影作品；

电影作品和以类似摄制电影的方法创作的作品；

工程设计图、产品设计图、地图、示意图等图形作品和模型作品；

计算机软件；

法律、行政法规规定的其他作品。

不适用《著作权法》保护的对象：

法律、法规，国家机关的决议、决定、命令和其他具有立法、行政、司法性质的文件，及其官方正式译文；

时事新闻；

历法、通用数表、通用表格和公式。

12.1.2 作者

作者，是指创作作品的公民、法人或者其他组织。创作，是指直接产生文学、艺术和科学作品的智力活动。为他人创作进行组织工作，提供咨询意见、物质条件，或者进行其他辅助工作，均不视为创作。

我国现行著作权法规定：创作作品的公民是作者；由法人或者其他组织主持，代表法人或者其他组织意志创作，并由法人或者其他组织承担责任的作品，法人或者其他组织视为作者。如无相反证明，在作品上署名的公民、法人或者其他组织为作者。

12.1.3 著作权人

著作权人包括：

（1）作者；

（2）其他依照著作权法享有著作权的公民、法人或者其他组织。

具体而言，著作权人分为两类：

一类是因作品的创作而直接享有作品著作权的自然人或组织，即作者，既享有著作人身权又享有著作财产权；

一类是与作品创作无关但通过其他途径（如继承、受遗赠、转让或法律规定的其他情形）依法享有作品著作权的自然人或组织（国家在某些情况下也可能成为著作权人），其享有著作权中的财产权，著作权中的人身权不由其享有，而由其保护。

12.1.4　著作权归属

著作权的归属与作品创作并非必然一致。作者或其他权利人可根据著作权归属规则来判定是否可作为著作权人行使著作权，以及在行使中需要注意的问题。以下介绍学术出版中较为常见的情况。

一般原则。著作权属于作者，法律另有规定的除外。与作品创作无关，但通过继承、遗赠、遗赠扶养协议、合同、法律规定的其他情形的方式，作者以外的公民、法人或其他组织也可以享有著作权。

合作作品。两人以上合作创作的作品，著作权由合作作者共同享有。没有参加创作的人，不能成为合作作者。合作作品可以分割使用的，作者对各自创作的部分可以单独享有著作权，但行使著作权时不得侵犯合作作品整体的著作权。合作作品不可以分割使用的，其著作权由各合作作者共同享有，通过协商一致行使；不能协商一致，又无正当理由的，任何一方不得阻止他方行使除转让以外的其他权利，但是所得收益应当合理分配给所有合作作者。

法人作品。由法人或者其他组织主持，代表法人或者其他组织意志创作，并由法人或者其他组织承担责任的作品，法人或者其他组织视为作者，法人作品的著作权属于法人或其他组织。

职务作品。公民为完成法人或者其他组织工作任务所创作的作品是职务作品。一般情况下，著作权由作者享有，但法人或者其他组织有权在其业务范围内优先使用。作品完成两年内，未经单位同意，作者不得许可第三人以与单位使用的相同方式使用该作品。作品完成两年内，经单位同意，作者许可第三人以与单位使用的相同方式使用作品所获报酬，由作者与单位按约定的比例分配。作品完成两年的期限，自作者向单位交付作品之日起计算。特殊情况下，即有下列情形之一的职务作品，作者享有署名权，著作权的其他权利由法人或者其他组织享有，法人或者其他组织可以给予作者奖励：①主要是利用法人或者其他组织的物质技术条件创作，并由法人或者其他组织承担责任的工程设计图、产品设计图、地图、计算机软件等职务作品；②法律、行政法规规定或者合同约定著作权由法人或者其他组织享有的职务作品。

汇编作品。汇编若干作品、作品的片段或者不构成作品的数据或者其他材料，对其内容的选择或者编排体现独创性的作品，为汇编作品。汇编作品作为一个整体，其著作权由汇编人享有，但行使著作权时，不得侵犯原作品的著作权。即，汇编人应当经过原作品著作权人的许可，并应尊重原作品著作权人的人身权（例如表明原作者身份和作品来源）。汇编作品中可以单独使用的部分，其作者对该部分作品享有著作权。若原作品著作权已过保护期，即使不用征得许可，也应尊重原作品著作权人的人身权。著作权中的人身权，见下文介绍。

演绎作品。利用已有作品通过演绎的方式（改编、注释、整理、翻译等）而产生的新作品为演绎作品，其著作权由演绎者享有，但行使著作权时不得侵犯原作品的著作权。演绎者对演绎作品享有的著作权，并非完整的著作权，其产生和行使受制于原作品著作权的行使，应当经过原作品著作权人的许可。若原作品著作权已过保护期，即使不用征得许可，也应尊重原作品著作权人的人身权。

委托作品。受委托创作的作品，著作权的归属由委托人和受托人通过合同约定。合同未作明确约定或者没有订立合同的，著作权属于受托人，委托人在约定的使用范围内享有使用作品的权利；双方没有约定使用作品范围的，委托人可以在委托创作的特定目的范围内免费使用该作品。

美术等作品。美术等作品原件所有权的转移，不视为作品著作权的转移，但美术作品原件的展览权由原件所有人享有。

作者身份不明的作品。作者身份不明的作品，由作品原件的所有人行使除署名权以外的著作权。作者身份确定后，由作者或者其继承人行使著作权。

其他特殊作品。①由他人执笔，本人审阅定稿并以本人名义发表的报告、讲话等作品，著作权归报告人或者讲话人享有。著作权人可以支付执笔人适当的报酬。②当事人合意以特定人物经历为题材完成的自传体作品，当事人对著作权权属有约定的，依其约定；没有约定的，著作权归该特定人物享有，执笔人或整理人对作品完成付出劳动的，著作权人可以向其支付适当的报酬。

12.1.5　著作权

著作权（狭义），即版权，是指文学、艺术和科学领域作品的创作者对其所创作的作品依法享有的权利。简单说来，就是作者对其作品享有的权利，包括人身权和财产权。人身权是与作者的人身不可分割、不直接涉及财产的权利；财产权是可以为权利人带来经济收益的权利。著作权法对上述两类权利给予了保护。人们通常所称的著作权，是指狭义的著作权，本章中未明确为广义著作权的，均指狭义的著作权。邻接权与狭义的著作权共同构成了广义的著作权，受著作权法保护。著作权人依法享有著作权，作品的传播者依法享有邻接权。

著作权中的人身权包括发表权、署名权、修改权、保护作品完整权。

著作权中的财产权在出版活动中主要涉及复制权、发行权、信息网络传播权、改编权、翻译权、汇编权以及应当由著作权人享有的其他权利。具体内容详见著作权法。

12.1.6　著作权的取得、保护期与继受

著作权自作品创作完成之日起产生，不论作品是否发表、是否进行了著作权登记。

作者的署名权、修改权、保护作品完整权的保护期不受限制。作者死亡后，其著作权中的署名权、修改权和保护作品完整权由作者的继承人或者受遗赠人保护。著作权无人继承又无人受遗赠的，其署名权、修改权和保护作品完整权由著作权行政管理部门保护。

公民的作品，其发表权、著作财产权的保护期为作者终生及其死亡后五十年，截止于作者死亡后第五十年的 12 月 31 日；如果是合作作品，截止于最后死亡的作者死亡后第五十年的 12 月 31 日。法人或者其他组织的作品、著作权（署名权除外）由法人或者其他组织享有的职务作品，其发表权、著作财产权的保护期为五十年，截止于作品首次发表后第五十年的 12 月 31 日，但作品自创作完成后五十年内未发表的，著作权法不再保护。电影作品和以类似摄制电影的方法创作的作品、摄影作品，其发表权、著作财产权的保护期为五十年，截止于作品首次发表后第五十年的 12 月 31 日，但作品自创作完成后五十年内未发表的，著作权法不再保护。作者身份不明的作品，其著作财产权的保护期截止于作品首次发表后第五十年的 12 月 31 日。作者身份确定后，适用本段前述规定。

著作权属于公民的，公民死亡后，其著作财产权在上述保护期内，依照继承法的规定转移。著作权属于法人或者其他组织的，法人或者其他组织变更、终止后，其著作财产权在上述保护期内，由承受其权利义务的法人或者其他组织享有；没有承受其权利义务的法人或者其他组织的，由国家享有。

合作作者之一死亡后，其对合作作品享有的著作财产权无人继承又无人受遗赠的，由其他合作作者享有。

作者生前未发表的作品，如果作者未明确表示不发表，作者死亡后五十年内，其发表权可由继承人或者受遗赠人行使；没有继承人又无人受遗赠的，由作品原件的所有人行使。

12.1.7 合理使用

合理使用，是对已发表的作品不经著作权人许可，也不支付报酬就可以使用的权利。在作品创作、传播、使用的过程中，我国著作权法规定了合理使用的情形，即在下列情况下使用作品，可以不经著作权人许可，不向其支付报酬，但应当指明作者姓名、作品名称，并且不得侵犯著作权人依照著作权法享有的其他权利：①为个人学习、研究或者欣赏，使用他人已经发表的作品；②为介绍、评论某一作品或者说明某一问题，在作品中适当引用他人已经发表的作品；③为报道时事新闻，在报纸、期刊、广播电台、电视台等媒体中不可避免地再现或者引用已经发表的作品；④报纸、期刊、广播电台、电视台等媒体刊登或者播放其他报纸、期刊、广播电台、电视台等媒体已经发表的关于政治、经济、宗教问题的时事性文章，但作者声明不许刊登、播放的除外；⑤报纸、期刊、广播电台、电视台等媒体刊登或者播放在公众集会上发表的讲话，但作者声明不许刊登、播放的除外；⑥为学校课堂教学或者科学研究，翻译或者少量复制已经发表的作品，供教学或者科研人员使用，但不得出版发行；⑦国家机关为执行公务在合理范围内使用已经发表的作品；⑧图书馆、档案馆、纪念馆、博物馆、美术馆等为陈列或者保存版本的需要，复制本馆收藏的作品；⑨免费表演已经发表的作品，该表演未向公众收取费用，也未向表演者支付报酬；⑩对设置或者陈列在室外公共场所的艺术作品进行临摹、绘画、摄影、录像；⑪ 将中国公民、法人或者其他组织已经发表的以汉语言文字创作的作品翻译成少数民族语言文字作品在国内出版发行；⑫ 将已经发表的作品改成盲文出版。

合理使用，仍属于使用他人作品，应指明作者姓名、作品名称，但当事人另有约定或者由于作品使用方式的特性无法指明的除外。使用可以不经著作权人许可的已经发表的作品（是指著作权人自行或者许可他人公之于众的作品）时，不得影响该作品的正常使用，也不得不合理地损害著作权人的合法利益。

12.1.8　邻接权

邻接权，是与著作权有关的权利，指作品的传播者（如出版者、表演者、录音录像制作者、广播电台、电视台等）就其传播作品的过程中所付出的创造性劳动和投资而享有的权利。著作权法对邻接权也给予了相应的保护。

12.1.9 信息网络传播权

信息网络传播权，是指以有线或者无线方式向公众提供作品、表演或者录音录像制品，使公众可以在其个人选定的时间和地点获得作品、表演或者录音录像制品的权利。

12.1.10 数字出版

根据原新闻出版总署《关于加快我国数字出版产业发展的若干意见》，数字出版是指利用数字技术进行内容编辑加工，并通过网络传播数字内容产品的一种新型出版方式，其主要特征为内容生产数字化、管理过程数字化、产品形态数字化和传播渠道网络化。目前数字出版产品形态主要包括电子图书、数字报纸、数字期刊、网络原创文学、网络教育出版物、网络地图、数字音乐、网络动漫、网络游戏、数据库出版物、手机出版物（彩信、彩铃、手机报纸、手机期刊、手机小说、手机游戏）等。数字出版产品的传播途径主要包括有线互联网、无线通信网和卫星网络等。

12.1.11 网络出版

网络出版物，是指通过信息网络向公众提供的，具有编辑、制作、加工等出版特征的数字化作品，范围主要包括：文学、艺术、科学等领域内具有知识性、思想性的文字、图片、地图、游戏、动漫、音视频读物等原创数字化作品；与已出版的图书、报纸、期刊、音像制品、电子出版物等内容相一致的数字化作品；将上述作品通过选择、编排、汇集等方式形成的网络文献数据库等数字化作品；行政主管部门认定的其他类型的数字化作品。

网络出版服务，是指通过信息网络向公众提供网络出版物。

12.2 著作权人的权利、义务及行使

学术出版中涉及的原创作品权利人、演绎作品（利用已有作品而产生的新作品）权利人等对各自具有独创性的智力成果依据著作权法享有著作权。我国现行的《中华人民共和国著作权法》、《中华人民共和国著作权法实施条例》及相关法律法规司法解释等，对著作权人的权利和义务作了详细规定和说明，此处不进行详尽列举，仅就实践中常见问题进行简要提示，本文不应被理解为可代替法律法规司法解释以及应向专业人士进行的咨询。

12.2.1 依著作权法享有的著作人身权和财产权

著作人身权。署名权，是法定的作者权利，即表明作者身份，在作品上署名的权利。作者有权决定署名或者不署名，有权决定署本名或笔名，有权禁止他人在自己的作品上署名。如作者使用笔名，作者对外签署的合同或其他与作品相关的材料中应以本名为实际主体，并注明笔名。除法律规定的以外，作者署名与著作权人不一致时，应提供证明，比如署名作者与著作权人之间的书面约定文件等。发表权，即决定作品是否公之于众的权利。修改权，即修改或授权他人修改作品的权利。保护作品完整权，即保护作品不受歪曲、篡改的权利。上述权利都是作者的最基本的、重要的权利。

著作财产权，如复制权、发行权、信息网络传播权、改编权、翻译权、汇编权以及应当由著作权人享有的其他权利等，著作权人除直接行使外，可以许可他人行使，也可以全部或者部分转让，是否有偿可进行约定，或者依据法定获取报酬。

12.2.2　著作权的许可 / 授权与转让

著作权是多项具体权利的组合，著作权人对这些权利，可以单独授权或转让，甚至是某一项权利也可以按时间、区域、方式等分解细化成更有限的权利进行授权或转让；也可以多项权利一并授权或转让。为此，建议著作权人与接受方签订书面文件，著作权法也规定了必须签订书面合同的情况。在授权或转让时，著作权人应做好记录和文件归集，以便梳理哪些权利在什么范围内进行了授权或转让等事项，以及在各种授权或转让中有无约定的其他权利和义务。对不同的主体不应出现重复或者各类相矛盾或冲突的授权或转让，否则授权人或转让人将承担相应法律责任。对向他人许可 / 授权的权利发生转让时，应及时告知被授权人。

著作权人一旦向他人许可 / 授权后，应遵守许可 / 授权的约定，尊重他人依法依约享有的权利。例如，图书出版中，尊重出版者的编校、出版工作，按照其合理要求完善稿件。履行合同中约定的权利义务，以及其他法定权利义务。

12.2.3　作者 / 著作权人的承诺与保证

最基本的要求。著作权人应确保其作品如涉及他人利益，已得到了他人的合法授权，保证其作品不违反法律规定，不损害公序良俗和公共利益，不侵犯他人合法权益，保证其对授权或转让的接受方提供的信息真实准确、不存在隐瞒等情况。

一张图片、一首诗、一段或数段文字、单篇文章、一本书、一个数据库、或一个基于已有作品而产生的新成果等，只要符合了作品的构成要素，就是一个作品。其中有的属于原创作品，有的属于演绎作品，有的是完全没有使用他人享有权利的内容，有的是使用了他人享有权利的内容或在他人享有权利的内容的基础上再创作。不同的作品，作者享有权利的情况也不同。原创作品作者对作品享有最为完整的著作权。利用他人作品而产生新作品（比如汇编、改编作品等）的，新作品的创作者享有新作品的著作权，但该著作权是受到限制的，行使该著作权时不得侵犯原作品的著作权，要以原创作品著作权人对新作品著作权人的授权为限。例如一部作品是由多篇文章组成，那么单篇文章的原创作者对文章享有完整的著作权，可独立行使文章的著作权，另有约定的除外，整体作品的著作权人并不能单独对该单篇文章享有著作权，另有约定的除外。

因此，除了合理使用，作者 / 著作权人必须获得他人授权才可使用他人创作的任何有著作权的材料。如果需要使用图片，需要得到图片权利人（原权利主体或图片代理方）的授权许可；如果收录他人文章，需要得到文章权利人的授权许可；如果使用图书馆、档案馆、博物馆的资料，这些场馆对资料享有著作权的，那么理应去向其申请许可，若场馆对资料不享有著作权，但基于场馆的性质，场馆对资料享有实物所有权和管理权，则还是需要得到场馆授权许可进而获得材料和复制材料等权利。寻找原权利人的授权，可能会比较耗费精力，却是一个非常重要和必要的事情。实践中，经常会出现作者 / 著作权人未取得授权许可使用他人作品，被他人主张权利而导致的诉讼和赔偿的事件。如果作者 / 著作权人使用他人创作的任何有著作权的材料，但未能提供获得他人授权许可的文件，如作者 / 著作权人想将其作品出版，出版者可以拒绝或要求删除这类材料。如果作品涉及使用他人享有除著作权之外的其他权利的材料，同样需要他人的授权许可，例如使用他人肖像，应得到肖像权人的授权许可。在向原权利人请求授权许可时，应明确拟用于什么作品（作品信息应尽可能明确，比如文章标题名、出版物的基本信息）、以什么方式、在具体什么部分使用，使用的传播范围等，同时要保证注明原权利人信息和来源等，具体最终以原权利人实际授权许可情况为准。如果使用的他人享有权利的材料中还包含了他人是从更上层的权利人获得过授权许可，那么这就涉及了可能需要去申请多级的授权许可，这个应根据实际情况个案分析。对于作者 / 著作权人取得的授权许可，在出版过程中，应向出版者提供原件或备份件以证明自己的权利无瑕疵。任何主体，行使出版自由的权利时，必须遵守宪法和法律，不得反对宪法确定的基本原则，不得损害国家的、社会的、集体的利益和其他公民的合法的自由和权利。

12.3 编辑的权利和义务

编辑包括责任编辑和美术 / 设计编辑。责任编辑负责作品编辑全流程，美术 / 设计编辑负责封面设计、版式设计、装帧设计环节。

12.3.1 责任编辑的权利和义务

责任编辑是编辑质量的第一责任人。

权利

（1）享有在版权页署名的权利。

（2）根据与作者签订的合同，有权在约定的时间从著作权人或其授权人处取得稿件。

（3）按规定向作者提出修改意见，并在编辑职责范围内享有决定权。

义务

（1）应具备国家规定的出版职业资格条件和专业水准。

（2）承担作品内容的加工整理工作，对编辑出版质量承担主要责任（自然人）。

（3）对稿件的政治性、科学性、知识性承担审核职责。

12.3.2　美术 / 设计编辑的权利和义务

美术 / 设计编辑是设计质量的第一责任人。

权利

（1）享有在出版物恰当位置署名的权利。

（2）享有设计相关收益。

义务

（1）具有从事设计工作从业资格和专业水准。

（2）对设计质量承担主要责任（自然人）。

12.4 图书出版者的权利和义务

下文出版者限指图书及其演绎、衍生产品的出版者。本部分不含报纸、期刊出版者的权利、义务。我国现行的《中华人民共和国著作权法》《中华人民共和国著作权法实施条例》及相关法律法规司法解释等，对出版者的权利和义务作了规定，此处不再详尽列举，仅就实践中同样不能忽视的一些内容进行说明，本文不应被理解为可代替法律法规司法解释以及应向专业人士进行的咨询。

随着出版者内容资源整合能力的增强，出版者在传统出版的基础上，也拓展了内容资源整合和再加工再推广的其他渠道，因此图书出版者发展成了集出版、图书内容再开发于一体的实质上的内容资源运营者，其具有双重身份，常见的是作品传播者的身份，出版者还可以具有著作权人的身份。

12.4.1 出版者作为著作权人享有的权利和义务

出版者作为著作权人时，对其具有独创性的智力成果依据著作权法享有著作权。出版者自己策划、编纂、研创、开发、制作的插图、表格、图书或数字出版产品、音视频产品等，出版者自己创作的用于出版物封面、装帧或者宣传推广的美术作品、摄影作品等，其著作权人为出版者自身。出版者作为著作权人时的权利、义务，按照前述著作权人权利、义务处理。

12.4.2 出版者作为作品传播者享有的权利和义务

出版者作为作品的传播者时，依据著作权法享有与著作权有关的权利、义务。

权利

（1）约定的专有出版权，即图书出版者对著作权人交付出版的作品，可按照合同约定享有专有出版权，他人不得出版该作品。

（2）版式设计权，即出版者有权许可或者禁止他人使用其出版的图书、期刊的版式设计，由于书刊在从文稿到成书出版的过程中，出版者对开本、装帧形式、版式、插图以及纸张材料、印刷、装订及工艺等各个环节进行构思创意和系统艺术设计，因此出版者版式设计的专有使用权受法律保护。

（3）图书的修改、删节权，即出版者为保证出版物质量，经作者许可，可对作品进行修改、删节。

（4）对著作权人针对出版行为的授权、稿件来源和署名、所编辑出版物的内容，有权审查和备份。

（5）版权管理运营。依据与著作权人的具体约定，行使著作权人授权或者转让的著作权权利的版权管理职责，出版者作为被许可 / 授权主体，有权让所获得的著作权权利得到尽可能的开发，如数字出版、信息网络传播、国际出版、音视频产品制作推广等，对作品著作权在授权范围内进行版权管理和运营。

（6）应受尊重的编辑权。出版者及其编辑人员，在书稿的编辑加工甚至是前端的选题策划过程中，就开始了智力劳动，在书稿的整个出版流程中，为书稿提升了价值。比起原始书稿，经过编辑加工的书稿不仅在语言文字和内容上有所润色、提高与规范，在体例和结构上也更加完善，尤其是当出版者及其编辑人员在选题确定阶段就帮助作者策划选题直至成稿的，各环节都融入了专业的技术与经验，书稿是作者与编辑工作相互促进的成果，因此编辑工作是有价值的，附加到了稿件价值中，最终体现于图书价值。对于这样有价值的编辑工作，应当得到尊重，包括不论是否书稿最终得以出版，经过编辑加工过程的，都应得到相应的报酬，编辑工作对稿件的附加值以编辑权的形式体现，即编辑权应当被尊重。图书出版后的阶段，出于尊重编辑权的伦理考量，出版合作的续展与再开发，可以约定出版者及其编辑人员有优先合作的权利。

义务

（1）对出版质量负有主要责任。

（2）对出版物的政治性、科学性、知识性进行最终把关。

（3）维护和提升图书整体形象以及品牌图书的品牌形象。

（4）规范学术出版著作的写作、编辑出版。

（5）规范管理和运营版权。

12.4.3　出版者的商标专用权

社科文献对重点品牌进行了商标注册，根据《中华人民共和国商标法》，商标注册人的商标专用权，受法律保护。

12.4.4　出版者的品牌权利

社科文献精心打造了多个子品牌项目，进行了有区别的、针对性的差异化品牌培养，以多角度、专业性打造适合不同读者群体和市场需求的品牌内容资源。社科文献作为旗下各品牌的缔造者、品牌价值开发者，是其品牌权利的拥有者、维护者。通过品牌商标注册，品牌特点要素设计、品牌衍生产品研发等方式，多元化挖掘品牌效益。

社科文献各品牌相关要素受《中华人民共和国著作权法》《中华人民共和国商标法》《中华人民共和国反不正当竞争法》及其他相关法律规范保护。他人或机构使用社科文献品牌标识、设计等内容时，须经过社科文献授权许可，并按要求使用。

12.4.5　与图书及内容资源传播相关的权利和义务

出版不是整个出版活动和授权事项的完结，作品价值的发挥还需要作品内容的转化与传播。

（1）出版者可根据作品特点，开发与作品内容相关的图、文、音视频等宣传材料，对市场或者特定目标客户群体进行投放、推广，以扩大作品影响力。

（2）作品的著作权权利人可积极引入资源推广作品，推广方案需与出版者共同协商确定，以维持市场平衡、稳定。

（3）如作品在社会上出现负面影响，著作权权利人和出版者均应积极纠正或引导，消除影响，减少损失，过错方承担责任，均无过错的，风险共担。

12.5 出版约定

出版约定的主体为著作权人与出版者。

最常用的合同是著作权人与出版者签订的许可使用（授权）类型的出版合同，主要对如下内容进行约定：

（1）拟出版的作品名称、类型、作者选择的署名方式；

（2）著作权人许可出版者使用的权利种类（复制权、发行权、信息网络传播权、翻译权、改编权、汇编权、数字化出版等权利）；

（3）许可使用的权利性质，是专有使用权还是非专有使用权；

（4）许可使用的地域范围及期限；

（5）著作权人保证许可出版者使用的权利没有瑕疵，如因该授权而导致出版的作品侵犯第三人权益的，著作权人应承担法律责任；

（6）对作品的交稿、编校、复制发行要求；

（7）付酬标准以及其他与出版发行、合同履行有关的事项。

签订合同时应注意：

（1）著作权人授权其他自然人或机构签订合同的，被授权人应当出具著作权人的授权文件。

（2）含有利用/使用他人作品内容（包括但不限于文字、声音、影像、照片、图片等等）的，不得侵犯原作品的著作权。在不属于合理使用的情况下，利用/使用人应当取得原作品权利人的授权或许可。

（3）如著作权权利人与署名人不一致，应提供相应证明，著作权法另有规定的除外。

（4）各类相关的授权、项目合作权利归属或证明文件应向出版者出示并在出版者留存备份件。

第 13 章

学术出版中的诚信与道德*

学术是社会的公器。学术科研中的不端行为会对学术共同体、研究对象以及公众造成损害，作者和编辑都要防止抄袭、剽窃、篡改他人学术成果，伪造或篡改数据、文献，捏造事实等学术不端行为，防止侵犯学术著作权等违反法律法规的行为，熟悉学术研究和出版的伦理道德要求，从而推动学术出版的规范化。

* 本章内容整理人：童根兴。

13.1 科研诚信

学术伦理即学术共同体内从事学术研究人员的行为规范，属于学术自治范围内应坚守的基本工作伦理及必须遵守的规范。基本原则为诚实、负责、公正。

作者和编辑应遵循学术伦理，自觉维护学术道德和抵制学术不端。作者应对作品负责，编辑应对其编辑的稿件负责，出版单位应对其出版物负责。

13.1.1 科研中的学术不端行为

中华人民共和国教育部令第 40 号《高等学校预防与处理学术不端行为办法》（2016 年 4 月 5 日经教育部 2016 年第 14 次部长办公会议审议通过，自 2016 年 9 月 1 日起施行）认为：经调查，确认被举报人在科学研究及相关活动中有下列行为之一的，应当认定为构成学术不端行为。

（一）剽窃、抄袭、侵占他人学术成果；

（二）篡改他人研究成果；

（三）伪造科研数据、资料、文献、注释，或者捏造事实、编造虚假研究成果；

（四）未参加研究或创作而在研究成果、学术论文上署名，未经他人许可而不当使用他人署名，虚构合作者共同署名，或者多人共同完成研究而在成果中未注明他人工作、贡献；

（五）在申报课题、成果、奖励和职务评审评定、申请学位等过程中提供虚假学术信息；

（六）买卖论文、由他人代写或者为他人代写论文。

（七）其他根据高等学校或者有关学术组织、相关科研管理机构制定的规则，属于学术不端的行为。

13.1.2 写作中的学术不端行为

原创是作品的第一要义。最低限度的原创定义为：即将出版的著作的内容必须是作者自己研究的成果，并且是用自己的话语进行表述的。作者应防止数据捏造、篡改、剽窃、图像不恰当处理、科研职业道德缺乏、报告有偏见、作者资格滥用、多次或重复发表以及利益冲突未公布等潜在问题。

写作中的不端行为表现如下。

（1）编造数据和数据造假。

（2）逐字复制：在没有获得许可，也没有使用引号标注，逐字复制他人作品超过 10% 或者文章的一个重要段落及章节。

（3）不当改写：在一个段落或者章节内，超过一个句子被改写或者句子结构被调整，而未标明正确出处。

（4）使用他人作品中的一些元素，比如图、表格而未标明出处。

（5）自我抄袭，即作者在自己的文章里使用自己发表过的内容，但没有做恰当的引用注释。

（6）重复出版或者冗余出版。所谓重复出版就是把同一项研究成果在两个或多个期刊同时投稿出版，或者几年后再结集出版，而不做任何说明。

（7）捏造、篡改与不恰当的图像处理：增强、掩盖、移除、移动图像的某个属性或特征，或者人为加入某些属性或特征。

13.1.3 出版过程中的学术道德

13.1.3.1 人权、隐私与保密性

作者在进行研究的时候，应能够保证采取适当的措施，将对被研究者的伤害降到最低，避免强迫或者恶意利用，保护隐私，并将身心伤害的风险降到最小。

被研究者应事先知情，并且作者征得其同意后才能考虑出版和发布来自该被研究者个体的信息与图像。不重要的细节应省略。如果匿名发表可能引起任何问题，那么应事先征得当事人同意。

社会科学与人文科学研究人员经常需要处理在公共场所收集到的音频和视频资料，这种场所一般无法很好顾及个人隐私，他们还会使用来源于广播的资料。一些进行政治或文化研究的文章经常会用到这些资料，版权问题应得到妥善解决。

社会科学研究者还应负责保护参与人的隐私，在征得参与者书面同意前，应该公开可能会影响其参与意愿的信息（如赞助、目标与预期结果、研究的出版会给参与者带来的可能后果）。

对于社会研究数据，获得书面的出版同意书并非总是可能的或有必要的，特别是当研究者与读写能力有限的人员打交道时，或者研究者在相关官方程序有漏洞的国家或地区进行研究时。但是作者提供他们已经获得书面同意的证据仍然是一种谨慎的做法。

13.1.3.2　文化与遗产

研究者应意识到某些文化中的禁忌和道德问题，出版物中应避免一些宗教敏感性问题、民族中的习俗问题等。

13.2
署名诚信

作者是指创作作品的公民、法人或者其他组织。如无相反证明，在作品上署名的公民、法人或者其他组织为作者，对学术作品的知识和内容负责。

学术作品在出版过程中应当尊重作者的署名权利。署名是学术作品发表过程中的重要环节，是著作权人的基本权利。但署谁的名，多位作者时如何排序，标明何种作品形成方式、附录作者以及作品形成过程中何种信息，都不是不证自明的事情，并且也在实践中引起了多方的讨论。

按照学术作品的形式，署名包括学术论文的作者署名以及学术图书的作者署名。

一个完整的署名包括以下几项内容：名称信息、排序信息、作品形成方式信息，以及附加信息。

13.2.1　学术论文中的署名

在学术期刊、学术集刊以及所有以单篇文章为构成单位的有多位作者的文集中，学术论文的作者都有在学术出版物中某个地方署名的权利。可以体现署名的地方基本有四处：目录中单篇文章后页码前、文题页的题目与摘要之间、文题页的脚注、单篇文章末尾。

13.2.2　学术图书中的署名

学术图书的作者有权在封面、扉页、版权页处标注自己名称以及作品形成方式的权利，同时有权利在图书的某些地方标注作者相应信息以及作品形成过程中相关信息的权利。

13.2.3　署名作者的责任

署名是表示该作品是作者劳动成果的一种方式，向社会表明自己的贡献。同时，所有署名作者都要对作品负责，署名表示愿意承担该作品发表后所产生的责任，包括政治责任、学术责任和法律责任。

13.2.4 署名作者的资格

(1)一般原则

署名作者应该是那些对学术作品的形成做出实质性贡献的人。国际医学期刊编辑委员会(ICMJE)和美国生态学学会(ESA)提出至少满足下图中打钩中的三条才能被列入署名作者行列。

表 13.1 署名作者标准

	ESA 标准	ICMJE 标准
提出想法或设计实验	√	√
做实验 / 数据收集	√	√
分析并解释数据	√	√
起草撰写整个文章或其中大部分内容	√	√
修改稿件中涉及科学方面的内容		√
修改稿件格式或语法		
资金		
提供关键的研究资源(场地、设备、实验样本)		
项目的首要研究员(项目的老板或导师)		
其他		

整体而言,署名作者应:

a. 参与论证,即参与该研究的设计、开拓工作;

b. 参与研究,即参与获取原始数据的调研和实验工作;

c. 参与写作,即参加过作品的撰写;

d. 能够答辩,即能够对取得的数据和结论进行解释;

e. 承担责任,即阅读全文、同意发表,并承担学术、道义和法律的责任。

注:仅参加了其中部分工作的合作者,对研究工作提供条件的帮助者,以及委托进行部分分析检验等辅助工作的助手等,均不应作为署名作者,可列入致谢名单中。

（2）第一作者

第一作者就是作者名单中排名在首位的作者。在很多学科中（如生物、化学、计算机、电子工程等），第一作者通常是在引领、执行工作方面贡献最多的人，包括撰写文章等。

（3）通讯作者

通讯作者在满足“作者”的标准下，通常还负责与审稿人和读者沟通问题，同时需要向每个合作者确认知悉文章的投稿、作者顺序等。多数情况下，通讯作者也会兼顾监督研究进程，或者执行等工作，这时通讯作者也可能是第一作者。

通讯作者可以和审稿人进行邮件沟通，并更可能被邀请成为审稿人，从而获得更多与其他作者、编辑、会议委员会主席进行学术交流的机会。此外，大部分学科，通讯作者在很多学院的评职称中也占有重要地位。因此，如果学生做了主要工作而导师负责监督，则导师会做通讯作者，把第一作者位置留给学生。

13.2.5 署名中的不端行为

名誉署名 指的是出于对方的威望而将其列入作者名单，其考虑是可以建立学术圈的人脉，也提升了这篇文章的权威性和被接收的概率。

相互署名 把对方的名字加到各自的文章当中，从而增加双方发表文章的数量。

赠与署名 邀请其他人来共同署名自己完成的相关文章或者作品。

13.2.6 署名的排序

（1）多位作者时，应按合作者贡献大小排序，通过协商一致的方式解决。

（2）有些出版物也会按照姓氏笔画或者字母顺序排列（顺序或倒序）。

（3）无论采取何种排序，一种出版物或者出版机构的作者排序方式应稳定和统一。

（4）有通讯作者时，第一作者通常排第一，通讯作者排最后，其他作者按照贡献大小依次排序。

（5）共同第一 / 通讯作者：当几位作者贡献度相似的时候，往往会被列为共同一作。在生物医学等专业，共同一作 / 通讯的现象越来越多。这可以部分避免第一作者分歧的发生，但也会使某些人滥用共同一作 / 通讯。

SSAP
手册系列
I

作者手册

第 4 部分

学术出版物中的用法与风格

学术图书的写作应符合国家颁布的有关图书出版的法律法规、管理规定，在文字、标点、数字的使用，量、单位和公式，专有名词，表格和插图等方面要遵守国家和行业关于出版物的相关标准和规范，内容表述力求准确，避免事实性和科学性错误，叙述风格要符合汉语言文字的语法习惯，并要注意前后文逻辑贯通，排除自相矛盾等违反逻辑规律的错误。

本部分介绍我社学术图书的通用编辑体例规范。

第 14 章

文字*

* 本章内容由编审室提供，执笔人：郭瑞萍。

14.1 规范汉字

据《中华人民共和国国家通用语言文字法》和《出版物汉字使用管理规定》，正式出版物应使用规范汉字，禁止使用不规范汉字。2013 年 6 月 5 日国务院发布《通用规范汉字表》。《通用规范汉字表》发布后，社会一般应用领域的汉字使用应以此表为准，原有相关字表停止使用。

使用《通用规范汉字表》，应注意：字表以外的字，在特殊需要时，只要不是错别字，是可以使用的，但注意尽量选择历史上已经有的通用字形，不要任意造字或改字。

14.2 异体字和繁体字

14.2.1　可以使用异体字、繁体字的情形

正式出版物中通常不能使用异体字、繁体字，但根据《中华人民共和国国家通用语言文字法》和《出版物汉字使用管理规定》，以下情形可以使用：①文物古迹；②姓氏中的异体字；③书法、篆刻等艺术作品；④题词和招牌的手书字；⑤整理、出版古代典籍；⑥古代历史文化学术研究著述和语文工具书中必须使用的部分；⑦经国家有关部门批准，依法影印、拷贝的台湾、香港、澳门地区及海外其他地区出版的中文报刊、图书、音像制品等出版物。

以上情形使用繁体字、异体字须遵循《通用规范汉字表》附件 1《规范字与繁体字、异体字对照表》所指定的使用标准和原则。

14.2.2　注意简繁对应关系

规范简化字与繁体字并非一一对应关系，比较复杂的情形是“一简对多繁”，即一个简化字根据义项不同分别对应多个繁体字。因此，无论是在编辑繁体字版本图书时还是在用简化字本翻排繁体字版本的图书时，都必须注意简繁对应关系。如“后”，在“先后”“前后”“后来”等词中对应繁体字为“後”，而在“皇后”中繁简合一，就是“后”。再如“乾”，读“gān”时是“干”的繁体字，“乾净”简化为“干净”，而读“qián”时则另有意义，在需要繁转简的场合，如“乾坤”“乾隆”都不能简化。（此内容可参考《〈通用规范汉字表〉解读》中对繁简关系的论述和列表）

14.3
汉字排序

出版物中常会涉及对人名的排序，排序一般有两种规则，一是按照汉语拼音排序，一是按照笔画笔形排序，但不可交替使用。

14.3.1　按照汉语拼音排序

首先，比较姓氏的音，按照汉语拼音字母表顺序排列。其次，如果姓氏拼音相同，就比较音调，按阴平、阳平、上声、去声、轻声的次序排列。再次，如果拼音和音调都相同，则按照笔画笔形顺序排列。最后，如果姓氏相同，则根据名的拼音顺序。

如“施刚、师玲、石晓军、王利军、王明”按照汉语拼音排序，正确的顺序应是：师玲、施刚、石晓军、王利军、王明。

14.3.2 按照笔画笔形排序

首先，看姓氏笔画数多少，少的排在前，多的排在后。复姓按单姓对待。

其次，笔画数相同的，按姓氏起次笔笔形排序，即按“一（横）、丨（竖）、丿（撇）、丶（捺、点）、乛（折）”的顺序排列。

再次，同姓的，姓名是两个字，如果按姓氏笔画排序，第二个字的位置通常按零画对待；如果按姓名笔画排序，第二个字直接参与排序。两个名的第一个字笔画数相同，再看两个名的第二个字的笔画多少。

出版物中人名按姓氏排或姓名排均可，遵循相应的规则即可。如“王利军、王明、支红、于明 ”按照姓氏笔画排序为“于明、王明、王利军、支红”，按照姓名笔画排序为“于明、王利军、王明、支红”。

此外，还可利用贝特之姓氏笔画排序软件来做。

14.4 异形词

异形词是现代汉语书面语中并存并用的同音、同义而书写形式不同的词语。图书编校时遇到异形词应使用《第一批异形词整理表》里的推荐形式。《第一批异形词整理表》未收的异形词提倡采用《现代汉语词典》（第 7 版）的推荐形式。如《现代汉语词典》（第 7 版）在解释“辞藻”时既给出了注解，同时注明“也作‘词藻’”，而在解释“词藻”时则只写“同‘辞藻’”，据此可判断“辞藻”为推荐词形，“词藻”为非推荐词形。一定注意全书对同一词形的使用应一致。

14.5 句子

写作和编校中应注意使文句表达事实准确，符合基本的语言规范，排除知识性错误、逻辑错误、语法错误。以下列举学术著作中常见的几类句法错误。

14.5.1 知识性错误

知识性错误一般包括事实性错误和科学性错误两类。常见的事实性错误如时间年代错误，取材不真实，人名、地名、机构名、文本名等与事实不符。常见的科学性错误如概念错误、不明确，引用标准、文献、法律法规有误。

错例1：陈定铭（2016）:《台湾社会企业社会影响力指标之研究》，104年度科技部补助专题研究计划成果报告（计划编号：MOST 104-2410-H-008-026）。

解析：此处104年度是指“中华民国104年”，应改为公历纪年2015年。对1949年之后的台湾地区政权，不使用“中华民国”和“中华民国”纪年。对于台湾所谓“一府”“五院”及其下属机构，应加引号或做变通处理，错例中“科技部”可改为“台湾科学技术主管部门”。

错例2：在香港亚视、台湾东森、北美等海外市场……

解析：要注意区分“域外”“海外”“境外”概念的不同。“域外”“海外”都指国外。包括台湾、香港、澳门地区在内的中华人民共和国全部领域统称为“国内”，但由于台湾、香港、澳门各有其独立的海关和出入境管理，因此均属于“境外”。大陆（内地）在“境内”也在“国内”，台湾、香港、澳门在“境外”但属“国内”。

错例3：十二届全国人大常委丁某

解析：人大常委会没有“常委”这个职务而只有“委员”，正确的表述应写为“人大常委会委员 ×××”。

错例4：国家民政部

解析：国务院各部委名称在用简称时要注意：如果全称中有“国家”二字，简称中也必须有，如“中华人民共和国国家发展和改革委员会”简称“国家发改委”；全称中没有“国家”二字，简称中也不能有，如“中华人民共和国民政部”，简称“民政部”。

错例5：西藏、宁波等省市

解析：西藏是自治区，不是省。我国有34个省级行政单位，其中包括23个省、5个自治区、4个直辖市，以及2个特别行政区。一定注意表述准确，不能混同称呼。

14.5.2 逻辑、语法错误

逻辑错误主要指所述内容自相矛盾、违反内在规律、种属关系颠倒等。语法错误主要指句子结构的问题，有的是由词语使用不当造成的，有的是句子本身不合公认的语言表述规范，常见类型有虚词使用错误、搭配不当、成分残缺、语义重复、句式杂糅等。

错例1：目前在俄罗斯市场上更多见到的是满足日常需要的中国商品，包括服装、裘皮、羽绒服、玩具、体育用品以及农产品。

解析：逻辑错误。羽绒服属于服装，两者是种属关系，不能并列。应将“羽绒服、”删去。

错例2：这种“原子化大众”，不仅为维持权力所必须，而且便于国家进行总体性的社会动员。

解析：副词误用为动词。“必须”是副词，不能做谓语，因此，应改为

“必需”。

错例 3：下面以七年级上册第一单元第四课《古代诗歌四首》进行简单评述。

解析：介词误用。要引出讲述的对象应该用介词“对”，而不是“以”。

错例 4：历史上是否存在夏文化，现在已经没有疑问了。

解析：两面和一面不搭配。“是否存在夏文化”是两面的，而“没有疑问了”是一面的，可以将“是否”去掉。

错例 5：无论多么符合全球成员的共同利益，但对国际经济组织的改革会或多或少损害主导国家的影响力。

解析：关联词语不搭配。“无论（不论、不管）……都（也、还）……”是表示无条件关系的关联词，应搭配使用。

错例 6：通过这个典型的例子，可以使你了解一个类别的东西。

解析：主语残缺。“通过这个典型的例子”是一个介词结构，不能做谓语“使”的主语，应当把“通过”删去，让“这个典型的例子”做主语，或者保留“通过这个典型的例子”做状语，将“可以使你”改为“你可以”，从而构成一个完整的句子。

错例 7：法律清理工作的目标是旨在“建立有中国特色社会主义法律体系”。

解析：语义重复。“旨”即目的、用意的意思。“旨在”与“的目标是”重复，二者取其一。

错例 8：有效避免传统农业大市在城镇化进程中少走弯路、不走错路。

解析：语义相悖。“避免”是防止的意思，把它和“少走弯路”“不走错路”

组合，就成了要多走弯路、错路的意思，与本意相反。

错例 9： 民营企业获得了长足发展，就是因为中国民营企业利用比较优势分享“全球化红利”的结果。

解析： 句式杂糅。句中“是因为……”和“是……的结果”两种句式杂糅。应二者择其一。

错例 10： Alessandro Olper 和 Valentina Raimondi 对 22 个 OECD 成员国之间 1995—2002 年的农产品贸易进行评估，结果也显示贸易被边界障碍缩减了 8 倍。

解析： 数量表达混乱。表示减少、降低时，不能用倍数，可用百分比或分数形式，如“降低了 50%”“减少了 1/2”。

错例 11： 农民不断地传承宗族的集体记忆，效尤先人。

解析： 感情色彩错误。“效尤”指明知别人的行为是错误的而照样去做，用在句中表达农民学习先人不妥，可改为“效法”。

错例 12： 从长期来看，会进一步加剧了产能过剩。

解析： 时态错误，“会”表示事情未完成，“了”表示事情已完成，二者矛盾，只能保留其一。

14.6 常见易错字

（破折号后为正确字词，下同）

座落——坐落　　神祗——神祇　　已巳——己巳

驰禁——弛禁

弥灾——弭灾

博奕——博弈

欠收——歉收

垫后——殿后

一柱香——一炷香

一滩血——一摊血

老俩口——老两口

不容质疑——不容置疑

无远弗界——无远弗届

甘败下风——甘拜下风

新见叠出——新见迭出

黄梁美梦——黄粱美梦

煌煌巨著——皇皇巨著

不殉私情——不徇私情

可望而不可及——可望而不可即

壬戌——壬戌

精萃——精粹

书贴——书帖

黄莲——黄连

扣问——叩问

涅磐——涅槃

趟水——蹚水

泻湖——潟湖

庭杖——廷杖

泊来品——舶来品

名信片——明信片

挖墙角——挖墙脚

以致于——以至于

床第之私——床笫之私

针贬时弊——针砭时弊

稍安勿躁——少安毋躁

食不裹腹——食不果腹

不惶顾及——不遑顾及

电光火石——电光石火

筚路篮缕——筚路蓝缕

14.7 常见易错用词

【侧目】指不敢从正面看，斜着眼睛看，形容畏惧而又愤恨。不能用来形容惊叹、赞赏。

错例： 一望而知，对方是中国人，但那口纯正的德语，一开口就让在场的德国人纷纷侧目。

正例： 这不过是无数孔公馆之一……只有几十个副官，在这里落寨为王，打家劫舍。这不但文艺人看了心里不平，所有的老百姓都侧目而视。（张恨水《写作

生涯回忆》）

【始作俑者】比喻首先做坏事的人，是贬义词，不能作为创始人、首创者的同义词。

错例:《城市画报》作为国内创意市集的始作俑者及积极推动者推出 iMART BEST100 创意联盟计划，对此必须给予高度重视。

正例: 事到如今，再去追究谁是始作俑者已无太大意义，当务之急是找出解决的方法。

【良莠不齐】比喻好人坏人混杂在一起，只能用于人，不能用于事物。

错例: 心理学和行为学的动力学理论还不够成熟，而且理论呈现丛林状态，良莠不齐，小模型多，难以统一。

正例: 无如族人甚众，良莠不齐，每心怀异质，祸起萧墙。（李汝珍《镜花缘》）

【首当其冲】处在冲要位置，最先受到攻击或遭遇灾难。不是“冲在前面”或“敢为人先”的意思。

错例: 在扑灭森林大火的战斗中，解放军战士又一次首当其冲。

正例: 金融风暴席卷全球，全球各行业经济损失严重，这其中以银行业首当其冲。

【差强人意】大体上还能使人满意，表肯定。理解为“令人不满意，很差劲”是错误的。

错例: 孩子长得聪明伶俐，但学习成绩和日常表现却差强人意。

正例: 小时看《红楼梦》，觉得一切人物都使我腻烦，其中差强人意的，只有一个尤三姐。

【炙手可热】意思是刚一挨近就热得烫手，比喻气焰盛，权势大，使人不敢接近。常被误解为很抢手或非常红火。

误例：随着内容企业与更多平台企业合作，好的内容将成为炙手可热的投资对象。

正例：公仆那时还年轻，……不幸他又碰上那炙手可热的陈诚。（郭沫若《洪波曲》）

【推波助澜】比喻促使或助长事物（多指坏的事物）发展，使扩大影响。是贬义成语。

错例：……对中国的软实力起到了推波助澜的作用。

正例：由于有人推波助澜，本可以解决的问题成了难题。

14.8 常见易混词

【期间　其间】

“期间”是指“某段时间内”，前面必须加表示时间段的修饰语，如：抗日战争期间、会议期间、学习期间。“其间”是“其中”“那中间”的意思，前面不能加修饰语，如：他上了 4 年大学，其间多次获奖。

【说道　说到】

“× 道”（或“× × 道”）之后，如果是直接引用，其后一般用冒号，引用的内容要加引号；如果是间接引用，其后一般用逗号，引用的内容不加引号。如：他说道：“明天我就不来了。”/ 他说道，他明天就不来了。

相关的还有“谈道、讲道、叫道、喊道、嚷道、问道、答道、写道、唱道、安慰道、感叹道”等组合。

"到"表示一种结果。"说到"有"说及"的意思，后面往往是说及的对象或内容，或者用于"某某说到什么时间、地点"的语境中。"说到"后面一般不能有语音停顿，书面上不加标点。如：我们刚才还说到你。/他说到这里，停顿了一下。

【营利　盈利　赢利】

"赢利""盈利""营利"是一组同音词，都与利有关，使用时很容易混用。根据《现代汉语词典》（第7版），"盈利"只有名词性用法，指"利润"。"赢利"有名词和动词两种用法。做动词时指客观上获得利润；做名词时，"赢利"与"盈利"是一组首次选词，以"盈利"为推荐字形。"营利"是主观上谋求利润。营利性机构，指主观上谋求利益的组织机构，如各种商业机构，都是以利润最大化为目的的。非营利性机构，则指主观上不谋求利润的组织机构，如著名的"宋庆龄基金会"。

【爆发　暴发】

"爆发"指因爆炸而发生，如"火山爆发"；"暴发"指突然发作，多用于山洪、大水、疾病等。在用于社会事物时，"爆发"指像爆炸一样突然发生，多用于抽象事物，如革命、起义、运动等，又用于表示力量、情绪等，如怒火爆发；"暴发"也指突然得势或发财，多含贬义，如暴发户。

第 15 章

数字*

* 本章内容由编审室提供，执笔人：郭聪燕。

15.1
数字用法通则

出版物上数字的使用应遵守《出版物上数字用法》（GB/T 15835—2011）的规定。一般原则：用法得体；局部体例统一；提倡用阿拉伯数字。

使用阿拉伯数字的情况有以下几种。一是用于计量；二是用于编号；三是已定型的含阿拉伯数字的词语；四是表达年月日、时分秒；五是含有月日的专名。（四、五为了简洁醒目）

使用汉字数字的情况有以下几种。一是表达非公历纪年；二是表达概数；三是已定型的含汉字数字的词语；四是表达年份；五是含有月日的专名。（四、五突出庄重典雅）

15.2
选用阿拉伯数字

（1）“超过”“至多”“至少”后面要跟一个确定的数值。

错例： 面积超过5000平方米以上

解析： 应为面积超过5000平方米。

（2）如果一个数值很大，数值中的“万”“亿”可以采用汉字数字，其余部分采用阿拉伯数字，除此之外的一般数值不能同时采用阿拉伯数字与汉字数字。

错例： 1亿5千万

解析： 应为1.5亿或1亿5000万。

（3）公历世纪、年代、年、月、日、时刻应使用阿拉伯数字。1949年10月1日之后，一律不使用“中华民国”纪年，应改为公元纪年，用阿拉伯数字表示。

错例： 教育部主编《中华民国建国史》第一篇：《革命开国》（二），台湾国立编译馆，中华民国七十四年版，第九二一～九二二页

解析：应将“中华民国七十四年”改为“1985年”，“教育部”改为“台湾教育主管部门”，“台湾国立编译馆”可加引号，“第九二一～九二二页”改为“第921~922页”。

扩展：伪满洲国（1932年3月1日至1945年8月18日）期间的年号“大同”和“康德”都不可使用，要改为公元纪年。

15.3 选用汉字数字

（1）相邻数字连用、数字与“几”连用表示概数不能使用阿拉伯数字。

错例1：7、8人

解析：应为七八人。

错例2：30几个人

解析：应为三十几个人。

（2）非公历纪年一律用汉字数字，但应采用阿拉伯数字括注公历。

错例：康熙16年（1677年）

解析：应为康熙十六年（1677）。

15.4 阿拉伯数字与汉字数字均可

年份的正确写法可归纳为三种：2012年、二〇一二年、贰零壹贰年。

出版物上年份不能简写。

错例1：二0一二年

解析：错将汉字数字与阿拉伯数字搭配使用，应为二〇一二年。

错例2：九〇年或90年

解析： 出版物上年份不能简写，应为 1990 年。

15.5 数字用法的其他情况

（1）两种表达概数的形式不能连用。

错例： 25~35 岁左右、大概三四十里、约近 30、约 30 多

解析： 两种表达概数的形式取其一。

（2）在表示数值的范围时，前后两个数值的附加符号或计量单位相同时，在不造成歧义的情况下，前一个数值的附加符号或计量单位可省略。若会造成歧义，则不应省略。

错例： 13~17 万元、15~30%

解析： 应为 13 万元 ~17 万元、15%~30%。

（3）在表示数值范围时，前后采用的划分标准要一致，所涵盖的数据既不能重复，也不能遗漏。

错例： 90~100 分为“优秀”，80~90 分为“良好”，70~79 分为“合格”，69 分以下为“不合格”

解析： 应将“80~90”改为“80~89”，“69 分以下”改为“69 分及以下”。

（4）不能说“减少（降低）× 倍”，可以说“减少（降低）几分之几或百分之几”。

错例： 减少一倍

解析： 应为减少二分之一或减少百分之五十。

（5）百分比与百分点不能混淆。

百分比，也称百分数，用来表达两个数值之间的比例关系（除法关系）；百分点则用来表达两个百分比之间的差距（减法关系）。

错例： 在我国国内生产总值中，第一产业所占比重由 1992 年的 21.8% 下降到 1993 年的 18.2%，下降了 3.6%。

解析：表达两个百分比的差距应使用百分点，所以应为下降了 3.6 个百分点。

（6）不能将翻番误用为加倍。

错例：我校学生由建校初的 120 人发展到现在的 840 人，学生数翻了 7 番。

解析：应为“增加了 6 倍”。“翻番”和“加倍”是数目增加的不同方式。“翻番”是两倍两倍地增加，例如现在基数是 3，翻 1 番就是 6（＝3×2），翻 2 番就是 12（＝3×2×2）。“加倍”表示某数的几倍，就是用几去乘以某数。如 3 的 1 倍还是它本身 3（＝3×1），3 的 2 倍就是 6（＝3×2）。

15.6 罗马数字

罗马数字基本字符以及对应阿拉伯数字举例。

罗	I	V	X	L	C	D	M
阿	1	5	10	50	100	500	1000

出版中的注意事项：

①罗马数字一般用于正文前置部分，通常为小写、正体，以与正文中的阿拉伯页码相区别。

②罗马数字有大小写之分，依用途可自由选择，但应保持相对统一。

第 16 章

标点*

* 本章由编审室提供，执笔人：郭聪燕。

16.1 总则

出版物上标点符号的使用应遵守《标点符号用法》（GB/T 15834—2011）的规定。

常用标点符号有 17 种，分点号和标号两大类。点号 7 种，标号 10 种。点号又分句内点号（顿号、逗号、分号、冒号，4 种）和句末点号（句号、问号、叹号，3 种）。句子中点号的停顿：顿号 < 逗号 < 分号 < 句号（问号、叹号）。标号包括：引号、括号、破折号、省略号、着重号、连接号、间隔号、书名号、专名号、分隔号。

16.2 句号

（1）一段文字不能一逗到底，一个完整句意结束应使用句号。

（2）图或表的短语式说明文字，中间可用逗号，但末尾不用句号。即使有时说明文字较长，前面的语段已出现句号，最后结尾处仍不用句号。

16.3 问号

当含有疑问词的语段充当某种句子成分，而句子并不表示疑问语气时，句末不用问号。这种情况多发生在有“谁”“哪”“什么”“怎么”“怎样”等疑问词和带有“是……还是”疑问结构的句子里。

错例： 如果想真正进入国际当代艺术的格局中，那么首先要问问自己做得怎么样？

解析： 句中虽然含有疑问词“怎么样”，但并不表示疑问语气，“自己做得怎么样”

充当整个句子的宾语，问号应改为句号。

16.4 逗号

用顿号表示较长、较多或较复杂的并列成分之间的停顿时，最后一个成分前可用“以及（及）”进行连接，但“以及（及）”之前不能误用顿号。

错例：王某曾获中国青年科技创新杰出奖、中国五四青年奖章、以及全国先进工作者、中央国家机关优秀女领导干部称号。

解析：“以及”之前的顿号应去掉或改为逗号。

16.5 顿号

（1）不同层次的停顿都使用顿号，造成层次混乱。

错例：中央顾问委员会秘书长、国家体委顾问荣高棠、国家体委主任李梦华和中华全国体育总会主席钟师统等应邀参加十佳运动员评选揭晓和发奖大会。

解析：三位领导人的名字构成第一层并列关系，荣高棠的两个职衔构成第二层并列关系。两个层次都用顿号造成了层次混乱，应该第一层用逗号，第二层用顿号，“荣高棠”后面的顿号应改为逗号。

（2）相邻的两个数字并列连用表示概数，连用的两个数字之间不得用顿号隔开。

错例：近一、二十年来

解析：相邻的两个数字并列连用表示概数，应将顿号删去。

但是，不是表示概数的缩写形式不可删去顿号，如“二、三线城市”不可改为“二三线城市”。

（3）连词“甚至、或者、包括、又、并、特别是、尤其是、也、乃至、因而、但”前误用顿号，可将顿号删去，或改为逗号。

错例：一本书少则数万字，多则数十万、甚至数百万字。

解析：连词前面不能用顿号，应将“甚至”前的顿号删去，或改为逗号。

16.6 分号

分项列举的各项有一项或多项已包含句号时，各项的末尾不能再用分号。

错例：这些课外活动有很多特点。一是它形式自愿。孩子愿意就参加，不愿意可以不参加；二是内容丰富多彩。孩子们的兴趣、爱好，甚至要求可以得到充分满足；三是评定方法轻松活泼。考试成了展览、演出、小型报告，孩子们可以尽情发挥。

解析：分项列举的“一是”“二是”后面已经用了句号，末尾不能再用分号，分号应改为句号。

16.7 冒号

（1）“某某说”插在引文的中间，“说”字后面误用冒号。应将冒号改为逗号。

（2）冒号不应套用。

（3）冒号提示范围无论大小（一句话、几句话甚至几段话），都应与提示性话语保持一致（即在该范围的末尾要用句号点断）。

错例：宗教典籍一般具有神学、文学和史学三重属性。与此相应，其诠释者具有三重身份：宗教经典的诠释者、历史典籍的诠释者、经典文学的鉴赏者，由于各自诠释侧重点不同，他们的翻译活动也各有侧重。

解析：冒号的提示范围为三重身份，只管到“鉴赏者”，所以“由于”前面的逗号应改为句号。

（4）冒号不宜用于“即”字前。

16.8 引号

引号的形式有双引号““””和单引号“‘’”两种。

（1）只用一组引号时，用双引号；当引号中还需要使用引号时，外面一层用双引号，里面一层用单引号；需要三组引号时，先用双引号，后用单引号，再用双引号。

（2）引文完整而独立，末尾的句号应放在引号里面；引文不独立，引文末尾的标点要去掉，再在后引号的后面根据需要加或不加标点，加什么标点。

示例：爱因斯坦非常赞赏玻尔，认为“很少有谁对隐秘的事物具有这样一种知觉的理解力，同时又兼有这样强有力的批判能力”。

16.9 括号

括号的主要形式是圆括号“（ ）”，其他形式还有方括号“[ ]”、六角括号“〔 〕”和方头括号“【 】”等。

括号可分为句内括号和句外括号。句内括号用于注释句子里的某些词语，即本身就是句子的一部分，应紧跟在被注释的词语之后。句外括号则用于注释句子、句群或段落，即本身结构独立，不属于前面的句子、句群或段落，应位于所注释语段的句末点号之后。

错例1：如果国家主权遭到贬损或剥夺，个人的一切就将失去保障（包括人权在内）。

解析：括注的内容用于注释“个人的一切”，应紧跟其后，所以括号应放在

“一切”之后。

错例 2：主人公顽强地抵抗着（这里又一次使用了逆光拍摄技巧）。

解析：括注的内容用于注释整个句子，所以括号应放在句号后面。

16.10 破折号

（1）补充说明前未用破折号。

错例：盛夏时节，北京城里暑气蒸人，而门头沟两座名山，灵山和百花山上，却凉爽宜人。

解析：“两座名山”后面的逗号应改为破折号。

（2）破折号和括号都可用于表示注释或补充说明，但破折号后的解释说明或补充是正文的一部分，可与前后文连读；而括号中的内容只是注释而非正文，可不与前后文连读。

16.11 省略号

省略号和“等”“等等”“什么的”等词语不能同时使用。在需要读出来的地方用“等”“等等”“什么的”等词语，不用省略号。

16.12 连接号

新国标中连接号的形式有短横线“-”、一字线“—”和浪纹线“~”三种，取消了二字线“——”。

（1）浪纹线连接号用于标示数值范围时，在可能起歧义的情况下，前一数值的附加符号或计量单位不可省略。

错例： 10~100%

解析： 易产生歧义，使人误认为表示 10 到 100%，应为 10%~100%。

（2）当所连接的数值都用汉字表示时，连接方式应该选择汉字“至”“到”，不采用连接符号；当所连接的数值都用阿拉伯数字表示时，应该采用连接符号“~”“—”，也可采用汉字“至”“到”。

错例： 从 20~30 岁

解析： 应为“20~30 岁”或“从 20 岁到 30 岁”。

16.13 书名号

书名号的形式有双书名号“《 》”和单书名号“〈 〉”两种。

（1）只用一组书名号时，用双书名号；当书名号中还需要使用书名号时，外面一层用双书名号，里面一层用单书名号；需要三组书名号时，先用双书名号，后用单书名号，再用双书名号。

（2）不能视为作品的课程、课题、奖品奖状、商标、证照、组织机构、会议、活动等名称，不应用书名号。

（3）书名号、引号的并列关系清楚、格式整齐，书名号、引号可直接连接，中间不必加顿号或逗号分隔，如果书名号、引号外还有其他文字会造成并列关系不清，则须加点号分隔。

错例： 黄晓勇主要著作有《中国民间组织蓝皮书》（系列）、《公共政策与社会保障案例分析》《再论日本名列第一》《日本概览》等。

解析：《中国民间组织蓝皮书》外有括注，易造成并列关系不清，所以其他书名号之间也要加顿号。

16.14 中外文混合使用时的标点

（1）英文书刊名的标示方法。

中文句子中夹有英文书籍名、报刊名时，不能借用中文书名号，而应以英文斜体字表示。英文文章的标题用引号标示。

示例： *The Evening Post* 发表了这篇评论，但把标题改成了“What We Eat Tomorrow?”。

（2）中文网上文献注明网址时句末以中文句号结尾。

示例：《陕西52个县（区）融媒体中心建成上线》，陕西省人民政府门户网站，http://www.shaanxi.gov.cn/sxxw/sxyw/145613.htm。

（3）句子中并列项是中英文夹杂的情况时，可一律使用中文顿号。

示例： Atmel、高通、NXP占据了超过85%的市场份额。

（4）中文句子中夹有的英文标题或英文引文中的叹号或问号应保留。

示例： 这篇文章的原名是“Take me to a country where the sky is three times as blue as in England!”。

（5）中文句子中夹有英文书名时，若有副书名，用冒号标示；夹有英文文章时，若有副标题，用英文破折号标示。

示例1： 甲骨文的《巴比伦：美索不达米亚和文明的诞生》原书名为 *Babylon: Mesopotamia and the Birth of Civilization*。

示例2：《2018年中国经济形势分析与预测》中一篇文章的题目是“China's Foreign Trade has Made Significant Progress in Its Transformation and Upgrading—2017 Analysis and 2018 Outlook”。

SSAP
手册系列
I

作者
手册

第 17 章

量、单位和公式*

* 本章由编审室组织撰写，“量、单位”执笔人陈荣，“公式”执笔人杨桂凤。

17.1 总则

出版物上量和单位的使用应遵守《中华人民共和国法定计量单位》、《量和单位》（GB 3100~3102—1993）的规定。

17.2 量的符号

（1）量的符号通常用拉丁字母或希腊字母表示，不论大写或小写，除 pH 以外，一律用斜体。矢量、张量和矩阵用黑斜体。

错例： H与T分别为高端高新产业群落和传统产业群落的环境容纳量。

解析： 此句中的“H”和“T”应为斜体。

（2）有必要时，量的符号可加下标或上标，以便说明。

①同一符号表示不同的量；

示例： 相对分子质量 M_{r}、摩尔质量 M_{B}

②同一量有不同的应用；

示例： 标准大气压 $p^{\ominus}$、环境压力 p_{amb}

（3）下标的书写规则：

①一般的下标用正体；

示例： c_{B}、ρ_{1}、V_{m}

②下标本身是量的符号，用斜体；

示例： c_{p}、Q_{m}、Q_{v}

③同时有两个下标时，用逗号隔开。

示例： $C_{p,m}$、d（20℃，$\mathrm{H_2O}$）

说明： 数字、单位符号、元素符号用正体。

（4）一个量有两个符号时：

①两个符号只用逗号隔开，可任意使用；

示例： B 的质量摩尔浓度 b_B，m_B

②若有的符号放在括号内，它作为备用符号。

示例： B 的摩尔分数 x_B，（y_B）

说明：b_B，m_B 任意选用；优先选用不带括号的 x_B。

17.3 单位的符号

（1）单位符号一律用正体字母表示。一般都用小写字母；来源于人名时，比如 A，V, Pa, J/mol，第一个字母要大写。

错例 1： 跑完 100M, 我竟然用了 20S。

解析： 此句中的“M”“S”作为单位符号，应用小写字母且为正体，如果表示量符号，则用斜体。

错例 2： 不同的人对电流的敏感度不一样，36v 只是个对绝大多数人都安全的电压，但有些人也会感到麻的。

解析： 来源于人名的单位符号，其字母应该大写，所以改为“36 V”。

（2）单位符号要写在全部数值之后，并与数值间留四分之一汉字的空隙。唯一例外为平面角的单位符号度、分和秒。

错例： 在 1500—2400m 的中等海拔地带，主要种植药用木瓜等经济作物。

解析： 单位符号应与数值间留适当空隙，所以“1500—2400m”改为“1500—2400 m”。

（3）一个量值中只能有一个国际单位制（简称 SI）的单位。但非十进制的法定单位不受此限制，比如六十进制的 1.5 h 可写成 1 h 30 min；3.25° 可写成 3° 15′。

错例： 姚明的身高为 2 m26 cm。

解析： 表示错误，用了两个 SI 单位，可改为“226 cm”或“2.26 m”。

（4）组合单位符号的写法。

①由相乘构成的组合单位：法定符号有两种写法，即居中圆点法和留（或不留）空隙法，任选之；中文符号只有居中圆点法。例如：“牛顿米”法定符号表示为 N · m，N m（或 Nm）；中文符号为牛 · 米。

错例： 如果把 1 公斤牛肉从地上拿起，放到 1 米高的桌子上，那么所做的功是 9.8 牛顿米，也就是 9.8 牛米。

解析： 此处“9.8 牛米”表示错误，应改为“牛 · 米”，或者用其法定符号。

②由相除构成的组合单位：法定符号有三种写法，任选之；中文符号有两种写法，任选之。例如：“千克每立方米”法定符号表示为 kg/m^3、$kg \cdot m^{-3}$、$kg\ m^{-3}$，中文符号为千克 / 米 ^{3}、千克 · 米 $^{-3}$；不能中英文混用，如 km/ 时、t/ 年，应表示为 km/h 或千米 / 时、t/a 或吨 / 年。

错例 1： 根据有关规定，北京市建筑供暖一个冬季的费用标准为 35 元 / 平方米。

解析：“35 元 / 平方米”应改为“35 元每平方米”或“35 元 / 米 ^{2}”。“元每平方米”是单位的名称，“元 / 米 ^{2}”是这个单位的中文符号，而“元 / 平方米”既不是单位名称，也不是单位符号，是错误的。

错例 2： 2015 年 10 月，世界银行更新了全球极端贫困标准，按照 2011 年国际购买力平价，把 1.25 美元 /d 的国际贫困线调整为 1.9 美元 /d。

解析： 组合单位中，中英文不能混用，故“美元 /d”改为“美元 / 天”。

③当一个组合单位的分母中包含两个以上单位时，整个分母一般应加圆括号，且斜线不得多于一条。

错例：全球最贫困国家的贫困线约为 31 美元 / 人 / 月。

解析：此句中的单位写法错误，应改为“31 美元 /（人 · 月）”。

④在一个组合单位中，不得同时使用法定符号和中文符号，例如不能用 g/升、库 /mol；中文符号没有相应法定符号的除外。但摄氏度的法定符号℃可作为中文符号，例如可用瓦 /℃，焦 /℃。

错例：在 1 L 氯化钠溶液中含有氯化钠 150 g，氯化钠溶液的浓度就是 150 g/ 升。

解析：“150 g/ 升”中的“g”为法定符号，“升”为中文符号，混用错误，应改为“克 / 升”或“g/L”。

表 17.1 SI 基本单位

量的名称	单位名称	单位符号
长度	米	m
质量	千克（公斤）	kg
时间	秒	s
电流	安【培】	A
热力学温度	开【尔文】	K
物质的量	摩【尔】	mol
发光强度	坎【德拉】	cd

资料来源:《国际单位制及其应用》（GB 3100—1993）。

注：1. 圆括号中的名称，是它前面的名称的同义词。

2. 无方括号的量的名称与单位名称均为全称。方括号中的字，在不致引起混淆、误解的情况下，可以省略。去掉方括号中的字即为其名称的简称。

3. 本标准所称的符号，除特殊指明外，均指我国法定计量单位中所规定的符号以及国际符号。

4. 人民生活和贸易中，质量习惯称为重量。

表 17.2 可与国际单位制单位并用的我国法定计量单位

量的名称	单位名称	单位符号	与 SI 单位的关系
时间	分	min	1min=60s
	【小】时	h	1h=60min=3600s
	日（天）	d	1d=24h=86400s
【平面】角	度	°	1°=(π/180)rad
	【角】分	′	1′=(1/60)°=(π/10800)rad
	【角】秒	″	1″=(1/60)′=(π/64800)rad
体积	升	L(l)	$1L=1dm^3=10^{-3}m^3$
质量	吨	t	$1t=10^3kg$
	原子质量单位	u	$1u \approx 1.660540 \times 10^{-27}kg$
旋转速度	转每分	r/min	$1r/min=(1/60)s^{-1}$
长度	海里	n mile	1n mile=1852m（只用于航行）
速度	节	kn	1kn=1n mile/h=(1852/3600)m/s（只用于航行）
能	电子伏	eV	$1eV \approx 1.602177 \times 10^{-19}J$
级差	分贝	dB	
线密度	特【克斯】	tex	$1tex=10^{-6}kg/m$
面积	公顷	hm²	$1hm^2=10^4m^2$

资料来源：《国际单位制及其应用》（GB 3100—93）。

注：1. 平面角单位度、分、秒的符号，在组合单位中应采用（°）、（′）、（″）的形式。例如，不用°/s 而用（°）/s。

2. 升的符号中，小写字母 l 为备用符号。

3. 公顷的国际通用符号为 ha。

17.4 公式

社科类学术出版物上公式的使用可参考《物理科学和技术中使用的数学符号》（GB3102.11—1993）中的规定。

17.4.1 行文中的公式

行文中应尽量简化公式，公式最好不要高于行高，或者低于行的底线。如正文中应写成 $a=[(1+b)/x)]^{1/2}$。

17.4.2 单独列出的公式

如果行文中公式单独列出，则一般居中排，且与正文间上下加空 1 行或半行。如公式中出现的三连点（…）不可改为省略号，应上下居中排。

$$a=\sqrt{\frac{1+\mathrm{b}}{x}} \tag{1}$$

17.4.3 公式的编号

如果行文中有许多公式，且需要标明，则应该给公式编序号。如采用分章依序编号的形式则记为“(1-1)”或“(1.1)”，前一数字为章号，后一数字为本章内公式的顺序号，中间用分隔符“-”（短横线）或“.”（下圆点）连接；如全书依序编号则记为“(1)”“(2)”；有多个作者的专题文集宜以单篇文章为单位单独排序，如（1）（2）（3）。全书或全文的公式编号方式应统一，并与插图、表格的编号形式保持一致。

公式序号应排在公式的右侧，齐版心。

示例：

这里，α 是连接正交变量 x^* 和原始变量 x 的常数。可以看出，式（11-16）中的每个自然多项式也可写成正交多项式的线性组合：

$$x=\gamma_{01}+\gamma_{11}x^*$$

$$x^2=\gamma_{02}+\gamma_{12}x^*+\gamma_{22}x_2^*$$

$$\cdots \qquad (11\text{-}17)$$

$$x^k=\gamma_{0k}+\gamma_{1k}x^*+\gamma_{2k}x_2^*+\cdots+\gamma_{kk}x_k^*$$

其中，γ 为常数，则式（11-15）可以写为：

$$y=\beta_0{}^*+\beta_1{}^*x^*+\beta_2{}^*x_2^*+\cdots+\beta_k^*x_k^*+\varepsilon^* \qquad (11\text{-}18)$$

正交多项式回归模型的回归系数 β_j^*（$j=0,1,2,\ldots,k$）与式（11-15）表达的自然多项式回归模型的回归系数 β_j 不同，而且我们对这些回归系数的解释也不相同，但是两个模型的 R^2 和 F 检验是完全相同的。

17.4.4 公式与正文

行文中如果出现需要指称公式时，用公式的序号进行表示，比如“公式（1）表明……”，而不应当使用“上面这个公式……”这样的表述。

17.4.5 公式的回行

公式的长度超过版面 3/4 时可回行，回行从加、减、乘、除等符号处断开，符号应留在上一行。如：

$$\ln\theta=\ln\frac{F_{ij}/F_{ij'}}{F_{i'j}/F_{i'j'}}=\ln\frac{F_{ij}\,F_{i'j}}{F_{ij}\,F_{i'j'}}=\ln F_{ij}+\ln F_{i'j'}-\ln F_{ij'}-\ln F_{i'j}$$

$$=(\mu+\mu_i^R+\mu_j^C+\mu_{ij}^{RC})+(\mu+\mu_{i'}^R+\mu_{j'}^C+\mu_{i'j'}^{RC})-$$

$$(\mu+\mu_i^R+\mu_{j'}^C+\mu_{ij'}^{RC})-(\mu+\mu_{i'}^R+\mu_j^C+\mu_{i'j}^{RC})$$

$$=\mu_{ij}^{RC}+\mu_{i'j'}^{RC}-\mu_{ij'}^{RC}-\mu_{i'j}^{RC}$$

17.4.6 公式中的黑体、斜体及正体

（1）公式中的向量、矢量、矩阵通常用黑体；

$$S(\mathbf{\beta})=\sum_i w_i(y_i-\boldsymbol{x}'_i\boldsymbol{\beta})^2$$

$$=(y_i-x'_i\mathbf{\beta})'\boldsymbol{W}(y_i-x'_i\mathbf{\beta})$$

$$W=\hat{\boldsymbol{\beta}}'_{\mathrm{r}}\boldsymbol{v}^{-1}_{\mathrm{r}}\hat{\boldsymbol{\beta}}_{\mathrm{r}}$$

（2）公式中的变量通常用斜体；

$$\mathrm{BIC}=G^2-df\ln n$$

（3）公式中的常量（比如指数 e）一般用正体。

17.4.7 公式的注释

公式的解释，宜在公式下顶头排，表示与公式是一个整体（如果对公式的解释的第一行缩进两个字，则表示另起一段）。

示例：

$$a_{[ij]}=\sum_{k=1.6}H_k\frac{age_{k[ij]}}{tpop_k}\quad(\mathrm{i=18\ldots69,\ j=1,2,K=1\ldots6})\tag{1}$$

式（1）中，i 为年龄，j 为性别；$a_{[ij]}$ 为样本的某一年龄性别的入选概率；K 为入户选样表中人数；H_k 为总体中入户选样表中人数从 1 到 K 人的户数比例；$age_{k[ij]}$ 是不同人数的入户选样表中某一年龄性别的人数；$tpop_k$ 是不同人数的入户选样表中人数。

第 18 章

专有名词*

专有名词包括特定的某人、某地、机构、作品的中外文名称、译名，由西文字母构成或其中包含西文字母的字母词，以及科学技术名词。

* 本章由编审室组织撰写，执笔人：郭瑞萍、陈荣、梁帆（负责 18.4）。

18.1 人名、地名、机构名

出版物中涉及的人名、地名、机构名、作品名、文件名要表述准确，不要随意使用。可参考《辞海》、《中国地图集》、《世界地图集》、各机构官方网站，外国国名、组织机构名可参考外交部网站。作品名、文件名要核查，应与正式公布的名称一致。

18.1.1　常见人名错用

（破折号后为正确词，下同）

华陀——华佗	貂婵——貂蝉	马端林——马端临
翁同酥——翁同龢	扎尔鼎——扎尔鼐	鲍罗庭——鲍罗廷
牛僧儒——牛僧孺	茅以轼——茅于轼	于佑任——于右任
梁士治——梁士诒	夏丐尊——夏丏尊	竺可祯——竺可桢
陈士渠——陈士榘	沈均儒——沈钧儒	

18.1.2　常见地名错用

颖水——颍水	歧州——岐州	荣阳——荥阳
灵壁——灵璧	荷泽——菏泽	大坂——大阪
图门江——图们江	罗宵山——罗霄山	
满州里——满洲里	雷锋塔——雷峰塔	
广州黄埔区 / 上海黄浦江	山西盂县 / 河南孟县	

18.1.3　常见作品名、文件名错用

《管锥篇》——《管锥编》　　《毂梁传》——《穀梁传》

《梦粱录》——《梦粱录》　　《蒲仙戏》——《莆仙戏》

《尚书·金滕》——《尚书·金縢》　　《故事新篇》——《故事新编》

《生化武器公约》——《禁止化学武器公约》

《老年人权益保护法》——《老年人权益保障法》

《未成年人保障法》——《未成年人保护法》

《非物质文化遗产保护公约》——《保护非物质文化遗产国际公约》

18.1.4　常见组织机构名错用

中央编译局出版社——中央编译出版社

上海社会科学出版社——上海社会科学院出版社

中共中央文献出版社——中央文献出版社

世界经济贸易组织——世界贸易组织

吉尔吉斯斯坦共和国——吉尔吉斯共和国

联合国规划署——联合国环境规划署

联合国计划开发署——联合国开发计划署

18.2
字母词

学术出版物中字母词的使用应注意：社会公众或某一领域所共识的、定型的通用字母词可以直接使用，如 CCTV、B 超、pH 值。某一学科所共识的、定型的专业字母词，能译成中文的，应括注中文术语，如 GPS（全球定位系统）。单

位或个人自行采用，未得到共识也未定型的字母词，不提倡使用。

对于字母词较多且前后文互相参引也较多的书稿，应在适当位置列出“英汉术语对照表”，以便查询。

常见字母词举例

GDP（国内生产总值）

GNP（国民生产总值）

CPI（居民消费价格指数）

CIP（图书在版编目）

CNNIC（中国互联网络信息中心）

APEC（亚洲太平洋经济合作组织）

WTO（世界贸易组织）

WHO（世界卫生组织）

OPEC（石油输出国组织）

OECD（经济合作与发展组织）

18.3 科技名词

出版物中涉及科技名词时要注意：一本书中，在不同专业或领域内，可以对含义相同的名词术语有不同的称谓，即“名从主人”；全国科学技术名词审定委员会定名的术语中的用字如果与国家公布的规范汉字相冲突，应以规范汉字为准；整部书稿中相关名词术语前后统一。

查询规范科技名词的途径有：登录全国科学技术名词审定委员会网站；利用高等教育出版社出版的《全国科学技术名词审定委员会公布名词》光盘；《中国科

技术语》杂志每期刊登新审定公布的名词；“术语中国”公众号、“术语在线”服务平台。

常见规范科技名词举例

（破折号后为规范的科技名词）

噪音——噪声	几率——概率	荷尔蒙——激素
莱塞——激光	电位——电势	海流——洋流
电流强度——电流	剖腹产——剖宫产	超音速——超声速
红血球——红细胞	白血球——白细胞	抗菌素——抗生素
维他命——维生素	牛皮癣——银屑病	麦粒肿——睑腺炎
心肌梗塞——心肌梗死	惰性气体——稀有气体	
大脑皮层——大脑皮质	国际日期变更线——日界线	
格林威治——格林尼治		

18.4 常见英文缩写

学术出版物中经常会看到大量英文缩写，本部分提供常见英文缩写的释义。

英文缩写	全称	中文	解释
abbr.	abbreviation	简写 / 缩写	
adj.	adjective	形容词	
adv.	adverb	副词	
art.	article	文章	
b.	born	生于	
BA (B.A.)	bachelor of Arts	（文科）本科学位	注意“B”和“A”大写，而且“Arts”是复数

续表

英文缩写	全称	中文	解释
bk.	book	图书	
BS (B.S.)	Bachelor of Science	（理科）本科学位	注意“B”和“S”大写，“Science”是单数。
c. (ca.)	circa (or around)	大约	用于时间
cap.	Capital，capitalize	大写	用于强调或修订
cf.	compare	与……进行比较	不同于“see”，或“见”
ch. (chap.)	chapter	章	
def.	definition	定义	
dept.	department	系 / 部门	
dict.	dictionary	字典 / 词典	
diss.	dissertation	博士学位论文	一般硕士论文称为“thesis”
distr.	distributor，distributed by	发行商，由 × × 发行	
div.	division	部 / 部门	
DOI	Digital Object Identifier	数字对象唯一标识符	
doc.	document	文件	
DPI	dots per inch	每英寸点数	
ed.	edited by	编（一个编者）	
eds.	edited by	遍（两个或更多编者）	
edn	edition	印刷版次	
e.g.	for example	比如	
encyc.	encyclopedia	百科全书	
esp.	especially	尤其是	
et al.	and others	等（只用于省略作者或编者）	放在第一作者名之后用于省略其他作者名，注意不要和“etc”混淆。

续表

英文缩写	全称	中文	解释
etc.	et cetera	等	在列举同类项时表达省略，在学术写作行文当中最好用“and so forth”。
ex.	example	例子	
e.g.	for example	比如说	
fig.	figure	图	
fr.	from	从	
fwd.	foreword	前言	注意不要和“forward”（“朝前的”）混淆
gov.	government	政府	
govt.	government	政府	
hist.	history	历史 / 历史学	
HTML	Hypertext markup language		
http	hypertext transfer protocol		
i.e.	that is	也就是说	与后面解释性文字之间必须用逗号隔开
illus.	illustrator, illustration, illustrated by	绘制人，绘图，由 ×× 绘制	
inc.	including	包括	
inst.	Institute, institution	学院 / 院	
intl.	international	国际	
JD	Doctor of Law	法律专业学位	有别于“法学博士”(Ph.D. in Law)
keyword		关键词	这是一个词
LC	library of Congress	（美国）国会图书馆	
ltd.	limited	有限	主要用于公司名
MA	Master of Arts	（文科）硕士学位	注意“M”和“A”大写，“Arts”是复数。

续表

英文缩写	全称	中文	解释
MD	Doctor of Medicine	临床医学专业学位	在不同国家的学位系统中所指会略有不同。
misc.	miscellaneous	琐碎事项	不可归入正式类别的事物的统称
MS	Master of Science		注意“M”和“S”大写，“Science”是单数。注意该词出现的语境。医学上该缩写有其他意思。
n.d.	no date of publication	无出版日期	
no.	number	第 × × 期	除非出现在所有字母全部大写的语境当中只会首字母大写：“No”
n.p.	no place of publication, no publisher	无出版机构地点，无出版机构	
OED	Oxford English Dictionary	《牛津大辞典》	
p.	page	第 × 页	适用于一页
par.	paragraph	自然段	
PDF	Portable Document Format		
POD	Print on Demand	按需印刷	
Ph.D. (or PhD)	Doctor of Philosophy	博士学位	不可被理解为“哲学博士”
pp.	pages	× ×－× × 页	仅适用于两页及以上
PPI	Pixel per Inch	像素密度	
pt.	part	篇	
Ref.	references	参考文献 / 图书	
sec.	section	节	
trans. (tr.)	translator, translated by	译者，由 × × 翻译	
univ.	university	大学	

续表

英文缩写	全称	中文	解释
UP	university press	大学出版社	仅用于出现在引文注释中的出版社名称
URL	Uniform Resource Locator	统一资源定位符	
usu.	usually	一般来说	
vol.	volume	卷、册	
vs. (v.)	versus	相对于××来说	
www	World Wide Web	互联网	缩写是全小写
&	and	逻辑符号，表示“与”	在行文中不可随意用它替代“and”，固定搭配例外，如“R&D”，“M&A”，“Bill & Melinda Gates Foundation”

SSAP
—
手册系列
I

作者
手册

第 5 部分

表格、插图和地图

在现代学术出版中，表格和插图已经普遍使用，也通常有一定的规范。一般情况下，当要表达的内容是数字、重点是个体数据以及精确的数据更加重要时，通常采用表格；当表达的内容是形状（趋势）、重点是总体模式以及精确的数据不那么重要时，通常采用插图。

第 19 章

表格*

表格（table）可以直观呈现和比较多种数据，或者数据之间的关系，具有简明、系统、一目了然的特征。表格因表达要求、与正文的关系以及编排因素，需要遵循一定的规范。

* 本章执笔人：童根兴、杨桂凤。王学英参与审校工作并贡献部分例子。

19.1
表格的结构

表格是以一定的逻辑排列单元格，用以显示数据、事物的分类及体现事物间关系等的表达形式，以便直观、快速地比较和引用分析。

表格一般由表题（表号＋表名）、表头、表身和表注构成。表头和表身构成表格的主体，一般包含行和栏。一般称横线为行线，称竖线为栏线，表头与表身之间的线称为表头线，将表格四周边线称为表框线，表框线包括顶线、底线和墙线。

表号（table number）：表格的序号。

表名（table title）：表格的名称。

表头（table header）：对表格各行和各列单元格内容进行概括和提示的栏目，包括横表头和纵表头。

横表头（column head）：横向排列的概括和提示各列单元格内容的表头，通常处于表格的第一行。

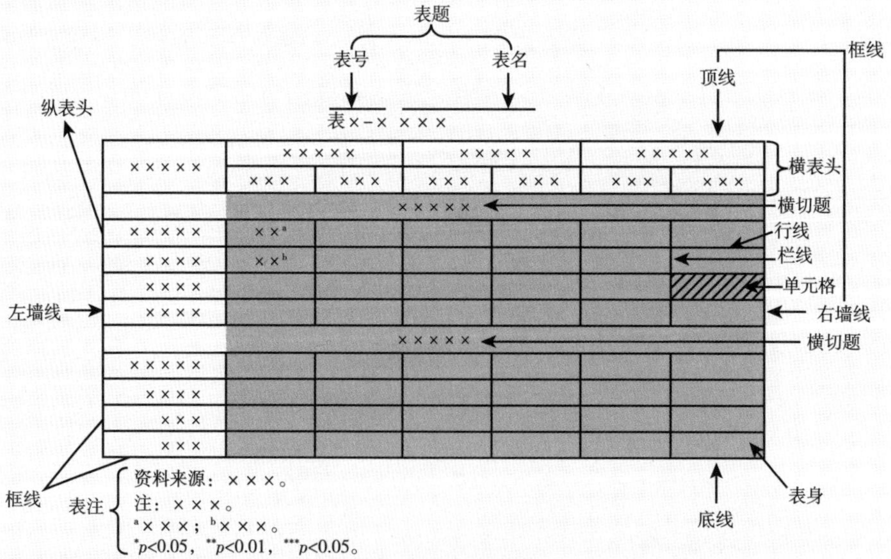

图19.1 表格组成各要素

纵表头（row head）：纵向排列的概括和提示各行单元格内容的表头，通常位于表格的第一列。

表身（table body）：表头之外的单元格总体。

表注（table note）：对表格或表格中某些内容加以注释或说明的文字。

单元格（cell）：表格中行与列相交的部分。

正线（thin line）：表格上下框线之间的线，也称细线。

反线（bold line）：表格上下框线，也称粗线。

19.2 表格的类型

表格分全线表、省线表和无线表三类。

19.2.1　全线表

全线表是表格外框有表框线、表项之间有行线和栏线的表格（见图 19.2a）。全线表比较紧凑，但会比较沉闷，视觉效果不好，实际中很少使用。

19.2.2　省线表

省线表是省略一部分线条（比如墙线或部分行线、栏线）的表格（见图 19.2b）。作为省线表的特例，三线表是只保留顶线、横表头线和底线的省线表（见图 19.2c）。

省线表的版面较为疏朗、轻松。通栏排的表格常排成无墙线的省线表，以版口代替墙线。同时，栏线、表头以外的行线也可以省略，但以不影响表格内各项目之间关系的准确表达为度，同时也要考虑美观的效果。社会学、统计学等专业类书籍宜采用三线表。

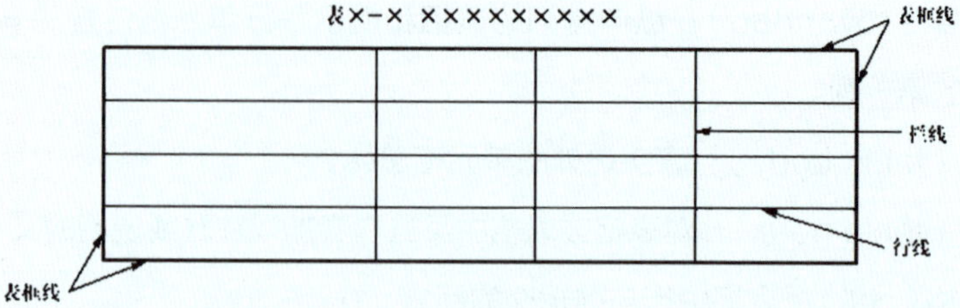

（a）全线表

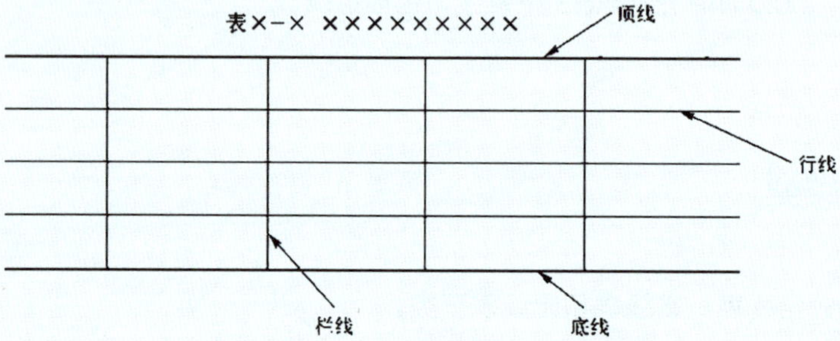

（b）省线表

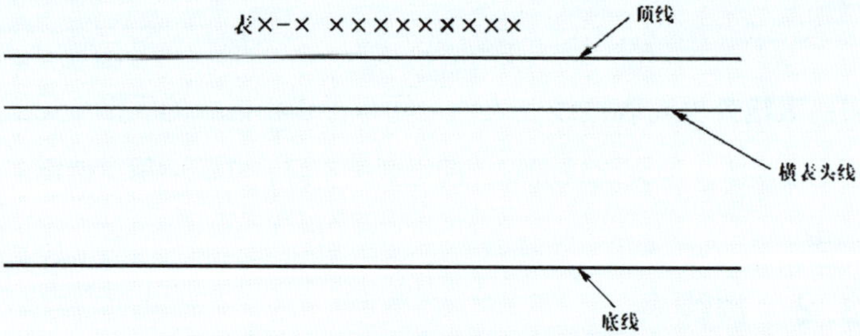

（c）三线表

表×-× ×××配方

试剂名称	用 量
酵母提取物	0.5 g
胰蛋白胨	1 g
NaCl	1 g
dH_2O	100 m

（d）无线表

图 19.2 表格的类型

19.2.3 无线表

无线表是无框线、行线和栏线的表格（见图 19.2d）。

无线表的版面疏朗，但各项目之间的对应关系不够清晰。一般用于项目数量较少的表格。

19.3 表格提交

表格的制作因各种软件的流行变得简便快捷，提交给出版社的稿件也通常为电子版。实践中，这种状况在带来便利的同时，也存在一些问题。比如，电子版表格的颜色过于丰富，但由于后期印制往往是黑白的，这会导致某些颜色丰富的图表中信息丢失。无论作者还是编辑，在对待表格时要考虑到这些因素。另外，扫描表格时，其中图像、数据易失真需后期校对，这一点也需要注意。

19.4 表格各要素

19.4.1 表题

表格应有表题。表题由表号和表名组成，表号与表名之间宜空一格，应置于表的正上方。如表题过长，应在可停顿处转行，转行的文字居中，题末不加标点，宜用小五号黑体。

19.4.1.1 表号

表格应有表号并在文中明确提及。

表格应全文依序编号或分章依序编号。

全文依序编号，方式如“表 1”“表 2”。

分章依序编号，方式如“表 1-1”或“表 1.1”，前一数字为章号，后一数字为本章内的顺序号，中间用分隔符“-”（短横线）或“.”（下圆点）连接。

只有一个表格时仍应给出表号。或统一依序编号，如“表 1”；或分章依序编号，如“表 1-1”或“表 1.1”。

如果一部专著中表格不多，表号可从头至尾统编。

全书或全文表格编号方式应统一。

表格编号方式应与文中插图、公式的编号方式一致。

论文宜全文依序编号，图书宜分章依序编号。

附录中的表号，通常为“A.1”“A.2”或“附表 1”“附表 2”或“附表 1-1”“附表 1-2”。

19.4.1.2 表名

表格宜有表名。表名应简洁凝练，多为名词词组或者并列词组，客观、中立地表述表的总体内容，不暗含表中数据的解释信息。基于调查问卷编制的表格，不宜使用问卷题目直接作为表名。

表名中如果有重要的解释性信息，应用括号附在表名后面；更详细的信息应在表注中进行说明；表名中不应出现“表”字。

示例：

表 10-1 城镇贫困人口的地区与阶层分布（*N*=6780）

表 11-5 1960~2000 年美国各种族及亚裔各民族的劳动参与率（21~64 岁美国人）

19.4.2 表头

19.4.2.1 基本要求

表格宜有表头，表头应准确、简洁。表头有单层和多层之分；当表头为多层时，在排版和编辑时需要注意多层级表头之间的从属关系。表头用字一般与表题相同或者稍小、稍轻，但不能大于或者重于表题。表头如为数值范围，应精确，不可重叠和遗漏。

表 4-4 2010 年、2013 年不同个人年收入受访者的一般信任情况

单位：%

个人年收入	2010 年		2013 年	
	值得信任	需要小心	值得信任	需要小心
< 15000	42.08	57.92	51.55	48.45
[15000,30000)	38.52	61.48	48.08	51.92
[30000,50000)	39.22	60.78	48.52	51.48
[50000,100000)	43.72	56.28	49.73	50.27
≥ 100000	56.58	43.42	50.00	50.00

图 19.3 表头示例

19.4.2.2 表头中的斜线

表头中不宜使用斜线，见图 19.4a、b，图 a 宜改为图 b。

类型 尺寸	A	B	C	D

（a）

尺寸	类型			
	A	B	C	D

（b）

图 19.4 表头中斜线示例

19.4.2.3 横表头要求

由于表格中的空间限制，横表头应尽可能简短，可用缩写词，如百分比可直接用 % 表示，但各表之间应当保持一致。横表头的层级不宜超过两级。

19.4.2.4 纵表头要求

如果第一列的所有项目都是相似的信息，则通常这一列会有表头，如“变量”“年份”“类别”等，以概括下面的项目。但如果纵表头所列的是一些本身能够自我解释的短语，或者类型太不相似，则该列的表头可以省略。

表头排版时通常左对齐，但若有第二、第三层级时，注意依次缩进一格，以示区别。

19.4.3 表身

19.4.3.1 总体要求

表身用字应比表头稍小或者稍轻，不可大于或者重于表头，且要选用比较适合阅读的字体，不宜用黑体字。

应用横切题来对表中不同类别的数据予以区分。横切题应放在横表头下，居中排在数据上方（见图 19.5）。

“总计”上方宜加一条横线，或前缩两字，或使用不同字体，有关数据应上下对齐。

19.4.3.2 单元格中的项目

（1）对齐：单元格中的数值宜以个位数对齐或小数点对齐排，可居中排，也可顶格排。

（2）纯小数：一般原则为小数点前面的“0”应予以显示。在心理学、社会学、统计学专业中，如表中统计量的取值的绝对值永远不可能超过 1，则也可不

表 9－5　1994 年美国成年女性的收入决定因素模型，多种设计假设（*N*=1015）

	教育			黑人			交互项			截距	R^2
	b	*s.e.*	*p*	*b*	*s.e.*	*p*	*b*	*s.e.*	*p*	*b*	
Ⅰ. 简单随机样本假设											
模型 1	2736	193	0.000							18644	0.1650
模型 2	2739	194	0.000	260	1421	0.855				18607	0.1650
模型 3	2548	205	0.000	−10	1419	0.994	1755	621	0.005	18747	0.1716
Ⅱ. 加权随机样本假设											
模型 1	2643	276	0.000							18173	0.1559
模型 2	2656	282	0.000	1257	1907	0.510				18001	0.1565
模型 3	2419	247	0.000	892	1710	0.602	2225	1434	0.121	18156	0.1670
Ⅲ. 加权和整群样本假设											
模型 1	2643	326	0.000							18173	0.1559
模型 2	2656	338	0.000	1257	1772	0.480				18001	0.1565
模型 3	2419	269	0.000	892	1639	0.588	2225	1117	0.049	18156	0.1670
模型比较（模型 3 vs. 模型 1）											
	d. f.（1）	*d. f.*（2）		*F*	*p*						
Ⅰ.	2	1011		4.01	0.0184						
Ⅱ.	2	1011		1.22	0.2951						
Ⅲ.	2	98		2.14	0.1212						

注：*b* 是净回归系数；*s.e.* 是系数的标准误；*p* 是相关概率；*d. f.*（1）和 *d. f.*（2）是分子和分母的自由度；*F* 是模型之间比较的 *F* 统计量的数值。

图 19.5　有横切题的表

必在小数点前加“0”，但应全书统一。

（3）表格中数值修约应符合 GB8170-87 的规定，且全书一致。

（4）如果单元格中是文字，为分清层次，宜首行缩一格，转行顶格排，结尾处不用句号。

（5）表格单元格中的数值、文字、符号等应一行（一段）对正；如果相邻单元格中的数值、文字、符号等相同，则可将单元格扩展，形成通用单元格。

（6）表格为示意表，中间数值与上下、左右数值类似，则可省略，用三点表示（见图 19.6）。

表 4－1　如何管理数据的说明

变量名	身份识别号（*IDNO*）				性别（*SEX*）	年龄（*AGE*）			政策（*POLICY*）
变量数	1				2	3		…	257
序列号	1	2	3	4	5	6	7	…	422
1	0	0	0	1	1	2	7	…	4
2	0	0	0	2	2	4	1	…	1
3	0	0	0	3	2	–	1	…	9
⋮	⋮	⋮	⋮	⋮	⋮	⋮	⋮	…	⋮
1690	1	6	0	9	1	5	3	…	5

图 19.6　省略表格中数值的表

19.4.3.3　单元格中的空白

（1）不适用：如果单元格中数据不适用（not applicable），则保留空白。

（2）无法获得：如果单元格中数据属于无法获得（not available）的情况，则用一字线“一”填充。如有特别需要，应在表注中说明数据空缺的原因。

19.4.3.4　表格的单位

（1）表格中只有两种及以下单位，并且相互之间可以明确辨别，则单位宜放置在表格的右上方，并用“单位：”等标识，两种单位间用逗号分隔。

（2）表格中有三种及以上单位，则可明确标在横表头或者纵表头中，并用括号括住。

（3）表格中出现的量、单位和符号应符合相关的规定，并与正文一致。

表×－×　16~35岁北京青年就业人员的地域来源

单位：%

职 业	户籍所在地		毕业院校		出生地	
	北京	外地	北京	外地	北京	外地
管理人员	39.1	60.9	45.1	54.9	19.1	80.9
专业技术人员	44.0	56.0	44.1	55.9	17.5	82.5
办事人员	55.7	44.3	54.9	45.1	17.4	82.6
蓝领工人	38.6	61.4	43.7	56.3	34.7	65.3
农民	91.2	8.8	64.2	35.8	85.0	15.0

（a）一个单位

表×－×　2012~2016年中国智能可穿戴设备市场交易规模和增长率统计和预测

单位：亿元，%

年份	交易规模	增长率	年份	交易规模	增长率
2012	5.0	—	2015	135.6	516
2013	9.0	80	2016	228.0	68
2014	22.0	144			

（b）两个单位

表×－×　营养补充计划（SNAP）的参与率与费用

财政年度	平均参与人数（千人）	人均受益额度（美元）	受益总额（百万美元）
2007	26316	96.18	30373.27
2008	28223	102.19	34608.40
2009	33490	125.31	50359.92
2010	40302	133.79	64702.16
2011	44709	133.85	71810.92
2012	46609	133.41	74619.34
2013	47636	133.07	76066.32
2014	46536	125.35	69999.81

（c）三个及以上单位

图19.7　表格的单位标注

19.4.3.5 单元格中包含两个数据

有些情况下，一个单元格中包含两个数据，其中一个数据用括号括起。在这个时候，需要在表名或纵表头中进行标注，或者在表注中进行说明。

示例： 表 7-4 在控制了受教育年限后，预测各出生年份的人的识字水平模型 4、5 和 7 的系数（括号中为 p 值）

19.4.4 表注

表格应有表注，说明表格及表中资料来源和表格相关信息。表注有资料来源注、全表注、具体内容注和概率注等类型。

19.4.4.1 表注的分类

（1）资料来源注（source notes）：主要注明表格资料、数据的来源以及表格本身的出处。通常以“资料来源”引出。

（2）全表注（general note）：其他对表格整体情况的说明，比如对数据处理的说明。通常用“注：”引出；有多项内容时，宜用（1）（2）（3）予以编号说明。

（3）具体内容注（specific note）：是对表格中特定行、列以及单元格中数据的说明，以注码引出，且应与表格中对应注码一致。

（4）概率注（probability note）：是具体内容注的一种，仅适用于需要标明显著性水平的统计性表格。p 应为小写，且用斜体。通常的方式是：$^{*}p<0.05$, $^{**}p<0.01$, $^{***}p<0.001$。如果需要标注双尾检验（two-tailed）还是单尾检验（one-tailed），则标注方式为：$^{*}p<0.05$, 双尾检验；$^{**}p<0.01$, 双尾检验。如果在同一张表格中同时需要注明单尾检验和双尾检验，则标注符号可用其他符号替代：$^{*}p<0.05$, 双尾检验；$^{**}p<0.01$, 双尾检验；$^{\prime}p<0.05$, 单尾检验；$^{\prime\prime}p<0.01$, 单尾检验。

19.4.4.2 表注的排版

（1）注文一般排在表格的左下方，有时候也可以排在表格最后一行的备注栏内，不可与正文注释混同编排。表注的文字一般等于或者小于和轻于表身文字，宜用六号宋体。

（2）表注的顺序，通常按照“资料来源注”“全表注”“具体内容注”“概率注”的顺序编排。

（3）对于某个特定注释，注释符号通常用星号（* **）、数字（1 2）、小写字母（比如，a,b,c）或者其他符号表示。采用何种方式，应视表格中的内容而定，但无论采取何种方式，都应该全书统一。

（4）注号编排的顺序是从左到右、从上到下，起始点在左上角。

表 5.2　个体层面变量均值、标准和相关系数矩阵（*n*=260）

变量	均值	标准差	1	2	3	4
1. 性别[a]	1.23	0.43				
2. 年龄	28.32	0.62	-0.04			
3. 学历[b]	2.21	0.79	-0.02	0.36**		
4. 员工创造力	3.52	0.85	-0.07	-0.11	-0.10	
5. 权力距离	2.68	1.11	0.01	0.19**	0.13*	-0.03*

资料来源：刘松博《后英雄式领导》，北京：社会科学文献出版社，2014。

注：本次调查共涉及 80 个 R & D 团队，回收后剔除信息不完整的问卷，有效员工问卷共 260 份和领导问卷共 70 份。

[a] 性别：（1）男，（2）女；[b] 教育程度：（1）大专或大专以下，（2）本科，（3）硕士，（4）博士。

$*p < 0.05$，$**p < 0.01$。

图 19.8　三线表以及表注编排

19.5 表格的内容

（1）表格内容应与正文有直接关联。

（2）表格应有自明性。

（3）表格中的数据应准确无误。表中有总计的，应加总为100%，如需四舍五入，数据应在99.5%~100.5%。

（4）表格中连续数的分组应科学，不得重叠和遗漏。

（5）表格中的术语、数值、符号等应与行文以及其他表格表述相一致。

（6）表格中的量和单位的名称、符号及书写规则应符合GB 3100、GB 3101和GB 3102的规定。

（7）表格中的科学技术名词应符合CY/T 119的规定。

19.6 表格与行文

19.6.1 总体要求

表格应按先见文内表号、后见表格本身的原则编排，应紧跟在“见表 **”文字出现段落的后面，宜排在一面上，不可跨节。

表格旁空白较多时，可串排正文。

19.6.2 正文中讨论表格

在讨论时，还应注意以下两点。

（1）正文不可复制表格的内容，应讨论表格中的重点，对表格中的内容有所补充和支持。

（2）正文表述时应与表格单元格中的数据、文字、符号等一致。

19.6.3 正文中引用表格

正文内避免使用“从上表可见”之类的文字，应用“从表 1-1 可见”，或“(见表 1-1)”。正文中所使用的符号、单位等应与表中一致。

示例：

表 10-4 是基于不同贫困线计算的各种贫困程度指数（3643 户 13455 人）。从表 10-4 中可以看到，第一，中国农村的贫困程度仍然是比较高的。

第三，农村收入贫困对贫困线的变化有一定的敏感性，各种指数都随着贫困线的提高而增长（见表 10-5）。

19.7 表格的编排

19.7.1 基本要求

（1）编排表格时不可丢失原有表的信息、不可使阅读更加繁复，以阅读便利为第一、节省版面为第二。

（2）全书或全文所用表格类型应统一，表题、表头、表身、表注的字体、字号以及格式应前后一致。

（3）反线（粗线）用作表格框线，正线（细线）用于表身，双细线用于表格转行标志，基本要求见图 19.9。

（4）表格不宜截断行文段落，不宜跨节编排。如表格过长，应在可分段处分割；但专业要求必须排在一面的表，不可拆开排在两面上（见图 19.10）。

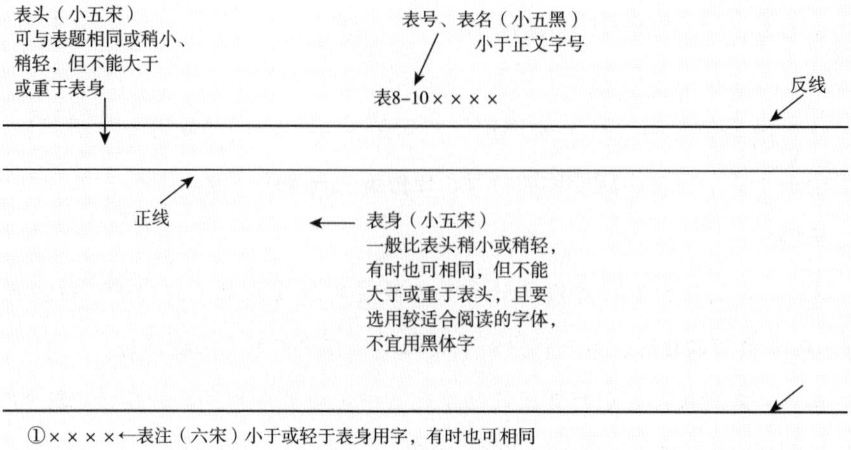

图 19.9 表格编排要求

表 3 压力性生活事件与各变量的相关系数（*r*）

	M	*SD*	1	2	3	4	5
1. 基本需求压力事件	3.35	0.92	1				
2. 归属需求压力事件	3.93	1.12	0.65**	1			
3. 生活满意度	4.14	1.20	−0.21**	−0.14**	1		
4. 正向情绪	3.40	0.61	−0.09*	−0.10*	0.39**	1	
5. 负向情绪	2.18	0.60	0.14**	0.16**	−0.25**	−0.44**	1
6. 中庸思维	4.04	0.79	0.05	0.01	0.06	0.20**	−0.15**

$^{*}p < 0.05$，$^{**}p < 0.01$。

图 19.10 不可拆分的表

19.7.2 表格版式的处理方法

19.7.2.1 竖切横并

也称长表转栏，即表格的行较多、列较少，为节省版面及美观，应将表格纵向切断，切下的下段放在右边，形成左右叠合表。转栏后两栏中间应用双细线分隔，并在转栏后的表上加纵表头（见图 19.11）。

表5.2 ×××

A	B
1	
2	
3	
4	
5	
6	
7	

表5.2 ×××

A	B	A	B
1		5	
2		6	
3		7	
4			

图19.11 竖切横并示意

19.7.2.2 横切纵并

也称上下叠合，指表格的行较少、列较多，为节省版面及美观，应将表格横向拆开，拆下的右段放在下边，形成上下叠合表。上段与下段之间应用双细线隔开，并在下段的表上加上纵表头。

表5.1 ×××

M	1	2	3	4	5	6	7	8	9	10	11	12
A												
B												

表5.1 ×××

M	1	2	3	4	5	6
A						
B						
M	7	8	9	10	11	12
A						
B						

图19.12 横切纵并示意

19.7.2.3 跨页并合

当表格的列、行都很多，且需将表格保持在同一视面时，要跨两面接排，可排成从双码页跨至单码页（也称双跨单）的形式，做成和合表。表题应置于两面正中，表注也应跨排，所有行应对齐（如为有序码的表注，也可各自分排在两面上，不跨面排）。如有栏线，应放在单页码表的起手处（见图19.13）。

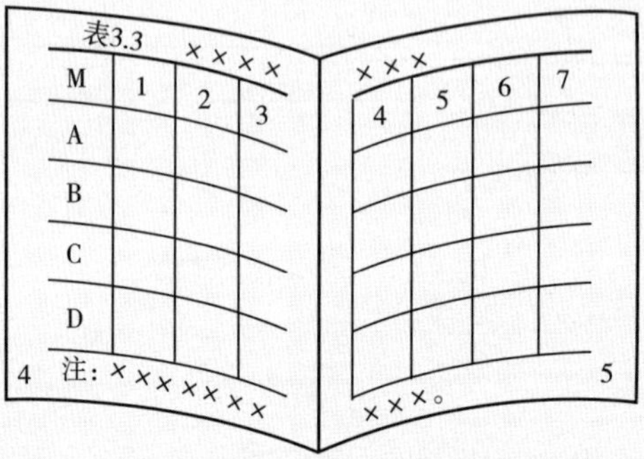

图19.13 表格跨页并合示意

19.7.2.4 换页接排

表格行很多，一面不能排下，这时应采用换页接排的方法处理。但不必从双码页开始，续表排版时，上一页的最下端、下一页的最上端都应用正线，只有表格开始时的最上端（顶线）及表格结束时的最下端（底线）用反线；续表上应加排表头，在右上方标注“续表”二字，宜用小五号宋体，后空一字。

19.7.2.5 卧排

表格列太多，超出版心，应将表格卧排处理（占一面）。卧排表应“顶左底右”，即逆时针转90度。卧排时，双页码表头冲切口，单页码表头冲订口。

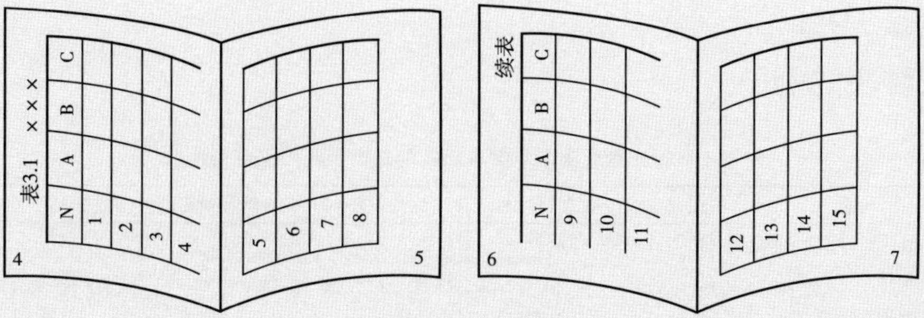

图 19.14　卧排示意

19.7.2.6　折叠处理

表格尺寸大于页面的统计表等表格，不适合做成上述形式的，应做成折叠页（插页表），折叠页不计入页码，但应在折叠页前一页与表相关的文字后写上“（后有插页表）”字样。

19.8
表格编辑中注意事项

（1）表格是否必要?

（2）是否已经遵循“先见文后见表”的原则安排表格的位置？

（3）表格与正文联系是否紧密，是否需要附录光盘或者在线呈现?

（4）表题是否简洁明了，与正文、表身、表注是否一致?

（5）表是否缺漏单位，或所标单位是否正确?

（6）表格中数据是否准确，表述是否与正文一致?

（7）注释的顺序是否妥当?

（8）表格来源是否注明?

（9）是否有排版错误?

附录19.1
几种表的例子

附表1　社会质量测量中参与比较的国家及其数据可用情况

国　家	经合组织成员	数据可用性	国　家	经合组织成员	数据可用性
阿根廷	否	部分	日本	是	完整
澳大利亚	是	完整	韩国	是	完整
奥地利	是	完整	卢森堡	是	完整
比利时	是	完整	墨西哥	是	完整
巴西	否	部分	荷兰	是	完整
加拿大	是	部分	新西兰	是	部分
中国	否	部分	挪威	是	部分
捷克共和国	是	完整	波兰	是	完整
丹麦	是	完整	葡萄牙	是	完整
芬兰	是	完整	斯洛伐克共和国	是	完整
法国	是	完整	西班牙	是	完整
德国	是	完整	瑞典	是	完整
希腊	是	完整	瑞士	是	完整
匈牙利	是	完整	泰国	否	部分
冰岛	是	部分	土耳其	是	完整
爱尔兰	是	完整	英国	是	完整
意大利	是	完整	美国	是	完整

图19.15　竖切横并的表

附表2　6个东亚社会公共和社会支出占GDP的百分比（1980年、1990年和2000年）

	中国大陆			日　本			韩　国		
	1980年	1990年	2000年	1980年	1990年	1998年	1980年	1990年	2000年
公共支出占GDP的百分比	26.8	15.3	17.8	17.8	15.7	16.3	17.4	16.2	24.5
社会支出占GDP的百分比	3.7	4.3	3.3	10.12	10.8	14.66	4.5	5.2	9.0
	中国香港			新 加 坡			中国台湾		
	1980年	1990年	2000年	1980年	1990年	2000年	1980年	1990年	2000年
公共支出占GDP的百分比	15.6	16.3	20.6	20.0	21.4	18.9	14.2	21.4	32.9
社会支出占GDP的百分比	7.7	9.0	13.7	5.8	7.0	7.7	3.8	6.8	13.1

资料来源：United Nations ESCAP, 2005; World Bank, 2002; OECD, 2001; Directorate General of Budget, Accounting and Statistics, Executive Yuan, 2003。

图19.16　横切纵并的表

第 20 章

插图*

在学术著作中，插图经常被用来辅助说明正文的内容，以便于读者进一步理解正文的叙述。为了便于信息交流，在印刷物以及数字出版中，使用插图需要遵循一定的规范。

* 本章执笔人：童根兴、王学英，参考了《学术出版规范　插图》中部分内容。

20.1 插图的结构

以文字为主的书刊版面中所附的图称为插图（illustrations 或 figures），它是正文叙述内容的形象说明，用以配合说明文字内容，可以弥补文字表述的不足。

插图一般由图题（图号、图名）、图（含图例）、图注构成（参见图 20.1，图 20.2，图 20.3）。

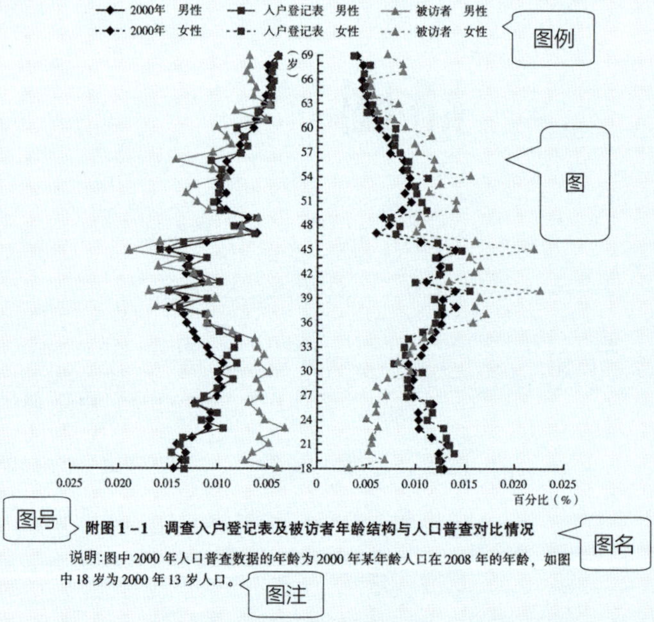

图 20.1 插图的结构

说明：图片来源于李培林《当代中国民生》，北京：社会科学文献出版社，2013，第 306 页。图中框图示例为笔者所加。

20.2 插图的类型

20.2.1 连续色调图与线条图

插图按本身性质分为连续色调图和线条图。

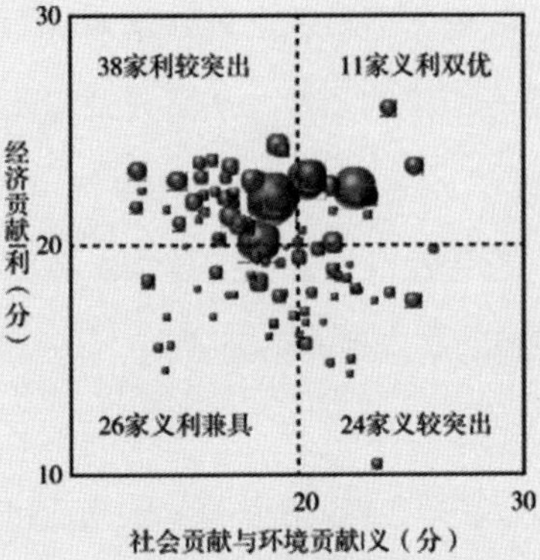

（a）散点图

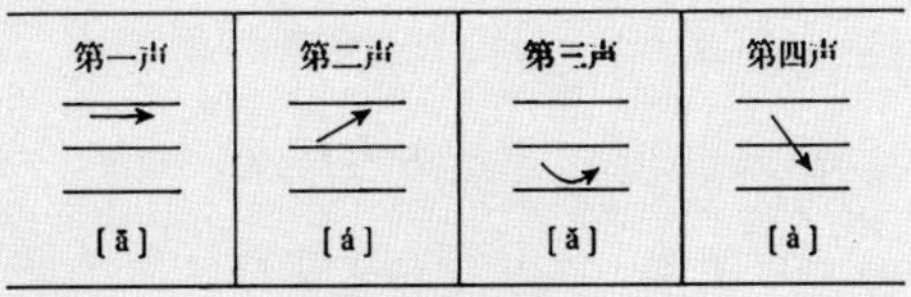

图 1 汉语的四声

（b）示意图

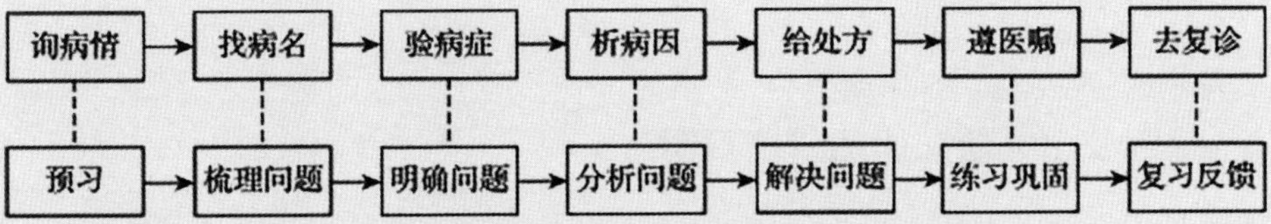

图 1 “七步走”“就诊式”教学模式的操作步骤

（c）流程图

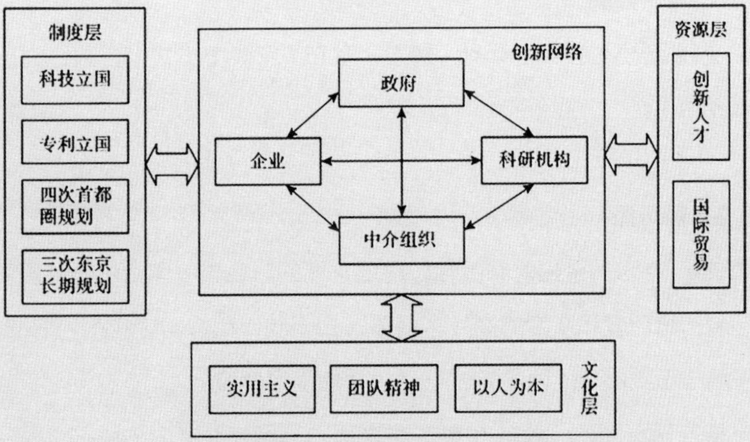

图 1 东京创新型城市建设模式：混合型

（d）框图

图 20.2 线条图示例

（1）连续色调图（continuous-tone art）又有单色和彩色之分。例如：素描、国画、水彩画、水粉画、油画等，主要特点是：原稿的图像，从高光到暗调部分以连续密度形成浓淡层次。

半色调（halftone）又称中间色调、灰度级，它是反映图像亮度层次、黑白对比变化的技术指标。半色调的值是用网点大小或疏密来表现的画面阶调。

普通图书要求作者提供的图片像素在250dpi~300dpi。

（2）线条图（line art）。指在白色的背景上仅仅由单色构成的图案，没有灰网（gray screens）。比如，由直线和曲线构成的图形，还包括由黑白色块或者点构成的图形。线条图有可能黑白印刷，也有可能彩色印刷。各种柱状图、饼图、流程图、散点图等都被视为线条图。

20.2.2 随文插图和插页图

插图按与正文的关系分为随文插图和插页图。

20.2.2.1 随文插图

无论是线条图还是半色调图，如果是散布/点缀在正文中，则称为随文插图（text figures）。

20.2.2.2 插页图

插页图（plate）是指对制版和印刷要求高的彩色或者黑白色照片图，以及一些人工绘制的有色度和灰度的图片集合体。由于制作和印刷这些图片的成本较高，因而要采用与正文部分不同的方式处理，才能确保质量。

（1）随文插页图。一般放在第二章之后，插图与正文的关系不紧密，单独成页，通常用铜版纸单独印刷，也可用正文用纸印刷。

（2）书前插页图。放在文前，通常与正文的内容关系不太密切，不编页码。

（3）书后插页图。放在文后，通常与正文的内容关系不密切，不编页码。

（4）多页插页图的集合称为插页图集（galleries）。

20.3 插图使用的基本原则

（1）插图应具有很强的信息价值，能够增强读者对正文的理解，不宜使用不具有实质意义或者只是文章内容复制的插图。

（2）插图应具有自明性和可读性。

（3）插图用来表达用文字叙述难以说明的概念、理论，难以说清楚的位置、形态，应准确，讲求实效。

（4）插图作为文字的补充或说明，应与正文内容相符。

（5）插图表述的内容（文字、数值、符号等）应与正文相应表述一致。

（6）插图中的图号、图名、图注的写法、格式应全书一致，同一内容的表示方法、同类图的画法、引线的表示方法等应全书一致。

（7）单篇文章或者单本书中图与图之间风格基本统一。

（8）作者或出版者应对插图拥有版权，或从原版权所有者处取得授权，不侵害他人的著作权等权利。

20.4 插图各要素

20.4.1　图题

图题由图号和图名两部分组成，也有一些情况下，图题只有图号没有图名。

图题采用比正文小的字号排版，一般用黑体排版，并放在图片的下面或一侧。

图号与图名之间空一格。

20.4.1.1 图号

图号是按照插图在作品中出现的先后而编的顺序号，方便作者查询，通常用阿拉伯数字编码。

（1）可以全书连续编号，不分篇章，比如图1、图2、图3，也可以按照篇章分别编号，使用分隔符“-”或“.”，如“图3-12”或“图17.39”。

（2）期刊、集刊、文集等的图号通常是每篇文章自成体系，但全书体例要统一。

（3）所有插图都应采用连续编号的形式，但在某些情况下，比如插图的类型差异较大，也可以分类编号。在图书著作中，地图通常单独编号，比如“地图1，地图2，地图3……”如果一部著作中，照片与其他图形在一起，照片也可以单独编号。

（4）附录中的图号，通常为A.1，A.2，B.1，B.2……或者附图1、附图2、附图1-1、附图1-2……

（5）如果插图由几个部分组成，则在各部分下用字母标序，比如，a,b,c。

（6）除非在正文中有所提及，否则插页图不标序号。

（7）插页图的序号，通常用罗马数字编号。正文出现时，通常冠以“见插图Ⅰ”。

20.4.1.2 图名

即图片本身的标题，应准确反映插图想要说明的内容。图名应简明、贴切。同类图名体例应一致。

图名中不应出现“……图”字样。

20.4.2 图

图是插图的主体部分，图应清晰，可读性强。制作图时，应当考虑后续的印刷工艺。如果采用黑白印刷，则线条图如饼图、柱状图等在电子稿件中不宜用彩色，或重新绘制。

20.4.3 说明文字

图名中如果有重要的解释性信息，通常用括号附在图名后，作为说明性文字（captions）。

示例：

图 10-3 1994 年美国成年人的受教育年限随兄弟姐妹数变化的趋势（*N*=2992）

20.4.4 图注

20.4.4.1 图注的类型

图注是指对图的文字说明，一般有如下几类。

（1）项目注：主要是对图中特定项目的说明，通常用文字直接表示在图中。如果文字或者图中内容过于庞杂，则改用注码（以文字或者字母表示）标注，并在图下方、图题上方放置有注码的说明文字。这种时候，要注意注码应与图片中附加的指示性注码互相对应。注文通常以“说明：”引出。注释或者说明图中项目时，其符号、阿拉伯数字、外文字符等，应与图中一一对应。并列注释通常用逗号隔开（见图 20.3，20.4）。

（2）图例（legends）：图注的一种，是图的构成部分，用以解释在图中使用的符号，位置在图中。在黑白印刷中，图例应当区分清楚，适宜阅读。

（3）出处注（credit line）：用以声明插图来源、著作权以及权利允许的文字。可以直接附在图名后面，并用圆括号括住。也可以放在图题下方，以“来源：”引出。大致有三类。

（1）**作者自制**：插图有时候是作者自己制作或者拍摄，通常情况下，不需要标注出处。但如果书中有其他来源于他人的插图，或者这部作品的作者有两人及以上，通常需要标注出来源信息。

（2）**引自他人**：插图应当获得制作者的授权，并标明出处信息，该信息包括作者名、作品名、出版社信息以及出版日期和页码。即使引用的作品是职务作品、已经进入公共领域的作品或者免费使用的作品，也应当标注制作者信息。

（3）**调整自他人**：如果某幅插图是由他人作品中的插图改编而来，也要注明改编的信息，以及来源信息。

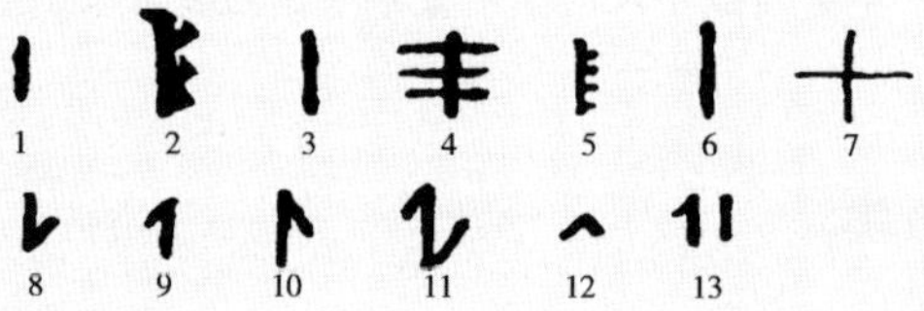

1、2 为零口符号，3 为垣头符号，4 为五楼符号，5 为莘野符号，6-13 为李家沟符号

图 3-2 零口、垣头、莘野、五楼、李家沟遗址出土仰韶文化陶器符号

来源：图片采自彭霞、冯玉涛《汉字记号学》，北京：社会科学文献出版社，2020。

图 20.3 用注码标注图中各部分名称的图

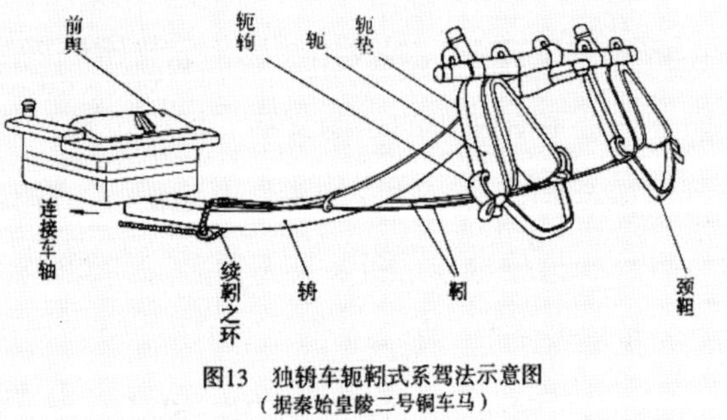

图13 独辀车轭靷式系驾法示意图
（据秦始皇陵二号铜车马）

图 20.4 直接用引线标出插图部分名称的图

来源：王晓琨、张文静《通天河流域岩画研究》，《考古学集刊》第 21 集，北京：社会科学文献出版社，2018，第 113 页，图 13。

20.4.4.2 图注的排版

图注是指对图的文字说明，如果排在图题下方，则字号一般比图题小一号或者半号，但最小不应当小于六号。要使用比较适合阅读的字体，一般用六号宋体排版，不宜用黑体字。

20.5 插图与行文

20.5.1 总体要求

插图应按先见文内图号、后见图本身的原则编排，应紧跟在“见图 **”文字出现段落的后面，宜排在一面上，不可跨节。

图旁空白较多时，可串排正文。

20.5.2 正文中讨论插图

（1）正文不可复制插图的内容，应讨论插图中的重点，对图中的内容有所补充和支持。

（2）正文表述时应与图中的数据、文字、符号等一致。

20.5.3 正文中引用插图

一般为先见文内提示，后见插图。文内避免使用“上图表明”之类的文字，应用“图 1-1 表明”或“(见图 1-1)”，“图 1-1a 表明，图 1-1b 表明”。

20.6 插图的编排

插图都需要占据一定的空间，应充分利用空间和美化版面。图文应尽量靠近。同一平面上有多张图，注意比例和尺寸一致，保持美观性。

20.6.1 斥文嵌入

当插图相对复杂、尺寸相对较大、版面要求整洁的时候，图旁通常不排文字。

20.6.2 串文旁置

插图尺寸较小，通常采用图旁串文的方式来减少版面。

如果页面上只有一幅图，则通常将其置于切口；如果不止一幅图，则分别以切口—订口—切口……的顺序放置各图。

20.6.3 卧排

若插图宽度大于版心宽度、高度小于版心宽度时，可将插图设计成卧排形式，即将插图逆时针旋转 90° 排在版面上。

卧排图应单占一面，不得与正文混排在同一面。双码面上靠切口起排，单码面上靠订口起排。

20.6.4 转页接排

插图由几个分图组成，在一个版面排不下可转页接排。

可在首页末排图号、图名，在转页接排图的各页末重复排图号、图名并加“(续图)”字样。也可仅在所有图都排完后排图号、图题。

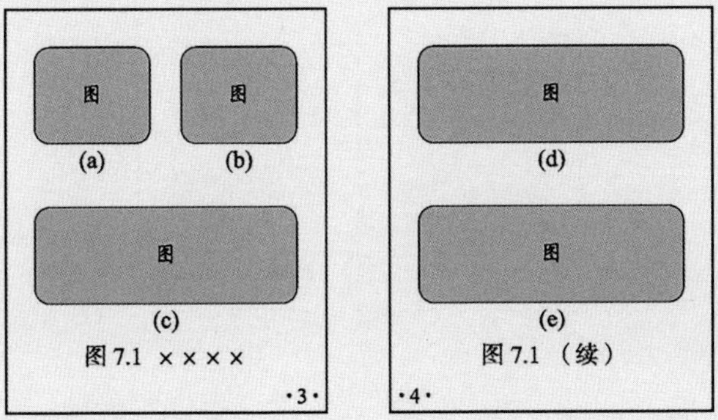

(a)

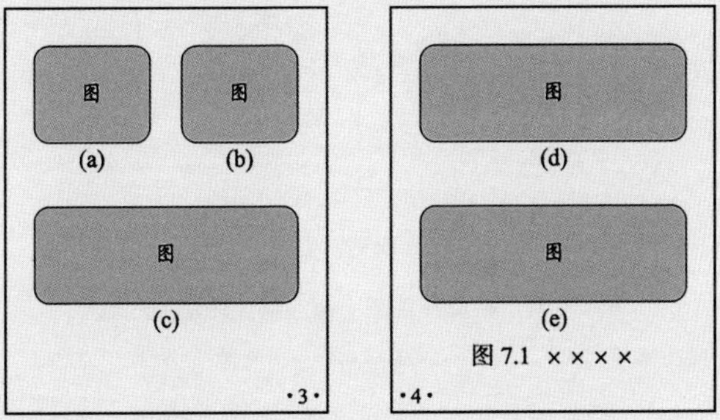

(b)

图 20.5 转页接排图的两种形式

来源：国家新闻出版署《CY/T 171-2019 学术出版规范 插图》，2019。

20.6.5 跨页并合(和合图)

若插图图幅过大只能在两个版面排下，可将插图分两部分跨排在双码和单码两个页面拼成的一个大版面（即和合面）上，此时不可跨排在单双两页面上。

竖放跨页图页码双跨单排；图名也双跨单排；图内序号横排，不得竖排。

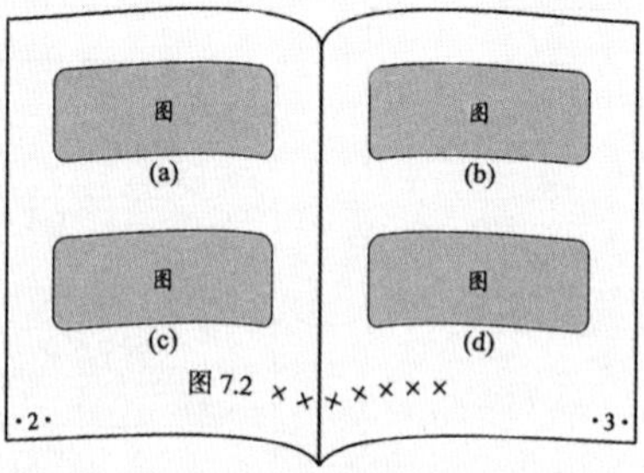

（a）竖置跨页图

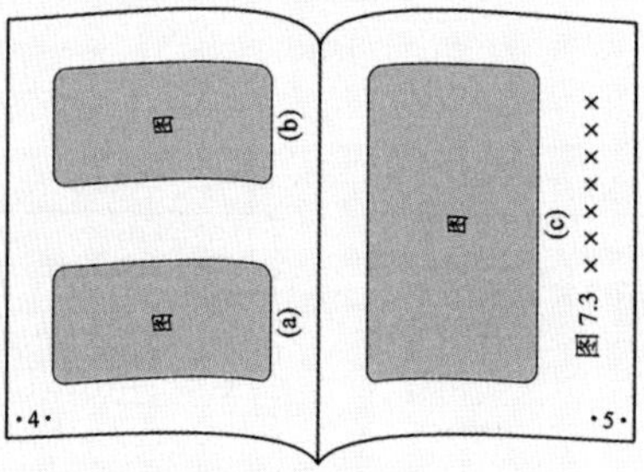

（b）卧置跨页图

图 20.6 跨页并合图（和合图）的两种形式

来源：国家新闻出版署《CY/T 171–2019 学术出版规范 插图》，2019。

第 21 章

地图*

书稿中的地图应以我国测绘行政主管部门提供的最新标准画法地图为准，正确表示涉及中国版图的地理信息，正确表示涉及国际关系的地理信息，不得表示涉密的地理信息。

作者可登录国家自然资源部地图技术审图中心标准地图服务系统（bzdt.ch.mnr.gov.cn）查询相关内容。

* 本章内容由总编室提供，执笔人：梅玫。

21.1 公开地图和地图产品上不得表示的内容

（1）国防、军事设施，及军事单位。

（2）未经公开的港湾、港口、沿海潮浸地带的详细性质，火车站内站线的具体线路配置状况。

（3）航道水深、船闸尺度、水库库容、输电线路电压等精确数据，桥梁、渡口、隧道的结构形式和河底性质。

（4）未经国家有关部门批准公开发表的各项经济建设的数据等。

（5）未公开的机场（含民用、军民合用机场）和机关、单位。

（6）其他涉及国家秘密的内容。

21.2 中国地图的正确表示

21.2.1 正确表示中国地图的图幅范围

（1）东边绘出黑龙江与乌苏里江交汇处，西边绘出喷赤河南北流向的河段，北边绘出黑龙江最北江段，南边绘出曾母暗沙（汉朝以前的历史地图除外）；

（2）中国全图应表示南海诸岛、钓鱼岛、赤尾屿等重要岛屿，并用相应的符号绘出南海断续线。比例尺等于或小于 1∶1 亿的，南海断续线可由 9 段线改为 7 段线，即从左起删去第 2 段和第 7 段线，可不表示钓鱼岛、赤尾屿岛点。

21.2.2 中国示意性地图注意事项

（1）用实线表示中国疆域范围，陆地界线与海岸线粗细有区别，用相应的简化符号绘出南海断续线，并表示南海诸岛以及钓鱼岛、赤尾屿等重要岛屿岛礁。

（2）用轮廓线或色块表示中国疆域范围，南海断续线可不表示，但应表示南海诸岛、钓鱼岛、赤尾屿等重要岛屿岛礁。

（3）比例尺等于或小于1∶1亿的，可不表示南海诸岛范围线以及钓鱼岛、赤尾屿等岛屿岛礁。

21.2.3 正确表示海南省及南海诸岛

（1）海南省全图，其图幅范围应包括南海诸岛；南海诸岛既可以包括在全图内，也可以作附图；以单幅表示南海诸岛地图时，应配置一幅“南海诸岛在中国的地理位置”图作附图，海南岛的区域地图，也应附“南海诸岛”地图。

（2）南海诸岛附图的四至范围是：北面绘出中国大陆和部分台湾岛，东面绘出马尼拉，南面绘出加里曼丹岛上印度尼西亚与马来西亚间的全部界线（对于不表示邻国间界线的专题图，南面绘出曾母暗沙和马来西亚的海岸线），西面绘出河内。

（3）南海诸岛作为海南省地图的附图时，附图名称为“海南省全图”；作为中国全图的附图时，一律称“南海诸岛”。

（4）专题地图上，南海诸岛作附图时，主图的专题内容在附图范围内也要重复出现，不得省略。

（5）东沙、西沙、中沙、南沙四群岛以及曾母暗沙、黄岩岛应表示并注名称。大于1∶400万的地图，黄岩岛应括注民主礁，即：黄岩岛（民主礁）。比例尺过小时，可只画岛礁符号，不注岛礁名称。

（6）南海诸岛与大陆同时表示时，中国国名注在大陆上，南海诸岛范围内不注国名，不在岛屿名称下面括注“中国”字样；在不出现中国大陆的南海诸岛局部地图上，在各群岛和曾母暗沙、黄岩岛等名称下括注“中国”字样。

（7）南海诸岛的岛礁名称，按照1983年国务院批准公布的标准名称标注。

21.2.4 正确表示香港特别行政区、澳门特别行政区

（1）在分省设色的地图上，香港界内的陆地部分要单独设色。

澳门自关闸以南地区和氹仔、路环两岛，要单独设色。比例尺等于或小于1:600万时，可在澳门符号内设色。

（2）香港特别行政区、澳门特别行政区图面注记应注全称“香港特别行政区”“澳门特别行政区”；比例尺等于或小于1:600万的地图上可简注“香港”“澳门”。

（3）比例尺小于或等于1:4000万的地图可不表示香港特别行政区界线，比例尺小于或等于1:200万的地图可不表示澳门特别行政区界线。

（4）香港城市地图图名应称“香港岛·九龙”；澳门城市地图图名应称“澳门半岛”。

（5）表示省级行政中心时，香港特别行政区、澳门特别行政区与省级行政中心等级相同。

（6）专题地图上，香港特别行政区、澳门特别行政区应与内地一样表示相应的专题内容。资料不具备时，可在地图的适当位置注明“香港特别行政区、澳门特别行政区资料暂缺”的字样。

21.2.5 正确表示台湾省

（1）台湾省在地图上应按省级行政区划单位表示；台北市作为省级行政中心表示（图例中注省级行政中心）；在分省设色的地图上，台湾省要单独设色。

（2）台湾省地图的图幅范围，应绘出钓鱼岛和赤尾屿（以“台湾岛”命名的

地图除外）；钓鱼岛和赤尾屿既可以包括在台湾省全图中，也可以用台湾本岛与钓鱼岛、赤尾屿的地理关系作插图反映。

（3）台湾省挂图，应反映台湾岛与大陆之间的地理关系或配置相应的插图。

（4）专题地图上，台湾省应与大陆一样表示相应的专题内容，资料不具备时，应在地图的适当位置注明“台湾省资料暂缺”的字样。

（5）台湾省的文字说明中，应对台湾岛、澎湖列岛、钓鱼岛、赤尾屿、彭佳屿、兰屿、绿岛等内容作重点说明。

21.2.6 正确绘制中国国界线及附近要素

（1）正确绘制中朝边界长白山天池。

a. 长白山天池为中、朝界湖，注记应注全称，并加括注“白头山天池”，不能简称“天池”，不能单独注为“白头山天池”。

b. 鸭绿江、图们江河名应标注在我国一侧。

（2）正确绘制中印边界。

中印西段（我国阿克赛钦附近）及东段（我国藏南附近）按我国国界标准画法图绘制。

21.2.7 关于中国地图

- 几点提示：

（1）表示南海诸岛与钓鱼岛、赤尾屿等重要岛屿时，所涉岛屿名称包括：钓鱼岛、赤尾屿，东沙、西沙、中沙、南沙四群岛以及曾母暗沙，黄岩岛；

（2）在中国地图中除海岸线与国界线符号不区分以及中国用色块形式表示时不表示南海断续线，其余情况下应表示。

（3）南海断续线的符号原则上应与陆地国界符号一致。

（4）香港特别行政区界、澳门特别行政区界的符号为长短虚线，不可另设。

（5）描述台湾省地图，台北市不得按首都表示，台湾岛底色应与大陆一致。

21.3 世界地图的正确表示

世界地图应正确表示国名（地区名）、国界（地区界）、首都（首府）；正确表示主要争议（热点）地区。

21.3.1 正确表示克什米尔地区

（1）克什米尔为印度和巴基斯坦争议地区，在表示国外界线的地图上，应画出克什米尔地区界范围线和停火线，并注明“印巴停火线”字样。

（2）表示印巴停火线的地图上，应加印巴停火线图例。

（3）在印度河以南跨印巴停火线注出不同于国名字体的地区名“克什米尔”。

（4）印巴停火线两侧分别括注“巴基斯坦实际控制区”和“印度实际控制区”字样。

21.3.2 正确表示巴勒斯坦地区

（1）“巴勒斯坦”注记与“以色列”注记应同时标注，不可只标注其一。

（2）“巴勒斯坦”注记应用地区名字体表示，与国名字体区分。

（3）分国设色的地图，巴勒斯坦地区整体设一色。

（4）耶路撒冷按一般城市表示，不按首都表示。

21.4 地图送审

21.4.1 送审流程

根据国务院2016年1月1日颁布的《地图管理条例》和国土资源部2018年1月1日起正式实施新修订的《地图审核管理规定》，我国实行地图审核制度，向社会公开的地图，应当报送有审核权的测绘地理信息行政主管部门审核，具体送审流程如图21.1所示。

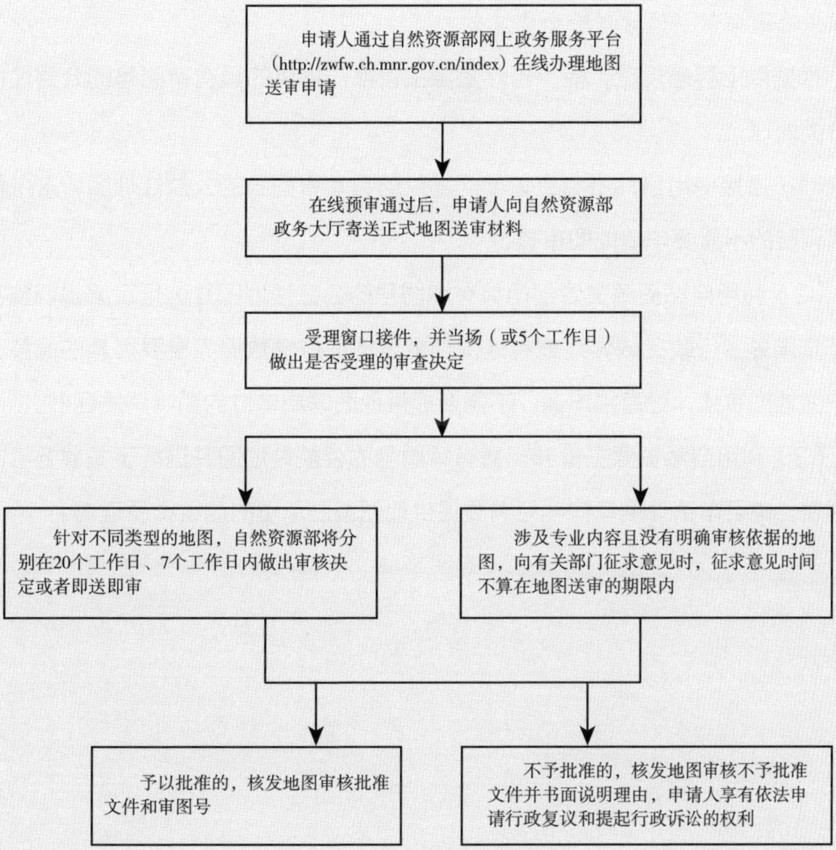

图21.1 地图送审流程

21.4.2 关于地图送审的提示

国家自然资源部 2018 年 1 月 1 日起正式实施的《地图审核管理规定》中关于使用自然资源主管部门提供的具有审图号的公益性地图有两条内容相近、易引起误解的规定。

第六条：直接使用自然资源主管部门提供的具有审图号的公益性地图不需要审核；

第十条：利用自然资源主管部门具有审图号的公益性地图且未对国界、行政区域界线或者范围、重要地理信息数据等进行编辑调整的，在申请地图审核时可不提供地图编制单位的测绘资质证书。

根据以上两条规定，使用自然资源主管部门提供的具有审图号的公益性地图可分类处理：

（1）直接使用自然资源主管部门提供的具有审图号的公益性地图，未做任何编辑调整的不需要申请地图审核。

（2）利用自然资源主管部门具有审图号的公益性地图并进行了编辑调整，但未涉及国界、行政区域界线或者范围、重要地理信息数据等重要因素的调整，需要申请地图审核，可直接申请，不需要提供地图编制单位的测绘资质证书。

（3）利用自然资源主管部门具有审图号的公益性地图并进行了关键要素的编辑调整，需要申请地图审核，且需要提供地图编制单位的测绘资质证书。

21.5
中国地图全图正确示例

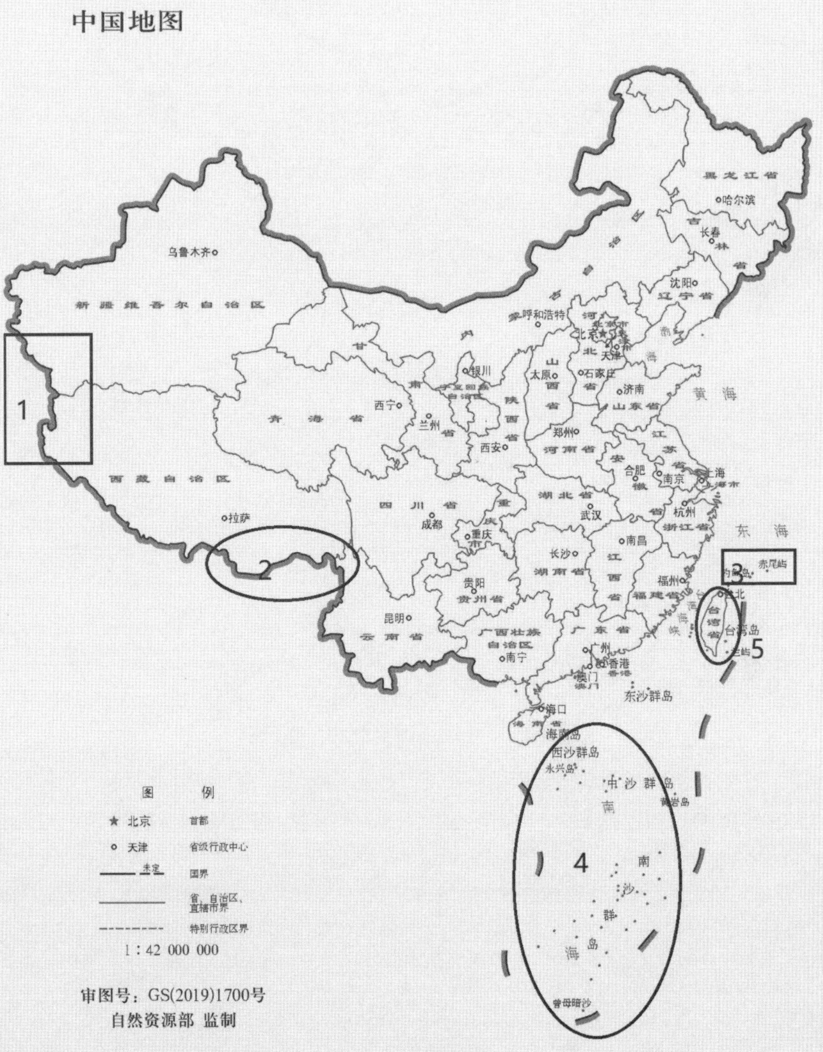

(a)

（b）

注：1. 阿克赛钦地区正确表示；2. 藏南地区正确表示；3. 钓鱼岛、赤尾屿位置正确；4. 南海诸岛各岛点位置正确；5. 台湾省底色设置与大陆一致。

图 21.2 中国地图全图的正确示例

来源：国家自然资源部地图技术审查中心及阿拉伯数字标准地图服务系统（http://bzdt.ch.mnr.gov.cn/index.html），登录时间：2020 年 5 月 3 日。图中框图为后加。

21.6
带审图号的地图标注示例

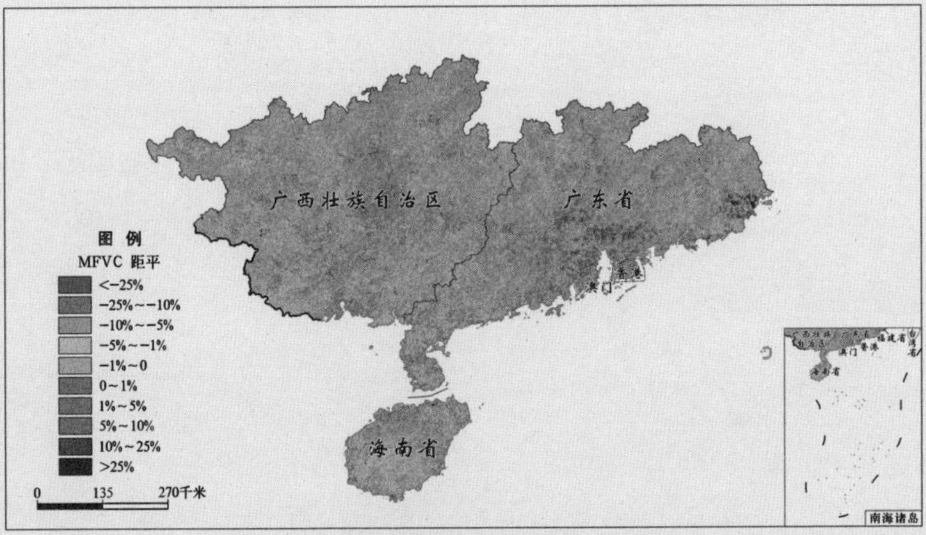

图 24 2015 年华南地区年最大植被覆盖度距平分布

图 21.3 含有海南省的中国部分版图示例

来源：顾行发、李闵榕、徐东华《中国可持续发展遥感监测报告（2017）》（遥感监测绿皮书），社会科学文献出版社，2018，第 74 页。审图号：GS（2018）2700 号。

SSAP

手册系列

I

作者手册

第 6 部分

文献征引与索引

学术研究具有积累性、继承性以及原创性特征。在一定意义上，任何学术成果都是无数研究者长年累月的集体成果，因而，学术著作写作的一个关键部分就是要帮助读者在学术脉络中定位作者本人的贡献，而这通常是通过引用影响作者的前人成果来确定的。

第 22 章

引文和引用*

* 执笔人：童根兴。

22.1
引文概述

引文包括两个方面，既指引用行为本身，也指引用的对象。

引文是指引用的相关文献的词语、句子和段落。作者在写作过程中，会使用他人的观点、话语或者文字来佐证、推进自己的论述，这是学术著作写作的必然要求，因而是学术著作的必要组成部分，但引文来自作者之外的其他人或者本作品之外的作者其他作品，可以看作外来部分，会对作品自身的行文造成干扰。因而作者需要认识到，在书稿写作过程中，既要有引用和引文，也要避免引用和引文给行文造成的过多干扰。

22.2
引用的基本要求

引用他人观点和句子段落佐证作品的过程中，需要注意如下几点，在作品形成过程中作者应铭记在心。

第一，应引用对作者的研究有直接影响的文献的观点、理论或资料，即别人的观点、理论、研究或者资料对作者的研究有直接影响，或者作者自己以前的发现和成果对新作品形成有影响，并必须在新著作中出现。

第二，应引用与作者的研究相互关联的文献的观点、理论或资料。避免过度引用不相关文献，避免大量引用对本作品形成没有直接或者重要影响的作品，要以论证自己观点的必要性为限。

第三，宜引用质量较好或较具代表性的相关文献，追溯到相关论说的原创者。除非万不得已，不要采用转引。

第四，引用及意思表达完整、准确，忠于原文，不可断章取义，直接引用应当确保所引用文字与原文一致和准确。

第五，引文应与行文贯通，语气、格调与前后文字和谐一致，避免大量前后不相干的文字出现。

第六，引文应清晰标明观点或者文字的出处，便于读者查阅相关文献信息。但如果某个引文为大家所熟知，比如历史上一些基本事件，或者日常生活中通常所用的俚语、俗语等，以及其他类似的表述，可以不必标引出处。

第七，引用未发表作品须征得作者同意，并保障作者权益；引用未成文口语实录应将整理稿交作者审核并征得同意。

第八，引用马恩列斯等经典作家文本时，应使用最新中文版本，引用国家领导人论述时，应使用权威版本并标明出处。

第九，引用网页资料时，应注意辨别相关资料的权威性和准确性，由于网页经常变动，应注明查询该资料的时间和网址信息。

22.3 引用的变与不变

引用最基本的要求是准确、完整，不曲解原意，但在行文中也有一些变与不变的要求。

（1）不变的最基本要求就是像复制一样准确。

（2）单双引号、单双书名号应按照语境进行变换。

（3）引文最后的句号省略或者改成逗号。

（4）引文原文中的注释符号（或者引用的注释本身）在不影响引文意义和论述的情况下可以省略。

（5）属于错别字或者明显的排版错误可变。

（6）字体字号可变。

（7）繁简转换。

（8）排版方式可变。

22.4 引文的分类及使用

按照引文与行文的关系区分，引文可以分为行中引和提行引两种。

22.4.1　行中引

行中引是指插入行文中的引文形式，通常可以分为引用关键词（直接引用）、引用原文（篇幅较短、直接引用）、引用原意（间接引用）三种类型。

示例：

［引用关键词］孙中山很多决策实际上也是“调和现状”而非“彻底解决”。

［引用原文］古人云：“多行不义必自毙。”

［引用原意］按照韦伯的说法，中国的官僚体制是植根于古老的地基上延续下来的，而这一地基在西方早就因古代城邦的发展而崩溃了（韦伯，2004a：219）。

22.4.2　提行引

提行引又称引文段，是指单独成段的引文形式。使用提行引的情形有以下几种。

22.4.2.1　引文篇幅较长或需强调

示例：

正是针对类似的情况，阿罗告诫我们：

我以为正是这样一种思维方式导致了历史上的巨大灾难。这种对过去目标的信奉使得我们恰恰在后来的经历表明这一信奉应该改变的时候，反而强化了最初的承诺。

22.4.2.2 引文用于比较

示例：

知颍州的吕公在《答手诏》的奏疏中说：

臣闻晏子曰："天之有彗，以除秽也。"考之传记，皆为除旧布新气象。……今民不安业，畎亩愁叹，上干和气，……又况加之以天地变异乎！

王安石在回答这道手诏的奏章中，仍然坚持其"天变不足畏"的观点，说道：

臣等伏观晋武帝五年，彗实出轸；十年，轸又出孛。而其在位二十八年，与《乙巳占》所期不合，盖天道远，人道迩，先王虽有官占，而所信者人事而已。

22.4.2.3 引文为信件、书目纲要、清单等

示例：

1917年4月9日，胡适十分激动地给陈写信说：

今晨得《新青年》第六号，奉读大著《文学革命论》，快慰无似！足下所主张之三大主义，适均赞同。适前著《文学改良刍议》之私意，不过欲引起中国人士之讨论，征集其意见，以收切磋研究之益耳。今果不虚所愿，幸何如之！

22.4.2.4　引用诗歌

引用诗歌时，可用提行引，亦可用行中引。

示例：

在描写征战边疆苦楚的诗作中，李白的《关山月》是代表作，诗曰：

明月出天山，苍茫云海间。
长风几万里，吹度玉门关。
汉下白登道，胡窥青海湾。
由来征战地，不见有人还。
戍客望边色，思归多苦颜。
高楼当此夜，叹息未应闲。

徐志摩的《赠日本女郎》："最是那一低头的温柔 / 象一朵水莲花不胜凉风的娇羞 / 道一声珍重，道一声珍重 / 那一声珍重里有蜜甜的忧愁 /——沙扬娜拉！"

22.4.2.5　引用田野笔记

引用田野笔记中的材料时，应尊重田野材料的原始性、粗糙性，以及所使用的俚语、口语化成分；但也要考虑读者理解，应经过适当编辑，以使得田野笔记中的文字能够融入正文；田野材料中涉及的人名、地名、机构名以及获得的文献等能表明被访者真实身份的资料，应当经过一定的技术处理；田野资料中涉及被访者隐私、伦理等方面的材料，在公开使用时应征得被访者同意；引用田野笔记中的材料，既可以是行中引，也可以是提行引。

示例：

在我们的访谈资料中，受访者表示，如果加班的任务属于自己分内的工作，而且在既定的时间必须完成而没有完成的话，那么，自己愿意加班。除此之外，就不一定愿意了。“属于自己的工作，也就是自己分内的工作，如果上班时间没有完成，可以加班。”（B07-M-25，信用担保公司客户经理）“加班算的业务是为自己，所以也不是很计较，可能当初也是刚来广州的冲劲吧，现在如果还在公司上班，老板要加班，我会适当的推掉的。”（B35-M1-28，广告公司小老板兼广告设计师）

22.5 引文的标记

22.5.1 引用原意时

引用原意属于间接引用，作者使用自己的话语表述被引用资料的基本意思，因而不需要使用引号，但需要标明出处。

22.5.2 引用关键词、原文时

引用关键词或者原文时，引文加引号，引号使用应符合相关规定。

（1）引文字体字号与行文相同；有时候为了区别引用，引文的字体也可变化，但应全书统一。

示例：

1911年辛亥革命建立的中华民国，提倡“五族共和”。孙中山在《三民主义》第一讲中说“中国人的民族主义就是国族主义”，并在《临时大总统宣言书》中提出“合汉满蒙回藏诸地为一国，则合汉满蒙回藏诸族为一人，是曰民族之统一”（孙中山，1981:2）。

（2）引文是完整句，并作为独立句子使用时，引文末尾的点号不变，置于后

引号前。

示例：

孙中山强调："世界开化，人智益蒸，物质发舒，百年锐于千载，经济问题继政治问题之后，则民生主义跃跃然动，二十世纪不得不为民生主义之擅场时代也。"

（3）引文不是完整句，但作为独立句子使用时，引文末尾原有的点号应删除，在后引号后加句末标点。

示例：

基于这一认识，孙中山主张国际共同发展中国实业，"欲利用战时宏大规模之机器，及完全组织之人工，以助长中国实业之发达，而成我国民一突飞之进步"。

（4）引文本身不能构成行文中的完整意思，须与作者的阐述结合在一起时，则引文只加引号，引号内不能添加标点，后引号前不能用除问号和叹号以外的点号，在引号外点上行文所需用的标点。

示例：

1926年12月中旬，中共中央举行特别会议，首次明确完整地提出了"联俄、联共、扶助农工这三个政策"，号召"继续孙中山、廖仲恺三大革命政策"。

关于请外国学者来中国讲学问题，在邓小平看来"这是一种很好的办法，为什么不干？"。

（5）引文前如有"说""道""指出"等词语，有停顿意味和突出提示作用时，引号前通常使用冒号。

示例：

蔡元培在演说中强调了健全体魄的重要，他说："群以为知识发达，道德增加，便足为毕人生事，于是，囚首垢面者，反目为是，雄躯壮干者，鄙为不足道。殊不知有健全之身体，始有健全之精神；若身体柔弱，则思想精神何由发达？"

孙中山评价道："十三年前革命，仿效外国改革政治，成立民主政体，目的是在取法乎上，所以把外国很高的政治哲理和最新的政治思想都拿来实行。这是中国政治思想上一个最大的变动。"

（6）引文前如有"说""道""指出""认为"等词语，如果主要考虑语句平顺、不强调提示作用时，引文前通常使用逗号。

示例：

在孙中山看来，"社会中的各种变态都是果，民生问题才是因"。

论及德人、法人的科学程度，蔡元培认为，"谓之各有所长则可，谓之一优一劣则不可"。

（7）如果几个段落无法处理成提行引时，通常每个段落前加前引号，最后一个段落加前后引号。

示例：

关于尊重知识、尊重人才问题，邓小平指出：

"我们要实现现代化，关键是科学技术要能上去。发展科学技术，不抓教育不行。靠空讲不能实现现代化，必须有知识，有人才。没有知识，没有人才，怎么上得去？

"抓科技必须同时抓教育。从小学抓起，一直到中学、大学。我希望从现在开始做起，五年小见成效，十年中见成效，十五年二十年大见成效。办教育要两条腿走路，既注意普及，又注意提高。

“科技和教育，各行各业都要抓。大的企业都要有科学技术研究机构，有科学技术研究人员。每个部门都要进行科学研究。”

22.5.3 提行引的标记

（1）引文不加引号，字体字号宜与正文有区别；视版面情况，宜与行文上下空一行；引文段整体左侧缩进两格。

示例：

阿诺德·坦纳鲍姆（Arnold Tannenbaum）阐述了社会控制文献中的预设：

组织意味着控制。社会组织是对人类个体互动的有序安排。控制过程有助于限定特异行为，并使他们服从组织的理性计划。组织需要一定的服从也需要对多样行为的整合。正是控制的功能使得服从达到组织的要求，并实现组织的终极目标。控制的功能在很大程度上是从分歧的利益和成员潜在的弥散行为中创造出协调与秩序。

（2）引文一部分采用行中引，一部分采用提行引时，行中引部分使用引号，提行引部分变换字体字号。

示例：

“随着这几年沙尘暴的肆虐，内蒙古锡林郭勒盟的生态环境为全国关注。”刘代表说：

第一步我们使全国40%的草场得到治理；第二步，再治理40%草场，基本遏制生态恶化的趋势，初步绿起来、富起来；到2015年，基本实现草原生态良性循环。

（3）引文后面接续文字。如果后续文字接着讨论引文的内容，与引文密切相关，则接续文字需要顶格。

示例：

孙中山认为，文明开化乃是世界大潮，绝不能在这一趋势面前扮作鸵鸟。他指出：

> 社会党常言，文明不利于贫民，不如复古，这也是矫枉过正的话。况且文明进步是自然所致，不能逃避的。文明有善果，也有恶果。需要取那善果，避那恶果。欧美各国，善果被富人享尽，贫民反食恶果，总由少数人把持文明幸福，故成此不平等的世界，我们这回革命，不但要做国民的国家，还要做社会的国家，这是欧美所不能及的。

1912 年 3 月 31 日，孙中山在南京同盟会员饯别会上发表演说“今日满清退位，中华民国成立。民族、民权两主义俱达到”。

（4）引文后面接续的文字，如果开始讨论新的内容，则缩进两格，重启段落。

示例：

在追溯欧洲大陆民俗风情从中世纪到资本主义的演变过程时，埃利亚斯（Elias,1978:9）援引了以下一段话来描述欧洲“礼仪”的产生。

> 毫无疑问，礼仪一词源于宫廷与宫廷生活。公爵们的宫廷是一所大戏台，人人都想在其上发财致富。欲达到这一目的，人们必须得到公爵和他的宫廷要人的青睐。为此，人们使尽浑身解数对这些要人投其所好曲意逢迎。而达到此效果的上策则是让对方确信，在任何情况下我们都会竭尽全力为他们效劳……礼仪成为我们尽力的替代品。

如果我们把以上描述中的“礼仪”一词换为“声誉”，那么，这一描述与经济学模式中的“声誉”形象十分接近。

22.6 引文的省略

（1）引文省略与行文无关的字、词、句或段落，应使用省略号（……）进行标识。

（2）引文前不应使用省略号，引文后不宜使用省略号，除非引文的最后一个句子是特意不完整的。

（3）引文从非完整句子引起时，前面省略的部分，应在引文前加省略号。引文从完整句子引起时，引文前不加省略号。

（4）引文断于非完整句子时，应在引文后加省略号；引文断于完整句子时，引文后不加省略号。

（5）省略几个段落时，应采用两个省略号标识，其后再引用的段落起始处有省略时，该段落之前应用省略号。

示例：

“族群”则为多族群国家内部具有不同文化传统的群体，可称为“亚文化群体”。目前中文对这个词语的使用，混淆了它们之间的重要差异。

…………

……在亚非拉各殖民地也出现了要求民族解放的“民族主义－民族自决”运动。世界各地的不同民族先后出现了“政治化”的发展趋向。

（4）引文中本身存在省略号时，引用时后加的省略号用“[ ]”标识。

示例：

轰炸机与搜查飞机的隆隆响声、炸弹声、枪炮声……这已是日据区，但血战还继续着[……]很多有钱人被绑架了，拿大笔钱赎身。

22.7 引文的注释

（1）如果引用的是俚语或者大家熟知的警言名句，则不需要注明出处。

（2）除第一种情况外，引文应有出处，体例应统一。

示例：

马克思通过批判黑格尔发展了自己的市民社会理论，他认为，资产阶级市民社会的基础就是私人之间的一切物质交往关系，市民社会本身则是政治国家的基础。"政治国家没有家庭的天然基础和市民社会的人为基础就不可能存在。它们是国家的必要条件。"（《马克思恩格斯全集》第1卷：251~252）"这个市民社会是全部历史的真正发源地和舞台，可以看出过去那种轻视现实关系而只看到元首和国家的丰功伟绩的历史观何等荒谬。"（《马克思恩格斯选集》第1卷：41）恩格斯也说："决不是国家制约和决定市民社会，而是市民社会制约和决定国家。"（《马克思恩格斯全集》第21卷：247）

在追溯欧洲大陆民俗风情从中世纪到资本主义的演变过程时，埃利亚斯（Elias,1978:9）援引了以下一段话来描述欧洲"礼仪"的产生。

> 毫无疑问，礼仪一词源于宫廷与宫廷生活。公爵们的宫廷是一所大戏台，人人都想在其上发财致富。欲达到这一目的，人们必须得到公爵和他的宫廷要人的青睐。为此，人们使劲浑身解数对这些要人投其所好曲意逢迎。而达到此效果的上策则是让对方确信，在任何情况下我们都会竭尽全力为他们效劳……礼仪成为我们尽力的替代品。

如果我们把以上描述中的"礼仪"一词换为"声誉"，那么，这一描述与经济学模式中的"声誉"形象十分接近。

（3）对引文整体的说明宜用脚注或尾注。

（4）引文自身包含的文献征引或注释信息视上下文情形保留。

22.8
引文中的插入语

引用文字或者段落中需插入一些文字，用以澄清错讹、弥补缺字或说明情况时，这些文字通常用方括号[ ]进行区别。插入的这些解释或者说明独立成句，其标点符号使用不受行文句子影响，如果文字中使用双引号，则双引号不必变成单引号。

示例：

1.“神灵[相]助”

2.[元和]五年(810)

3. 但耿乡之耿国与邢国并非为一，所以《括地志》在泰州龙门县条下载有：“故耿城今名耿仓城，在(绛)[泰]州龙门县东南十二里故耿国也。”

4. **问：** 现在做得怎样了？家里好吗？

答： 家里养殖主要还是骆驼，上百头了，种植苁蓉，收入是2万左右吧。我个人还经营了猪圈，三位一体的猪圈好的(猪舍、厕所、沼气)经营了两年，一年收入1万，去年行情不好，就没有养的，今年还想养，但[小猪]价格不好，也没有买了。

22.9
引用对话或访谈

访谈者以及被访者的姓名或者代号，在字体方面与对话的内容相区别，以便于阅读。如果是行文引，则通常缩进两格；如果是提行引，既可以是缩进两格，也可以是悬挂缩进。

示例：

有机的信仰接触渠道指的是一些人由于对解放前的现状不满而投身革命，并在革命过程中逐渐接受了共产主义的信仰。一位离休老干部的经历就是一个典型例子。

访问员：请您谈谈您第一次参加工作的情况好吗？比如说，在什么时候，你从事什么工作？

受访者：刚开始，我当兵。

访问员：当兵？在抗日战争时期还是解放战争时期了？

受访者：我是到了 49 年才参军的，也就是说差不多解放战争结束的时候。记得那年参军我才十六岁。那时我们家乡还处于国民党统治之下。我 3 岁死了母亲，5 岁死了父亲，后来我和我大哥都是在我继母的带领下长大的。

或者

访问员：请您谈谈您第一次参加工作的情况好吗？比如说，在什么时候，你从事什么工作？

受访者：刚开始，我当兵。

访问员：当兵？在抗日战争时期还是解放战争时期了？

受访者：我是到了 49 年才参军的，也就是说差不多解放战争结束的时候。记得那年参军我才十六岁。那时我们家乡还处于国民党统治之下。我 3 岁死了母亲，5 岁死了父亲，后来我和我大哥都是在我继母的带领下长大的。

第 23 章

注释*

注释是学术著作区别于一般著作的重要标志之一。本部分内容对注释的内涵、分类、体例及编排进行了说明，可供学术著作以及学术论文的写作、编辑和出版参考使用。

* 执笔人：童根兴。

23.1 注释定义和分类

注释按照不同维度有不同分类，在写作、编辑、排版过程中有不同的注意事项。

注释（annotation/note）是指对学术作品中的某些内容所作的说明。

这种说明既包括内容说明，也包括引文出处说明。按照这两个维度，注释可以分为说明注（content note）和引文注 (source note)。

说明注，又称内容注，对正文中相关内容进行解释、校订、补充和扩展。

引文注，又称出处注，标明正文中引文、思想和观点的出处，在某些情况下，也是为了表示该部分内容已经获得许可。在学术著作中，这种注释最具实质性内容，被称为真正的注释。

按照注者来源区分，注释可以分为作者注和他人注。作者注是著作中作者本人所加的注释，他人注是著作中作者之外的人所加的注释。

按照注释所处位置不同，有脚注、尾注、夹注、边注、图注、表注等。其中夹注所处位置既可以在正文中，也可以在其他任何类注释中。

脚注（footnote）是置于同页末的注释。

尾注（endnote），又称文后注，是置于本篇文章或者本书后面的注释。

夹注（interlinear note/ intratextual note）是置于行文中的注释。

边注（marginal note），也称旁注（side note），是置于版心一侧的注释。一般是作者或读者在著作出版后的读书心得、批语、订误、校文和音注等文字，因其重要，著作在再版时按照批注的位置编排在书页边的空白处。

23.2 加注的基本原则

学术作品中添加注释，作者和编辑需要注意以下几个方面。

（1）必要性。仅应在必要的时候加注释。

（2）相关性。注释的内容应与被注的内容紧密相关，不可偏离行文论述的宗旨。

（3）准确性。注释应准确，不可有讹误。

（4）完整性。注释应当完整，尤其是引文注，首次出现时应要件齐全。

（5）一致性。通常整部著作只有一种类型的引文注。

（6）可读性。注释应与行为相契合，避免打断正常行文。

23.3
注释的选择

选择何种注释，是作者以及出版机构需要考虑的重要内容，一般而言，注释的类型会因作品性质、注释内容、出版成本而有区别。总体上的原则是应符合作品风格，使阅读保持流畅。图注、表注、边注属于特殊类型，前二者在图与表中使用，边注只在再版重要作品中使用。通常的作品采用脚注、尾注与夹注较多，选择注释的时候主要考虑这三种注释类型与作品风格、出版成本的契合性。

第一，使用脚注。脚注与正文联系紧密，便于阅读和查阅，但脚注较多或者较长而无法在当页全部显示，会带来阅读不便。脚注中同种引文注较多时，会带来排版空间的浪费。

第二，使用尾注。正文阅读比较顺畅，会节省排版空间，但不方便查阅特定注释。

第三，使用夹注。夹注位处行文中，宜简短、明朗，文字量不宜太多。若文字太长，会割裂行文，打断阅读，此时可处理成尾注或脚注。

23.4 作者注和他人注

引文注基本都为作者所加，他人所加的注释基本为说明注。

（1）作者所加的篇幅简短或与正文衔接紧密的说明注可用夹注。

（2）作者所加的内容较多且与正文衔接不紧密的说明注，宜用脚注或尾注。

（3）若作品有多位作者并各自加注，应在注释后加注者名字，或在某处统一说明。

（4）著作中有他人加注，无论多少，都应当加以说明。说明方式应全书统一。

（5）一般在他人所加注文结束的标点后加破折号和注释者，注释者后不加句号。如“——编者”“——译者”“——校订者”“——修订者”。

（6）著作中他人注较多而作者注较少时，可对作者注进行说明。如，“——原注”，或“——作者”。

示例：

9. 这个术语（指经院哲学。——中译者）指的是1000－1500年间主要的神学和哲学学说。这些学说一方面植根于基督教奠基者的权威，另一方面植根于亚里士多德及其解释者的权威。[斯蒂芬·卡尔伯格注]

10. 卡尔伯格译本对这句话的翻译（Dwell in the land, and nourish yourself in a respectable manner）与帕森斯译本的翻译（Dwell in the land, and feed on his faithfulness, p.208）有很大差异；从此处上下文以及我们采用的“和合本”译文看，帕森斯的译文显然更为准确。[中译者]

23.5 脚注和尾注

23.5.1 脚注和尾注的内容

脚注和尾注中所包含的内容基本相同，主要区别一是在页下，一是在文末。其中的内容既可以是说明和扩展性的文字，也可以是资料出处，还可以是两者都有。

示例：

① 都阳、高文书：《中国离一元社会保障体系有多远》，《中国劳动经济学》2005 年第 2 卷。

② 如在巴西，除了“白人”（Branco）之外，其他的人根据肤色深浅、头发颜色与形状、五官特征等可被分为 7 大类，各地区还有更细的分组与特定的名称（Marger, 2003:468-469）。

① 这篇论文只是针对中国城市产业工人的状况，而不涉及农村乡镇 / 村庄企业工人。对于后者的讨论，可见 Sally Sargeson, *Reworking China's Proletariat*, New York: St. Martin's Press,1999; 以及 Minchuan Yang, “Reshaping Peasant Culture and Community,” *Modern China*, vol.20(2), 1994, pp. 157-179。

① 另外，杜维明的《中国古代儒学知识分子的结构与功能》一文透露，他关于儒家知识分子的研究，其中一大块内容就是分析知识分子的功能，他说：“我发表这项有关儒家知识分子在古代中国的结构与功能的简要分析，有两个目的：提供轴心时代一个重要历史事件的现象学描述，即儒家文化价值的制度化；提出对于这一事件深远意义进行评估的一种方法，旨在从总体上理解中国政治文化。”杜维明：《中国古代儒学知识分子的结构与功能》，《开放时代》2000 年第 3 期。

23.5.2 脚注中的文献

一个注释中有多项文献信息，各条文献之间用分号隔开。如果注释中仅标注英文文献，则使用英文标点。若注释中中英文文献夹杂使用，则句末标点采用中文句号。

示例：

① Claude Fisher,*To Dwell Among Friends* (University of Chicago, 1982); Peter V. Marsden, "Core Discussion Networks of Americans," *American Sociological Review* 52(1987):122-131；熊瑞梅:《影响情感与财务支持联系的因素》,（台北）"中央研究院"《人文及社会科学研究集刊》1994 年第 6 期；熊瑞梅:《性别、个人网络与社会资本》，边燕杰、涂肇庆、苏耀昌主编《华人社会的调查研究》，（香港）牛津大学出版社，2001。

23.5.3 脚注的编排

脚注置于本页底部，与正文用脚注线隔开；按正文中出现的先后顺序排列；脚注线的长度应为版心的 1/4。

脚注单列时应缩进两格起排，转行顶格或统一悬挂缩进，句末加句号。

脚注注码宜全书统编或每面单独编排。

注码编号与正文中的注码编号应一致。

注文字号应小于正文字号。

23.5.4 尾注的编排

尾注应在注的上方加排"注释"字样。

各条尾注单列时应缩进两格起排，转行顶格或统一悬挂缩进，句末加句号。

注码按被注文字出现的先后顺序编号，篇、章、节后注的注码应每篇、章、节连续排序，置于篇、章、节后，或统一置于书末；书末注的注码宜全书连续编排。

注码编号与正文中的注码编号应一致。

注文字号应小于正文字号。

23.6 夹注

夹注从位置上而言，可以在任何地方，既可以在正文中，也可以在脚注、尾注中，还可以在表格、插图中；从包含的内容上看，既可以是说明性的，也可以是标明资料来源的，还可以两者都是。需遵循如下原则。

（1）注文用圆括号括起，紧跟被注文字。

示例：

16-17 世纪，西方向东方扩张，东方世界被按照离世界中心——西欧的远近划分为近东（地中海到波斯湾）、中东（波斯湾到东南亚 [Southeast Asia]）、远东（太平洋地区东亚和东南亚国家）。

为了界定什么样的国家才能承担起这样的任务，学者又进一步提出了“嵌入性自主”（embedded autonomy）和“约束性自主”（bounded autonomy）等概念（Evens,1995;Zhao and Hall,1994）。

天神所具有道德，也就是“保民”“裕民”的道德；天神所具有 的道德意志，代表的是人民的意志。这也就是所谓“天聪明自我民聪明，天明畏自我民明畏”(《尚书 · 皋陶

谟》)，“民之所欲，天必从之”(《尚书 · 泰誓》)

（2）被注事项为完整句，注文放在句号后；若注文为完整句，应加句号。

示例：

实践证明，以低碳水化合物、高脂肪饮食为主的饮食结构对糖尿病患者的胰岛功能并无益处。故，当前中外医学专家均认为提高碳水化合物，降低脂肪比例的饮食结构，对改善糖尿病患者血糖耐量有较好的结果。这是观念的更新。（但，“提高碳水化合物”系指适当提高多糖含量，并非随意食用单糖或双糖类食物。）

[警示性注释，不宜处理为脚注。——编者注]

“有一种自由，是在此生中学做一个陌生的人。”（李猛，1999）

（3）被注事项为非完整句，注文句末（后括号前）不加标点，省略号、叹号、问号除外。

示例：

这可能是在著者的记忆中，有初虞世撰《古今录验养生必用方》一书，遂将“古今录验”改为“初虞世”（他处有时有“古今录验”上加“初虞世”三字）。

（4）注文可以是一个自然段或几个自然段，都用一对括号标明起止。但如果这种长段注有可能割裂连贯的叙述，且影响阅读时，应处理为脚注或者尾注。

（5）注文的字体字号，一般跟行文相同，也可以与行文不同（通常小或轻于行文）。

（6）目录和标题中不宜有夹注。

（7）说明性夹注不宜重复。

示例：

对于族群性（ethnicity），各国学者们曾经采用了不同的分类并使用了不同的术语，反映出他们所研究的对象具有不同的参考群体、地理位置和时代周期。正如格德沙尔德~~（Calvin Goldscherder）~~所指出的那样，“族群性的表述，其意义和形式随时代而变化”（Goldscherder, 1978：2）。马斯特~~（R. H. Mast）~~认为“族群性的定义依赖于在特定时间和地点占主导地位的社会政治状况”（Mast，1974：63）。与苏联、中国、印度以及其他地区研究族群问题的学者相比，美国学者更加关注国内的种族和族群问题，对于族群性~~（ethnicity）~~有自己不同的定义，在实地调查中所强调的方面也有所不同，例如对不同代际移民的认同意识变迁的分析。

23.7 注码

在脚注、尾注、图注、表注、边注中，经常会使用注码，以使被注事项和注文一一对应。

23.7.1 注码的形式

注码可使用阿拉伯数字、汉字、字母或符号序号等，根据著作的类型和学科使用。

示例：

1, 2, 3……

① ② ③……

[一][二][三]……

[1][2][3]……

a, b, c, d……

Ⅰ, Ⅱ, Ⅲ……

*, **, ***……

* † ‡ §（如果使用这种，顺序按照如此排列）

23.7.2 注码的位置

文中的注码应紧跟被注文字，用右上角标标注。若只对某个词或字作注，注号在该字 / 词后。若对整句加注，注号在句末。若对句中两个及以上字词作注，注号也可在句末。

如果被注文字紧跟着标点符号，当标点符号为逗号或者顿号时，注号宜放在标点符号前；当标点符号为其他点号或者标号时，应根据被注释的内容确定注号放在标点符号之前或者之后。

23.7.3 星号注码

现代学术著作一般使用阿拉伯数字标码，如下情形用星号注码。

(1) 对篇章的出处、作者进行注释时，通常采用与其他注释不同的符号，一般采用 *。这种注释通常排在数字标码的注释前面。

(2) 用在表注中，说明某个特别项。

(3) 用作概率注。

第 24 章

参考文献*

* 执笔人：童根兴。

24.1 基本概念

学术研究是后来者在前人积累基础上的知识创新工作，具有继承和创新两个根本特点。人类正是在知识的前后相继、积累创新中实现自身的继承和发展。法国学者彭家勒认为，“科学只是一项集体工作……是一项社会性的事业，它的特征是通过科学家群体而不是通过科学家个人表现和阐发出来的，科学家个人的活动只有融入整个科学群体中，才能成为科学事业的一部分，才能对科学的历史产生影响”。在一定意义上，任何学术成果都是无数研究者长年累月的集体成果。为了体现学术研究的这种积累性、继承性和原创性特征，学术写作过程中的重要部分——引用他人成果和注明参考文献，就被创造出来，作为某种机制来对学术研究的这一特性进行保障。通过引文、注释和参考文献，读者就能在学术脉络中定位作者本人的创新，彰显前人的研究，向前人致敬。这种机制不仅大大推动了科学研究的进步，也使得学术研究的积累成为可能。

在这样一种理念的指引下，近百年来，学者、学术机构、出版机构等基于各学科的特性、学界的习惯，发明并规范了多种引用和注释文献的体例。其中比较著名的有牛津体例、哈佛体例和温哥华体例，后来在业界影响比较大的还有基于各学会和出版机构的体例手册，如美国心理学会的 APA 体例、美国语言学会的 MLA 模式、芝加哥出版社的《芝加哥手册》，中国也有国家推荐标准 GB/T 7714。

中文的语境中涉及文献引用的词语包括“参考文献”“参考书目”“引文”“注释”等。英文的语境中的“参考文献”对应这样几个单词：reference、citation、bibliography、documentation。Documentation 所指的范围最大，指所有涉及文档基本信息的内容。在学术著作“参考文献”的含义里，reference 或 citation，以及 bibliography 三个词比较常用。这些词语所代表的的内容可以出现在文中、文末、脚注、尾注、书末、表格、插图等处。在这个层次上，参考文献与出处注在含义上是一致的。

Reference 是指引用书中或文章中信息这个行为本身，也指书或者章节这个被引用的对象。Citation 是指引文。Bibliography 是学术图书中的一份文献清单，列明了所参考过的各种资料，通常作为图书后附要件的一部分。中文中一般用“参考书目”来指称它。

含义不同，所导致的行为也不同。Reference 所指示的是一对一的关系，即在文中引用（cite/refer）了什么，就标注（note）出来。用脚注、尾注以及文中夹注来标示的文献信息，实际上指的就是这种参考文献。

使用著者 - 出版年制时文末所附录的参考文献就是 reference 意义上的，即它所附录的参考文献，仅仅是文中已经指出过的，不再附录那些参考过但在文中没有直接引用的文献。温哥华体例中所采用的顺序 - 编码制也是在这个含义上使用的。这种含义所展现的另一个信息是，如果使用脚注或者尾注来标识参考文献，则文末也可不必再附录文献信息，或者仅仅附录重要参考文献即可。这种选择受到学科特性以及出版成本考量的影响。

24.2 参考文献的类型

除了表示文献来源信息之外，作为学术图书后附要件的一部分，参考文献还有以下几种分类。

（1）全部参考文献：列出作品中直接引用的文献资料，以及没有引用，但对作者研究、写作有启示和参考意义的文献。

（2）主要参考文献：仅列出对作品研究起重要作用的文献。

（3）注解性参考文献：在列出文献基本信息后，还进行简要内容说明，包括该文献的背景、版次、主要内容、影响等。说明文字通常另起一行，并采用悬挂缩进或者变字体字号的格式。

（4）某一作者的著作列表：按照出版年份进行罗列。

24.3 文后参考文献的编排

通常情况下，所有的文献信息（专著、文集、文章、博士论文等）都按照第一位作者的姓氏字母顺序编排。中文参考文献按责任者姓氏的音序编排，英文（其他文种根据该文种语言习惯著录）则依责任者姓氏字母顺序编排。

排列顺序为中文在前，日文、西文、俄文、其他文种依次。

一般不加序号。

同一位作者有多部作品，可按出版时间的先后顺序编排在作者名下。同一作者同年份多部作品，在出版时间无法辨析的情况下，可依照引用作品名的首字母排序。

同名作者不同文献时，第二个文献可以省略作者姓名，并用破折号长度的横线代替。

首行顶格，第二行缩进四个英文字符的悬挂缩进方式。

24.4 文后参考文献的分类

在一些特殊情况下，文献也按照不同类型进行区分，并分别排列。比如手稿、档案、古籍、田野笔记，以及其他无法按照字母顺序排列的文献，就宜分类整理。总体原则是分类合理、体现文献价值、便于读者查阅。

示例：

A. GOVERNMENT RECORDS 政府文献

1.Unpublished

2.Published

B. PAPERS OF ORGANIZATIONS 机构文献

1.Unpublished

2.Published

C. PAPERS RELATING TO INDIVIDUALS 个人文献

1. Institutional collections

2. Private collections

D. NEWSPATERS AND PERIODICALS 报纸杂志

E. INTERVIEWS 访谈

F. BOOKS, ARTICLES AND THESES:A SELECT LIST 专著、文章、论文等

24.5 创建参考文献的基本原则

按照 ISO 690-2010 所列，以及其他规范性文件，创建参考文献应当遵循如下几条原则。

（1）参考文献条目中所包含的信息应当是充分的，便于读者明确识别文献信息。

（2）参考文献的创建者应该决定参考文献条目内容的详细层次，比如文献条目是提供文献的所有信息，还是只提供部分信息即可，这取决于引用的目的和使用程度。

（3）参考文献的信息应该与正文中所引用文献信息一致。

（4）参考文献条目中的信息应当反映所使用的文献的具体版本。在线版本因为经常变动，此类条目应当包括该版本的网络定位以及获取该文献的日期。

（5）在一部著作中，参考文献条目应当使用统一的风格、样式和著录符号。

24.6
参考文献条目要素

24.6.1 责任者

文献内容的署名者，主要包括著者、编者、学位论文撰写者、专利申请者或所有者、报告撰写者、标准提出者、机构作者等。

24.6.2 责任方式

责任方式为著时，“著”字可省略，其他责任方式不可省略。

24.6.3 文献题名与其他题名信息

（1）中文：主要是文章名、刊物名、书名、报纸名等。

（2）英文文章以及书名各单词第一个字母一般采用大写，行文中的书名和文章名，重点词需要大写。连词（conjunctions）、冠词（articles）以及简短的介词（short prepositions）一般小写，如果连词、介词是由四个及以上字母构成，则需要大写。动词、名词、形容词、副词以及代词都需要大写。

有部分规范倡导英文小写化，因而也有第一个单词首字母大写，后续各单词字母都小写的文献著录规则，全书统一即可。

24.6.4 卷册信息

卷、册、期、版次无论原文献如何标注，在注释中一律采用阿拉伯数字。

24.6.5 出版项

按照出版地、出版者、出版年的顺序编排。

- 出版地：用以表示出版机构所在的地点。同名期刊、报纸应标出出版地。

- 出版者：出版该文献的机构，要确保机构名称正确统一。

- 出版年：通常为该版文献出版的年份，采用公元纪年。报纸、专利文献需详细标注出版日期；期刊要标注出版卷期。

24.6.6 引文页码

观点、引文出处的页码，以阿拉伯数字标注。引用期刊中文章时，宜标出该文所在期刊的起止页码。

注：英文的名和姓之间，页码（p.）或者注释（n.）与注释之间，都要有英文的空格。

24.6.7 数字资源信息

对于在线的电子版文章、数据库文章，应当标明网址（URL 或者 DOI）；对于其他形式的电子书，标明介质形态（比如，DVD,CD-ROM,Kindle edition）。网址链接由于会失效，宜标出登录时间信息。如采用数字资源唯一标识符 doi，由于其是固定永久地址，故不必标出登录时间信息。

24.7 参考文献的著录风格

参考文献的著录格式或者说风格，有不同的类别。这种风格（house style）是在历史中形成的，并因学科特点、使用便利性、影响力和机构而被不同范围内使用。

表 24.1　各种类型参考文献条目要素构成

专著	文集中的文章	期刊	期刊中的文章	电子资源	专利文献
主要责任者	文章主要责任者	主要责任者	文章主要责任者	主要责任者	专利申请者或所有者
题名项	题名项	题名项	题名项	题名项	题名项
题名	文献题名	题名	文章题名	题名	专利题名
其他题名信息	其他责任者	其他题名信息	出处项	其他题名信息	专利号
其他责任者	出处项	年卷期或其他标识	期刊题名	出版项	出版项
版本项	文集主要责任者	出版项	其他题名信息	出版地	公告日期或公开日期
出版项	文集题名	出版地	年卷期标识与页码	出版者	引用日期
出版地	其他题名信息	出版者	引用日期	出版年	获取和访问路径（数字资源必备）
出版者	版本项 / 卷期信息	出版年	获取和访问路径（数字资源必备）	引文页码	数字对象唯一标识符
出版年	出版项	引用日期	数字对象唯一标识符	更改或修改日期	
引文页码	出版地	获取和访问路径（数字资源必备）		引用日期	
引用日期	出版者	数字对象唯一标识符		获取和访问路径（数字资源必备）	
获取和访问路径（数字资源必备）	出版年			数字对象唯一标识符	
数字对象唯一标识符	引文页码				
	引用日期				
	获取和访问路径（数字资源必备）				
	数字对象唯一标识符				

表 24.2 不同类型的参考文献著录格式

顺序 - 编码制	
GB/T 7714-2015	[1] [25] 广西壮族自治区林业厅 . 广西自然保护区 [M]. 北京 : 中国林业出版社 ,1993. [6] BAKER S K. JACKSON M E. The future of resource sharing [M]. New York: The Haworth Press, 1995.
注释 - 编号制	
CMS	脚注：⑤ Geoffrey C. Ward and Ken Burns, *The War: An Intimate History, 1941–1945* (New York: Knopf, 2007), pp. 52–53. 参考文献：Ward, Geoffrey C. and Ken Burns. *The War: An Intimate History, 1941–1945*. New York: Knopf, 2007.
人民 / 商务 / 三联	脚注：②管健:《身份污名与认同融合——城市代际移民的社会表征研究》，北京：社会科学文献出版社 2012 年版，第 185 页。 参考文献：管健:《身份污名与认同融合——城市代际移民的社会表征研究》，北京：社会科学文献出版社 2012 年版。
著者 - 出版年制	
GB/T 7714-2015	文内：The notion of an invisible college has been explored in the sciences(Crane 1972)[221] 文后：CRANE D.1972. Invisible college[M].Chicago: Univ. of Chicago Press.
CMO	文内：(Pollan 2006:25) 文后：Pollan , Michael. 2006. *The Omnivore's Dilemma: A Natural History of Four Meals.* New York: Penguin.
APA	文内：(Haney & Wiener, 2004, p.114) 文后：Haney, C., & Wiener, R. L. (Eds.). (2004). Capital punishment in the United States[Special issue]. *Psychology, Public Policy, and Law, 10* (4).
MLA	文内：The aesthetic and ideological orientation of jazz underwent considerable scrutiny in the late 1950s and early 1960s (Anderson 7). 文后：Anderson, Iain. This is Our Music: Free Jazz, the Sixties, and American Culture. Philadelphia: U of Pennsylvania P, 2007. Print. The Arts and Intellectual Life in Mod. Amer.

第 25 章

文献引用体例 I：注释 - 编号制*

注释 - 编号制（Notes-numberic system of citation）是指依序在引文处标示注码，以对应的脚注或尾注呈现引文出处信息的文献征引方式。属于三大文献征引体系的牛津体系，ISO690 以行文注（running notes）冠名，CMS 以 Notes-bibliography system 冠名，在历史学、哲学、宗教等人文学科中应用较多。国内出版社如商务印书馆、人民出版社、三联书店、社会科学文献出版社，学术杂志如《中国社会科学》《历史研究》等应用较多。

* 执笔人：童根兴。

25.1 基本形式

示例:

【行文】

…………

……“宫廷乐师作为君主的仆役不仅有歌唱和演奏器乐的任务，而且还有责任为临近的节日和其他正常的或特殊的事件不断作曲，此外还得经常给君主及其家庭上音乐课。”①……对于以音乐为职业者来说，“每一种正统的职业在上帝那里都具有完全同等的价值。”②赞助者的行为除了娱人娱己，在一定程度上还构成了其政治权力的架构。“就贵族控制的经济和政治资源而言，他们必然决定着文化的方向。作家、艺术家和科学家求助于贵族，是因为贵族有经济能力来扶持文化事业，他们没有别的选择，只能小心地迁就其赞助人的文化兴趣。”③可……在17世纪时兴起的“良好趣味”范畴中，“审美的因素和社会的因素相互融合：艺术判断不仅仅是独立于其他能力的自在体，也被当作社会区分的一种手段。”④“当时所有的作曲家都为别人创作，而且其中的大部分作品都是应景之作。”⑤……作曲家有时甚至会在创作中“表露引人注目的个性（不仅是经验意义而且是美学意义上的个性），不仅得到允许，而且得到鼓励。”⑥

【脚注】

———

① 马克斯·布劳巴赫:《德意志史》第2卷上册，陆世澄、王昭仁译，北京：商务印书馆，1998，第275页。

② 马克斯·韦伯:《新教伦理与资本主义精神》，于晓、陈维纲等译，西安：陕西师范大学出版社，2006，第34页。

③ Jonathan Dewald, *The European Nobility, 1400-1800* (Cambridge: Cambridge University Press, 1996), p.185.

④ 达尔豪斯:《音乐史学原理》，第166页。

⑤ Raynor, *Social History of Music: From the Middle Ages to Beethoven*, p.290.

⑥ 达尔豪斯:《音乐史学原理》，第166页。

【书末参考文献】

布劳巴赫，马克斯:《德意志史》第 2 卷上册，陆世澄、王昭仁译，北京：商务印书馆，1998。

达尔豪斯:《音乐史学原理》，杨燕迪译，上海：上海音乐学院出版社，2006。

韦伯，马克斯:《新教伦理与资本主义精神》，于晓、陈维纲等译，三联书店，1987。

Dewald, Jonathan. *The European Nobility, 1400 - 1800*. Cambridge: Cambridge University Press, 1996.

Raynor, Henrry. *A Social History of Music: From the Middle Ages to Beethoven*. London: Barrie & Jenkins, 1972.

25.2 编排原则

25.2.1　初次引用

文献初次引用确保各项内容齐全，隔页或隔几页再次引用可仅标明主要作者，省略英文的名、责任方式、副标题、出版项等信息。

示例：

1. Michael Pollan, *The Omnivore's Dilemma: A Natural History of Four Meals* (New York: Penguin, 2006), pp.99–100.

20. Pollan, *The Omnivore's Dilemma*, p.3.

1 基思 · 谢德维克:《吉尼斯古典音乐大师》，汪启璋、沈旋等译，上海：上海辞书出版社，2001，第 10 页。

30 谢德维克:《吉尼斯古典音乐大师》，第 11 页。

25.2.2 “同上”与“同上书”

同一页所引文献相同且注释顺序相邻时，责任者、书名可省略为“同上书”；同一页所引文献相同、页码相同且注释顺序相邻时，责任者、书名、页码可省略为“同上”。

示例：

① 李培林等:《当代中国民生》，北京：社会科学文献出版社，2010，第183页。

② 同上。

③ 同上书，第214页。

25.2.3 多条文献信息

一个注释中有多项文献信息，各条文献之间用分号隔开。如果注释中仅标注英文文献，则使用英文标点。若注释中中英文文献混合，则句末标点采用中文句号。

示例：

① Claude Fisher,*To Dwell Among Friends* (University of Chicago, 1982); Peter V. Marsden, “Core Discussion Networks of Americans,” *American Sociological Review* 52(1987):122-131; 熊瑞梅:《影响情感与财务支持联系的因素》，台北:《人文及社会科学研究集刊》1994年第6期；熊瑞梅:《性别、个人网络与社会资本》，边燕杰、涂肇庆、苏耀昌主编《华人社会的调查研究》，香港：牛津大学出版社，2001。

25.2.4 引文注和说明注共存

注释中既有对正文内容的说明，也包含出处的信息，则出处注可跟在内容说明之后。

示例：

① 另外，杜维明的《中国古代儒学知识分子的结构与功能》一文透露，他关于儒家知识分子的研究，其中一大块内容就是分析知识分子的功能，他说："我发表这项有关儒家知识分子在古代中国的结构与功能的简要分析，有两个目的：提供轴心时代一个重要历史事件的现象学描述，即儒家文化价值的制度化；提出对于这一事件深远意义进行评估的一种方法，旨在从总体上理解中国政治文化。"杜维明：《中国古代儒学知识分子的结构与功能》，《开放时代》2000年第3期。

25.2.5 "见"（see）、"亦见"（see also）与"参见"（cf.）的使用

建议读者进一步阅读相关文献，该文献不构成所引用信息的直接来源，则采用"见""亦见"或者"参见"作为开头。此处"参见"含有比较的意思。

示例：

① 有关"两栖"消费的更详尽的分析，见王宁《"两栖"消费行为的社会学分析》，《中山大学学报（社会科学版）》2005年第4期，第71-76页。

② 其他人可能不会同意我的立场，参见 Fisher and Ury, *Getting To Yes*,pp,101-103。

25.2.6 文末参考文献的省略

尽管文末参考文献是学术著作的必要组成部分，但在采用此种文献征引方式后，文末参考文献可列也可不列。如果列出，可加入在书中参考过但没有直接引用的文献，或者列出主要参考文献。列出全部参考文献亦无不妥，主要考虑到出版成本以及必要性。

25.3 著录细则

25.3.1　专著

【中文基本格式】: 责任者及责任方式，文献题名 / 卷册，出版者，出版时间，引文页码。

【英文基本格式】: 责任者及责任方式，文献题名（出版地点：出版社，出版时间），引文页码。

【注释】

① 周雪光:《组织社会学十讲》，北京：社会科学文献出版社，2003，第 216 页。

② 管健:《身份污名与认同融合——城市代际移民的社会表征研究》，北京：社会科学文献出版社，2012，第 185 页。

③ 李培林、陈光金、张翼、李炜:《中国社会和谐稳定报告》，北京：社会科学文献出版社，2008，第 197 页。

④ Stewart Banner, *How the Indians Lost Their Land: Law and Power on the Frontier* (Cambridge: Harvard University Press, 2005), p. 89.

⑤ Geoffrey C. Ward and Ken Burns, *The War: An Intimate History, 1941-1945* (New York: Knopf, 2007), pp. 52-53.

【文后参考文献】

周雪光:《组织社会学十讲》，北京：社会科学文献出版社，2003。

管健:《身份污名与认同融合——城市代际移民的社会表征研究》，北京：社会科学文献出版社，2012。

李培林、陈光金、张翼、李炜:《中国社会和谐稳定报告》，北京：社会科学文献出版社，2008。

Banner, Stewart.*How the Indians Lost Their Land: Law and Power on the Frontier*. Cambridge: Harvard University Press, 2005.

Ward, Geoffrey C.,and Ken Burns. *The War: An Intimate History, 1941–1945*. New York: Knopf, 2007.

25.3.2 主编作品

【中文基本格式】: 责任者及责任方式，文献题名 / 卷册，出版者，出版时间，引文页码。

【英文基本格式】: 责任者及责任方式，文献题名（出版地点：出版社，出版时间），引文页码。

【注释】

① 陆学艺主编《当代中国社会结构》，“中国社会阶层研究报告”之三，北京：社会科学文献出版社，2010，第 109 页。

② 陆学艺主编《中国社会建设与社会管理：对话 · 争鸣》，北京：社会科学文献出版社，2011，第 288 页。

③ Robert J. Beck, Anthony Clark Arend and Robert D. Vander Lugt (eds.), *International Rules: Approaches from International Law and International Relations* (New York: Oxford University Press, 1996).

【文后参考文献】

陆学艺主编《当代中国社会结构》，“中国社会阶层研究报告”之三，北京：社会科学文献出版社，2010。

陆学艺主编《中国社会建设与社会管理：对话 · 争鸣》，北京：社会科学文献出版社，2011。

Beck, Robert J., Anthony Clark Arend and Robert D. Vander Lugt eds. *International Rules: Approaches from International Law and International Relations*.New York: Oxford University Press, 1996.

25.3.3 译著

【中文基本格式】: 责任者及责任方式，文献题名 / 卷册，译者及责任方式，出版者，出版时间，引文页码。

【英文基本格式】: 责任者及责任方式，文献题名（出版地点：出版社，出版时间），译者及责任方式，引文页码。

【注释】

① Gabriel García Márquez, *Love in the Time of Cholera*, trans. Edith Grossman (London: Cape, 1988), pp. 242-255.

② 马克斯 · 韦伯:《新教伦理与资本主义精神（罗克斯伯里第三版）》，斯蒂芬 · 卡尔伯格英译，苏国勋、覃方明、赵立玮、秦明瑞 中译，北京：社会科学文献出版社，2010，第 79-80 页。

③ Richmond Lattimore trans/eds., *The Iliad of Homer* (Chicago: University of Chicago Press, 1951).

④ 皮埃尔 · 布迪厄、华康德:《实践与反思：反思社会学导引》，李猛、李康译，北京：中央编译出版社，2004。

【文后参考文献】

布迪厄、华康德:《实践与反思：反思社会学导引》，李猛、李康译，北京：中央编译出版社，2004。

25.3.4 章、节或者文集中的文章

【基本格式】: 文章作者，文章名，文集责任者及作品名，出版者，出版时间，引文页码。

【注释】

① 黄源盛:《民初大理院民事审判法源问题再探》，载李贵连主编《近代法研究》第1辑，北京：北京大学出版社，2007，第5页。

② Glenn Gould, "Streisand as Schwarzkopf," in *The Glenn Gould Reader*, ed. Tim Page (New York: Vintage, 1984), p. 310.

③ 乔启明:《中国农民生活程度之研究》，载《乔启明文选》，北京：社会科学文献出版社，2012，第340页。

④ 方文:《中国宗教与民间信仰》，载李培林、李强、马戎主编《社会学与中国社会》，北京：社会科学文献出版社，2008，第477页。

【文后参考文献】

Gould, Glenn. "Streisand as Schwarzkopf." In *The Glenn Gould Reader*, edited by Tim Page, pp.308-311. New York: Vintage, 1984.

25.3.5 前言、导言，与该书非同一作者

① 苏国勋:《新教伦理与资本主义精神·中文新译本序言》，载马克斯·韦伯《新教伦理与资本主义精神（罗克斯伯里第三版）》，斯蒂芬·卡尔伯格 英译，苏国勋、覃方明、赵立玮、秦明瑞中译，北京：社会科学文献出版社，"中文新译本序言"第6页。

② James Rieger, introduction to *Frankenstein; or, The Modern Prometheus*, by Mary Wollstonecraft Shelley (Chicago: University of Chicago Press, 1982), pp. xx–xxi.

25.3.6 期刊文章

【基本格式】：责任者，文章篇名，期刊名 / 年期（或卷期、出版年月）。

① 李培林、李炜:《农民工在中国转型中的经济地位和社会态度》,《社会学研究》2007年第3期。

② 林建成：《试论陕甘宁边区的历史地位及其作用》，《民国档案》1997 年第 3 期。

③ Walter Blair, "Americanized Comic Braggarts," *Critical Inquiry* 4, no. 2 (1977): 331-32.

④ Andrew G. Walder, "Markets and Inequality in Transitional Economies: Toward Testable Theories," *American Journal of Sociology* 101, no. 4 (Jan. 1996): 1060-1073.

25.3.7　数字出版物、网页文章等

【标注格式】：责任者，书名 / 题名，出版者 / 学术机构，时间，页码，数据来源或介质。

① 王巍：《夏鼐先生与中国考古学》，《考古》2010 年第 2 期，访问日期：2012 年 6 月 3 日，http://mall.cnki.net/magazine/Article/KAGU201002007.htm。

② 邱巍：《吴兴钱氏家族研究》，浙江大学博士学位论文，2005，第 19 页，中国优秀博硕士学位论文全文数据库：http://ckrd.cnki.net/grid20/Navigator.aspxID=2。

③ Sheryl Gay Stolberg and Robert Pear, "Wary Centrists Posing Challenge in Health Care Vote," *New York Times*, February 27, 2010, accessed February 28, 2010, http://www.nytimes.com/2010/02/28/us/politics/28health.html.

④ "Google Privacy Policy," last modified March 11, 2009, http://www.google.com/intl/en/privacypolicy.html.

⑤ "McDonald's Happy Meal Toy Safety Facts," McDonald's Corporation, accessed July 19, 2008, http://www.mcdonalds.com/corp/about/factsheets.html.

⑥ Gueorgi Kossinets and Duncan J. Watts, "Origins of Homophily in an Evolving Social Network," *American Journal of Sociology* 115 (2009): 411, accessed February 28, 2010, doi:10.1086/599247.

⑦ Jane Austen, *Pride and Prejudice* (New York: Penguin Classics, 2007), Kindle edition.

25.3.8 报纸和大众杂志中的文章

【标注格式】：责任者，文章篇名，报纸名 / 出版年、月、日，版次。

【注释】

① 周玉清：《职工工资收入过低严重影响社会和谐稳定》，《中国经济时报》2006 年 7 月 28 日。

② 鲁佛民：《对边区司法工作的几点意见》，《解放日报》1941 年 11 月 15 日，第 3 版。

③ Daniel Mendelsohn, “But Enough about Me,” *New Yorker*, January 25, 2010, p.68.

【文后参考文献】

Mendelsohn, Daniel. “But Enough about Me.” *New Yorker*, January 25, 2010.

25.3.9 书评

中文书评遵照期刊报纸中文章的格式。英文书评格式如下：

【标注格式】书评者，文章，被评论的书，该书著者，发表载体，出版年月日。

① David Kamp, “Deconstructing Dinner,” review of *The Omnivore’s Dilemma: A Natural History of Four Meals*, by Michael Pollan, *New York Times*, April 23, 2006, Sunday Book Review, http://www.nytimes.com/2006/04/23/books/review/23kamp.html.

25.3.10 学位论文

【标注格式】：责任者，文献题名，类别，学术机构，时间，页码。

① 陈默：《抗战时期国军的战区 - 集团军体系研究》，博士学位论文，北京大学历史学系，2012，第 134 页。

② Mihwa Choi, “Contesting *Imaginaires* in Death Rituals during the Northern Song Dynasty” (PhD diss., University of Chicago, 2008).

25.3.11　会议论文

【标注格式】: 责任者，文献题名，会议名称，会议地点，召开时间。

① 马勇:《王爷纷争：观察义和团战争起源的一个视角》，政治精英与近代中国国际学术研究会会议论文，杭州，2012，第 9 页。

② Rachel Adelman, " 'Such Stuff as Dreams Are Made On': God's Footstool in the Aramaic Targumim and Midrashic Tradition" (paper presented at the annual meeting for the Society of Biblical Literature, New Orleans, Louisiana, November 21–24, 2009).

25.3.12　档案文献

【标注格式】: 文献题名，文献形成时间（含年月日），卷宗号或编号，藏所。

① 雷经天:《关于边区司法工作检查情形》(1943 年 9 月 3 日)，陕西省档案馆藏陕甘宁边区高等法院档案，档案号：15/149。

② James Oglethorpe to the Trustees, 13 January 1733, Phillipps Collection of Egmont Manuscripts, 14200:13, University of Georgia Library.

③ Alvin Johnson, memorandum, 1937, file 36, Horace Kallen Papers, YIVO Institute for Jewish Research, New York.

25.3.13　古籍

刻本

【标注格式】: 责任者与责任方式，文献题名 / 卷次，版本，页码。

① 金吾编《金文最》卷一一，光绪十七年江苏书局刻本，第 18 页 b。

点校本、整理本

【标注格式】: 责任者与责任方式，文献题名／卷次，出版地点，出版者，出版时间，页码。

② 苏天爵辑《元朝名臣事略》卷一三《廉访使杨文宪公》，姚景安点校，中华书局，1996，第257-258页。

影印本

【标注格式】: 责任者与责任方式，文献题名／卷次，出版地点，出版者，出版时间，(影印)页码。

① 钟羲:《雪桥诗话续集》卷五上册，辽沈书社，1991，影印本，第461页下栏。

25.3.14　地方志

示例:

① 民国《上海县续志》卷一《疆域》，第10页b。

② 同治《酃县志》卷四《炎陵》，收入《中国地方志集成 · 湖南府县志辑》第18册，江苏古籍出版社，2002，影印本，第405页。

③《清太祖高皇帝实录》卷一〇，天命十一年正月己酉，中华书局，1986年影印本。

几点说明:

(1) 唐宋时期的地方志多系私人著作，可标注作者；明清以后的地方志一般不标注作者，书名前冠以修纂成书时的年代(年号)。

(2) 常用基本典籍、官修大型典籍以及书名中含有作者姓名的文集可不标注作者，如有现代整理版的，也可标现代整理版的出版时间、页码。如《论语》、二十四史、《资治通鉴》《全唐文》《册府元龟》《清实录》《四库全书总目提要》《陶渊明集》等。

(3) 编年体典籍，可注出文字所属之年月甲子(日)。

(4) 卷次可用阿拉伯数字标示。

25.3.15 访谈材料及其他

田野访谈材料应序列号，该序列号至少包括如下成分：访谈材料编号，访谈标题或缩写，访谈年月日等。

访谈1，对N市建委城建处P处长的访谈，2005年12月1日。

访谈记录5：yhsq2004wm，2004。

访谈记录10：编号B24-M-32，2008。

25.3.16 转引文献

【标注格式】：责任者，文献题名，转引文献责任者与责任方式，转引文献题名/卷册，出版者，出版时间，页码。

① 章太炎：《在长沙晨光学校演说》（1925年10月），转引自汤志钧《章太炎年谱长编》下册，中华书局，1979，第823页。

25.3.17 责任者本人的选集、文集

如为责任者本人的选集、文集，则注释文献中可省略责任者。

①《孙本文文集》（第三卷），北京：社会科学文献出版社，2011，第253页。

25.4 编排示例

参考文献

安介生：《历史民族地理》（下），济南：山东教育出版社，2007。

白拉都格其：《关于近代内蒙古民族运动研究的几个问题》，《内蒙古社会科学》1997年第

6 期。
——:《成吉思汗的遗产》，呼和浩特：内蒙古人民出版社，2009。
包亚明主编《布迪厄访谈录——文化资本与社会炼金术》，上海：上海人民出版社，1997。
宝玉柱:《清代蒙古族社会转型及语言教学》，北京：民族出版社，2003。
边燕杰:《社会资本研究》,《学习与探索》2006 年第 2 期。
布仁赛因，孛儿只斤:《近现代蒙古人农耕村落社会的形成》，娜仁格日勒译，呼和浩特：内蒙古大学出版社，2007。
布赫主编《民族理论与民族政策》，呼和浩特：内蒙古大学出版社，1995。
常宝:《寻找国家：清末民国时期蒙古地方精英国家认同的演变与形成》,《社会科学战线》2011 年第 8 期。
成崇德:《论清朝疆域形成与历代疆域的关系》,《中国边疆史地研究》2005 年第 1 期。
但兴悟:《“天下兴亡，匹夫有责”的再诠释与中国近代民族国家意识的生成》,《世界经济与政治》2006 年第 10 期。
杜家骥:《清朝满蒙联姻研究》，北京：人民出版社，2003。
费孝通等:《中华民族多元一体格局》，北京：中央民族学院出版社，1989。
费孝通:《乡土中国 生育制度》，北京：北京大学出版社，1998。
高韫芳:《当代中国中央与民族自治地方政府关系研究》，北京：人民出版社，2009。
郝维民主编《内蒙古革命史》，呼和浩特：内蒙古大学出版社，1997。
——主编《内蒙古近代简史》，呼和浩特：内蒙古大学出版社，1990。
——主编《内蒙古自治区史》，呼和浩特：内蒙古大学出版社，1991。
胡杨:《精英与资本——转型期中国乡村精英结构变迁的实证研究》，北京：中国社会科学出版社，2009。
黄奋生:《蒙藏新志》(下)，北京：中华书局，1938。
黄宏主编《延安精神》，北京：人民出版社，2005。
黄志成:《被压迫者的教育学——弗莱雷解放教育理论与实践》，北京：人民教育出版社，2003。
Adelman, Rachel. “‘Such Stuff as Dreams Are Made On’: God’s Footstool in the Aramaic Targumim and Midrashic Tradition.” Paper presented at the annual meeting for the Society of Biblical Literature, New Orleans, Louisiana, November 21–24, 2009.

Choi, Mihwa. "Contesting *Imaginaires* in Death Rituals during the Northern Song Dynasty." PhD diss., University of Chicago, 2008.

Google. "Google Privacy Policy." Last modified March 11, 2009. http://www.google.com/intl/en/privacypolicy.html.

McDonald's Corporation. "McDonald's Happy Meal Toy Safety Facts." Accessed July 19, 2008. http://www.mcdonalds.com/corp/about/factsheets.html.

Mendelsohn, Daniel. "But Enough about Me." *New Yorker*, January 25, 2010.

Stolberg, Sheryl Gay, and Robert Pear. "Wary Centrists Posing Challenge in Health Care Vote." *New York Times*, February 27, 2010. Accessed February 28, 2010. http://www.nytimes.com/2010/02/28/us/politics/28health.html.

Ward, Geoffrey C., and Ken Burns. *The War: An Intimate History, 1941–1945*. New York: Knopf, 2007.

第 26 章

文献引用体例Ⅱ：著者 - 出版年制*

著者 - 出版年制（Author-date system）是指在引文处括注引文的著者、出版年、页码（可选），文后参考文献详列文献具体信息的一种征引方式，属于三大文献征引体系的哈佛体例（Harvard system），ISO 690 中以 name and date system 冠名，在社会科学、心理学中应用较多，但每个科学在具体著录格式上有所差别。近年来，我国社会科学界也越来越频繁使用此种文献征引方式。

* 执笔人：童根兴。

26.1
基本形式

行文（包括正文、脚注、尾注、图注、表注等）中引用的资料来源，以夹注的形式存在，注文通常包括作者名称（翻译著作和外文作者通常只标姓，省略著、主编等作品形成方式信息）、引用作品的出版年份以及引文所在页码（如果需要），并用括号括住。该著作的详细信息在文后或者书后的参考文献中出现，参考文献中的出版年份紧跟在作者之后。

【文中】（著者，年份，卷期：参考页码）

【文末】著者，出版年份，文献，其他作者，出版地：出版社。

示例

【行文】

当农民在利益受到侵害时，他们常常既因为处于社会最底层而无从退出，又不甘心接受，却也畏于表达（Solomon,1971:105-134），所以，他们的常规反应不是忽略、忍耐，就是所谓的投机或“日常的抵抗”（斯科特，2007）。那么，农民为什么不时还会出现正面抗争这种非常规反应，有的时候甚至表现出法农 (2005) 所分析的那种激进、狂暴的行动倾向？……阶级小农、理性小农与道义小农这三条线索之间的颉颃始终就没有停息过，而这三方面又早已被黄宗智（2000）称为小农这个统一体中三种不同面貌。

【文后参考文献】

法农，弗朗兹，2005，《全世界受苦的人》，万冰译，南京：译林出版社。

黄宗智，2000，《华北的小农经济与社会变迁》，北京：中华书局。

斯科特，詹姆斯 · C.,2007，《弱者的武器——农民反抗的日常形式》，郑广怀等译，南京：译林出版社。

Solomon, R. 1971.*Mao's Revolution and the Chinese Political Culture*. Berkeley: University of California Press.

26.2
编排细则

26.2.1 征引单部作品

一个作者时，列出作者和出版年份，中间用“，”隔开，如果有引用的具体页码，则页码和出版年之间用“：”隔开。

两个作者时，中文作品作者之间用“、”隔开，英文作者之间用“and”相连。

三个作者时，中文作品的作者与作者之间用“、”隔开，英文前两个作者之间用“,”隔开，后两个作者之间用“,and”隔开。

三个以上作者时，可以缩写，格式为第一个作者加“等”（英文为 et al.）

只有四个作者时，视情况可以全列。

【行文中】

（赵鼎新，2006：3）

（王晓毅、渠敬东，2009）

（李培林等，2008）

（布迪厄、华康德，2004:39）

（Pollan,2006: 99–100）

（Kossinets and Watts，2009: 411）

（Halsey, Health, and Ridge,1980 ）

【文后文献列表】

布迪厄、华康德，2004,《实践与反思：反思社会学导引》，李猛、李康译，北京：中央编译出版社。

李培林、陈光金、张翼、李炜，2008，《中国社会和谐稳定报告》，北京：社会科学文献出版社。

王晓毅、渠敬东编，2009，《斯科特与中国乡村：研究与对话》，北京：民族出版社。

赵鼎新，2006，《社会与政治运动讲义》，北京：社会科学文献出版社。

Halsey, A. H., A. F. Heath, and J. M. Ridge. 1980. *Origins and Destinations: Family, Class and Education in Modern Britain*. Oxford, England: Clarendon Press.

Kossinets, Gueorgi, and Duncan J. Watts. 2009. "Origins of Homophily in an Evolving Social Network." *American Journal of Sociology* 115:405–50. Accessed February 28, 2010. doi:10.1086/599247.

Pollan, Michael. 2006. *The Omnivore's Dilemma: A Natural History of Four Meals*. New York: Penguin.

26.2.2　征引同一作者两部及以上作品

（1）不同年份作品。若无具体的参考页码，不同著作的出版年之间用"，"隔开。如（作者，年份 1，年份 2）；有具体的参考页码，不同著作之间用"；"隔开。如（作者，年份 1：页码；年份 2）

（2）同一年份作品。引用同一作者同一年份多部作品时，用"a,b,c……"附在年份后加以区别。参考文献中的年份后同样有对应的 a,b,c。同一年份不同作品排列按照出版时间排序，若无法确定出版先后，可按文献的首字母排序。

【行文中】

（李培林，1996,1998）

（李培林，2001：25；2002）

（李培林，2010a，2010b，2011）

【文后文献列表】

李培林，1996，《流动民工的社会网络和社会地位》，《社会学研究》第 4 期。

——，1998，《老工业基地的失业治理：后工业化和市场化——东北地区 9 家大型国有企业的调查》，《社会学研究》第 4 期。

——，2001，《村落的终结》，北京：商务印书馆。

——，2002，《巨变：村落的终结——都市里的村庄研究》，《中国社会科学》第 1 期。

——，2010a，《中国的新成长阶段与社会改革》，登录时间：2013 年 4 月 26 日，http://

www.news365.com.cn/wxpd/jy/jjygg/201003/t20100301_2633564.htm 。
——，2010b，《让农民的住宅进入市场》，《中国经贸导刊》第 13 期。
——主编，2011，《中国民生报告》，北京：社会科学文献出版社。

26.2.3 征引不同作者的不同文献

不同文献信息之间用“；”隔开。

（作者 1，年份；作者 2，年份；作者 3，年份，年份）

（McCarthy and Zald，1973，1977；Tilly，1978；塔罗，2005；麦克亚当等，2006）

26.2.4 征引机构作者的文献

在括号中标注机构的全名或者缩写（若机构名太长影响阅读时）。

【行文中】

（《人民日报》，2017）

(Google, 2009)

(McDonald’s, 2008)

【文后文献列表】

《人民日报》，2017，《坚持走中国特色强军之路——七论学习贯彻党的十九大精神》，11 月 4 日，第 2 版。

Google. 2009. “Google Privacy Policy.” Last modified March 11. http://www.google.com/intl/en/privacypolicy.html.

McDonald’s Corporation. 2008. “McDonald’s Happy Meal Toy Safety Facts.” Accessed July 19. http://www.mcdonalds.com/corp/about/factsheets.html.

26.2.5 未出版作品和无法找到初版年份的作品

基本格式为:（作者，即将出版）;（作者，未知年份）

【行文中】

（李强，即将出版）

【文后参考文献】

李强，即将出版，《清河实验》，北京：社会科学文献出版社。

26.2.6 转引作品

在无法取得观点以及引用文字原始出处的情况下，必须注明转引信息。

基本格式为:（转引自 作者，年份：页码）

【行文】

1973 年出版的期刊《德狄勒斯》的中心论点指出，在许多社会中，传统和现代性是不可分离的，现代文化和传统文化是一种相互作用的关系，他们渗透于社会和政治结构之中，并在特定的社会中制约着经济的发展（转引自赫特尔，1988：45）。

【文后参考文献】

赫特尔，马克，1988，《变动中的家庭——跨文化的透视》，宋践等译，杭州：浙江人民出版社。

26.2.7 文集作品

以个人名字命名的文集类作品，文中可标示文集名。

【行文】

（《马克思恩格斯选集》第 1 卷，1972:36）

【文后参考文献】

《马克思恩格斯选集》第 1 卷，1972，北京：人民出版社。

26.2.8　著作方式（主编、编、译、编著）

著作方式信息在正文夹注中不必标出。

【行文】

（王晓毅、渠敬东，2009）

【文后参考文献】

王晓毅、渠敬东编，2009，《斯科特与中国乡村：研究与对话》，北京：民族出版社。

26.2.9　初版年份与引用年份

有时候，作者会写出该部作品的首版年份，但具体引用的作品是后续版次。这时的格式是：

（作者，[首版年份] 引用版次年份）

【行文中】

（林耀华，[1944]1989）

（费孝通，[1939] 1986,[1943]1990）

【文后参考文献】

林耀华，[1944]1989，《金翼——中国家族制度的社会学研究》，庄孔韶、林宗成译，北京：生活 · 读书 · 新知三联书店。

费孝通，[1939]1986，《江村经济：中国农民的生活》，戴可景译，南京：江苏人民出版社。

——，[1943]1990，《禄村农田》，费孝通、张之毅：《云南三村》，天津：天津人民出版社。

26.3
文后著录细则

文后参考文献应与正文中的出处一一对应，确保完整性、准确性。

中文参考文献条目中文各项信息之间用逗号隔开，英文各项信息之间用点号隔开。

【中文基本格式】: 作者及责任方式，出版年份，文献题名 / 卷册，出版者。

【英文基本格式】作者及责任方式 . 出版年份 . 文献题名及相关信息 . 出版者信息 .

注释：下文中（作者，年份）指的是文中夹注形式，参考文献条目为文后参考文献（reference）中的著录格式。

26.3.1 专著

梁漱溟，2006,《乡村建设理论》，上海：上海人民出版社。

（梁漱溟，2006）

Pollan, Michael. 2006. *The Omnivore's Dilemma: A Natural History of Four Meals*. New York: Penguin.

（Pollan,2006）

26.3.2 文集

高丙中，2000,《民间的仪式与国家的在场》，载郭于华主编《仪式与社会变迁》，北京：社会科学文献出版社。

（高丙中，2000）

张静，2000,《“雷格瑞事件”引出的知识论问题》,《清华社会学评论》第 2 辑，鹭江出版社。

（张静，2000）

Kelly, John D. 2010. "Seeing Red: Mao Fetishism, Pax Americana, and the Moral Economy of War." In *Anthropology and Global Counterinsurgency*, edited by John D. Kelly, Beatrice Jauregui, Sean T. Mitchell, and Jeremy Walton, pp.67–83. Chicago: University of Chicago Press.

（Kelly，2010）

26.3.3　期刊

张其仔，1999，《社会网与基层经济生活》，《社会学研究》第 3 期。

（张其仔，1999）

Weinstein, Joshua I. 2009. "The Market in Plato's Republic." *Classical Philology* 104:439–458.

（Weinstein，2009）

26.3.4　报纸

鲁佛民 ,1941,《对边区司法工作的几点意见》，《解放日报》11 月 5 日，第 3 版。

(鲁佛民，1941)

Daily News.2008. "Small change" , 2 February, p. 7.

(*Daily News*,2008)

26.3.5　会议论文

马勇，2012，《王爷纷争：观察义和团战争起源的一个视角》，"政治与精英与近代中国"国际学术研讨会会议论文，杭州。

（马勇，2012）

Adelman, Rachel. 2009. "'Such Stuff as Dreams Are Made On': God's Footstool in the Aramaic Targumim and Midrashic Tradition." Paper presented at the annual meeting for the Society of Biblical Literature, New Orleans, Louisiana, November 21–24.

（Adelman，2009）

26.3.6 学位论文

陈默，2012《抗战时期国军的战区——集团军体系研究》，博士学位论文，北京大学历史学系。

（陈默，2012：134）

Choi, Mihwa. 2008. "Contesting Imaginaires in Death Rituals during the Northern Song Dynasty." PhD diss., University of Chicago.

（Choi，2008）

26.3.7 网站、数据库等电子资源

邱魏，2005，《吴兴钱氏家族研究》，博士学位论文，浙江大学。据中国优秀博硕士学位论文全文数据库：http://ckrd.cnki.net/grid20/Navigator.aspxID=2。

（邱魏，2005：19）

Kossinets, Gueorgi, and Duncan J. Watts. 2009. "Origins of Homophily in an Evolving Social Network." *American Journal of Sociology* 115:405–50. Accessed February 28, 2010. doi:10.1086/599247.

（Kossinets and Watts,2009）

26.3.8 译著

韦伯，马克斯，2010，《新教伦理与资本主义精神（罗克斯伯里第三版）》，苏国勋、覃方明、赵立玮、秦明瑞中译，北京：社会科学文献出版社。

（韦伯，2012：123）

比索普、迈克尔·格林，2011，《慈善资本主义——富人在如何拯救世界》，丁开杰、苟天来、朱晓红、王燕燕等译，丁开杰审校，北京：社会科学文献出版社。

（比索普、格林，2011）

26.4 文后编排示例

参考文献

利文，阿瑟，2004，《城市经济学》，苏晓燕、常荆莎、朱雅丽等译，北京：中信出版社。

贝利，2008，《比较城市化：20世纪的不同道路》，顾朝林等译，北京：商务印书馆。

边燕杰、刘勇利，2005，《社会分层、住房产权与居住质量——对中国“五普”数据的分析》，《社会学研究》第3期。

柏骏，2003，《农民身份——一个社会学研究的视角》，《唯实》第12期。

蔡昉，2000，《中国城市限制外地民工就业的政治经济学分析》，《中国人口科学》第4期。

——，2007，《破解农村剩余劳动力之谜》，《中国人口科学》第2期。

——、都阳，2003，《转型中的中国城市发展——城市级层结构、融资能力与迁移政策》，《经济研究》第6期。

蔡志海，2004，流动民工现代性的探讨，《华中师范大学学报》（人文社会科学版）第5期。

陈光金，2010a，《收入差距演变的过程与趋势》，李培林主编《当代中国民生》，社会科学文献出版社。

——，2010b，《市场抑或非市场：中国收入不平等成因实证分析》，《社会学研究》第6期。

陈锡文，2012，《认真总结经验教训，促进中国城镇化，更好的实现可持续》（在2012中国城镇化高层国际论坛上的演讲)，登录时间：2013 年 1 月 31 日，http://www.town.gov.cn/csph/201204/10/ t20120410_537379.shtml。

程贯平、马斌，2003，《改革开放以来我国劳动力市场制度性分割的变迁及其成因》，《理论导刊》第 7 期。

杜鹏，1999，《中国老年人居住方式变化的队列分析》，《中国人口科学》第 3 期。

范雷，2012，《“80 后”青年的政治态度——目前中国大陆政治态度的代际比较》，《江苏社会科学》2012 年第 5 期。

费孝通，[1983]1999a，《小城镇 大问题》，载《费孝通文集》第九卷，北京：群言出版社。

——，[1984]1999b，《小城镇 再探索》，载《费孝通文集》第九卷，北京：群言出版社。

——，[1984]1999c，《小城镇——苏北初探》，载《费孝通文集》第九卷，北京：群言出版社。

——，[1984]1999d，《小城镇 新开拓》，载《费孝通文集》第九卷，北京：群言出版社。

第 27 章

文献引用体例Ⅲ：顺序 - 编码制*

顺序 - 编码制（numeric system）是指引文处采用序号标注，参考文献按引文的序号排序的一种文后参考文献的标注体系，属于三大文献征引体例中的温哥华体例，是《GB/T 7714-2015 信息与文献 参考文献著录规则》中的主要推荐体例，推荐标准的历史版本有《GB/T 7714-1987 文后参考文献著录规则》《GB/T 7714-2005 文后参考文献著录规则》。顺序编码制的体系和著录格式被很多学科、作

* 本部分内容由童根兴根据 GB/T 7714-2015 调整而来。

SSAP

手册系列

I

作者手册

者、出版机构和刊物使用，一般适用于自然科学，我国高校学报的社会科学版也通常采用这种体例格式。在采用这种格式的时候，序号所标注的仅仅是参考文献条目信息，说明性的注释不与其混排，要么省略说明性注释，要么分开著录，这一点是需要注意的。顺序编码制的详细著录体例和格式在 GB/T 7714 文本中都有阐述，读者可以自行查询。这里仅仅列举一些基本原则以及顺序－编码制的基本样式，供作者和编辑学习使用。

27.1 基本形式

【行文】

改变社会规范也可能存在类似的“二阶囚徒困境”问题：尽管改变旧的规范对所有人都好，但个人理性选择使得没有人愿意率先违反就的规范[1]。……事实上，古希腊对轴心时代思想真正的贡献不是来自对民主的赞扬，而是来自对民主制度的批评，苏格拉底、柏拉图和亚里士多德三位贤圣都是民主制度的坚决反对者[2]260。……柏拉图在西方世界的影响力是如此之大以至于有学者评论说，一切后世的思想都是一系列为柏拉图思想所作的脚注[3]。……据《唐会要》记载，但是拆毁的寺院有 4600 余所，招提、兰若等佛教建筑 4 万余所，没收寺产，并强迫僧尼还俗达 260500 人。佛教受到极大的打击[2]326-329。……陈登原先生的考证是非常精确的，他印证了《春秋说题辞》“黍者绪也，故其立字，禾入米为黍，为酒以扶老，为酒以序尊卑，禾为柔物，亦宜养老”，指出：“以上谓等威之辩，尊卑之序，由于饮食荣辱。”[4]

【文后参考文献】

参考文献

[1] SUNSTEIN C.R. Social norms and social roles [J/OL].Columbia law review, 1996,96:903 [2012-01-26].http: //www.heinonline.org/HOL/Page?handle=hein.journals/clr96&id=913&collection=journals&index=journals/clr.

[2] MORRI I. Why the west rules for now: the patterns of history, and what they reveal about the future[M]. New York: Farrar, Straus and Giroux, 2010.

[3] 罗杰斯．西方文明史：问题与源头 [M]. 潘惠霞，魏婧，杨艳，等译．大连：东北财经大学出版社，2011:15-16.

[4] 陈登原．国史旧闻：第 1 卷 [M]. 北京：中华书局，2000.

27.2
编排原则

（1）顺序编码制是按正文中引用的文献出现的先后顺序连续编码，将序号置于方括号中。

（2）同一处引用多篇文献时，应将各篇文献的序号在方括号内全部列出，各序号间用“,”。如遇连续序号，起迄序号间用短横线连接。

示例：

裴伟[56,70]提出……

莫拉德对稳定地区的治理模式的研究[255-256]……

（3）多次引用同一著者的同一文献时，在正文中标注首次引用的文献序号，并在序号的“[ ]”外著录引文页码（参见27.1中的著录形式）。

27.3
著录格式

27.3.1 著录项目

顺序-编码制中的著录项目，与其他体系中参考文献项目一致。此处仅举专著例子如下。

主要责任者

题名项

题名

其他题名信息

文献类型标识（任选）

其他责任者（任选）

版本项

出版项

出版地

出版者

出版年

引文页码

引用日期

获取和访问路径（电子资源选用）

数字对象唯一标识符（电子资源选用）

27.3.2 著录用文字

（1）原则上要求用参考文献本身的语种著录。

（2）著录数字时，应按参考文献本身原有的形式，但卷期号、页码、出版年、版次、更新或者修改日期、引用日期、顺序编码制的参考文献序号等应用阿拉伯数字表示。外文书的版次用序数词的缩写形式表示。

（3）外文著者，姓全部著录，字母全大写，名可缩写为首字母；如用首字母无法识别该人名时，则用全名。

（4）出版项中附在出版地之后的省名、州名、国名等以及作为限定语的机关团体名称可按国际公认的方法缩写。

27.3.3 著录用符号

（1）著录用符号为前置符，文后参考文献序号用方括号，如 [1]、[2]……

（2）参考文献使用下列规定的标识符号：

. 用于题名项、析出文献题名项、其他责任者、析出文献其他责任者、连续出版物的“年卷期或其他标识”项、版本项、出版项、连续出版物中析出文献的出处项、获取和访问路径以及数字对象唯一标识符前。每一条参考文献的结尾可用“.”号。

: 用于其他题名信息、出版者、引文页码、析出文献的页码、专利号前。

, 用于同一著作方式的责任者、“等”“译”字样、出版年、期刊年卷期标识中的年和卷号前。

； 用于同一责任者的合订题名以及期刊后续的年卷期标识和页码前。

// 用于专著中析出文献的出处项前。

( ) 用于期刊年卷期标识中的期号、报纸的版次、电子资源的更新或修改日期以及非公元纪年的出版年。

[ ] 用于文献序号、文献类型标识、电子资源的引用日期以及自拟的信息。

/ 用于合期的期号间以及文献载体标识前

- 用于起迄序号和起讫页码间。

27.3.4 文献类型标识代码

GB/T 7714 中指出了各种文献及其相关代码，可列在文献后面进行标识。

普通图书	M
会议录	C
汇编	G
报纸	N
期刊	J
学位论文	D
报告	R

标准	S
专利	P
数据库	DB
计算机程序	CP
电子公告	EB
档案	A
舆图	CM
数据集	DS
其他	Z

27.3.5 电子资源载体标识代码

磁带（magnetic tape）	MT
磁盘（disk）	DK
光盘（CD-ROM）	CD
联机网络（online）	OL

27.4 著录细则

27.4.1 专著

主要责任者．题名：其他题名信息［文献类型标识 / 文献载体标识］．其他责任者．版本项．出版地：出版者，出版年：引文页码［引用日期］．获取和访问路径．数字对象唯一标识符．

示例：

[1] 陈登原．国史旧闻：第1卷[M]．北京：中华书局，2000:29.

[2] 哈里森，沃尔德伦．经济数学与金融数学[M]．谢远涛，译．北京：中国人民大学出版社，2012:235-236.

[3] 中国造纸学会．中国造纸年鉴:2003[M/OL]．北京：中国轻工业出版社，2003[2014-04-25].http://cadal.zju.edu.cn/book/view/25010080.

[4] PEEBLES P Z, Jr. Probability, random variable, and random signal principles[M]. 4th ed. New York: McGraw Hill,2001.

[5] BAKER S K, JACKSON M E. The future of resource sharing [M]. New York: The Haworth Press,1995.

[6] 尼葛洛庞帝．数字化生存[M]．胡泳，范海燕，译．海口：海南出版社，1996.

27.4.2 专著中的析出文献

析出文献主要责任者．析出文献题名[文献类型标识/文献载体标识]．析出文献其他责任者//专著主要责任者．题名：其他题名信息[文献类型标识/文献载体标识]．其他责任者．版本项．出版地：出版者，出版年：引文页码[引用日期]．获取和访问路径．数字对象唯一标识符．

[1] 马克思．政治经济学批判[M]//马克思，恩格斯．马克思恩格斯全集：第35卷．北京：人民出版社，2013:302.

[2] WEINSTEIN L, SWERTZ M N. Pathogenic properties of invading microorganism[M]//SODEMAN W A, Jr, SODEMAN W A. Pathologic physiology: mechanisms of disease. Philadelphia: Saunders, 1974:745-772.

27.4.3 连续出版物中的析出文献

析出文献主要责任者．析出文献题名［文献类型标识/文献载体标识］. 连续出版物题名：其他题名信息，年，卷（期）：页码［引用日期］. 获取和访问路径．数字对象唯一标识符．

[1] 王渊，王翔．论人工智能生成内容的版权法律问题 [J]. 当代传播 ,2018(4):84-87.

[2] 喻国明，刘界儒，李阳．数据新闻现存的问题与解决之道——兼论人工智能的应用价值 [J]. 新闻爱好者，2017（6）：4-7.

[3] DOWLER L. The research university's dilemma:resource sharing and research in a transinstitutional environment[J].Journal of library administration,1995,21(1/2) :5-26

27.4.4 报纸中的析出文献

[1] 赵广立，黄辛．与其畏惧人工智能，不如自我约束 [N]. 中国科学报，2019-09-20（3）.

[2] 傅刚，赵承，李佳路．大风沙过后的思考 [N/OL]. 北京青年报 ,2000-01-12[2005-09-28]. http://www.bjyouth.com.cn/Bqb/20000412/GB/4216%5ED0412B1401.htm.

27.4.5 学位论文

[1] 吴云芳．面向中文信息处理的现代汉语并列结构研究 [D/OL]. 北京：北京大学 ,2003[2013-10-14].http://thesis.lib.pku.edu.cn/dlib/List.asp?Lang=gb&type=Reader&DocGroupID=4&DocID=6328.

[2] CALMS R B.Infrared spectroscopic studies on solid oxygen[D].Berkeley:Univ.of California,1965.

第 28 章

索引*

索引是英文中“index”的汉译，亦称“引得”“通检”，在图书中属于后附部分的一部分，通常位于书末。学术著作的卷首目录按内容顺序排列，标明章节起迄，有助于读者纵观全书轮廓，查找所需章节。书末索引则是把书中提及的人物、事件或术语等细目按一定顺序编排标明页码，提供一种目录之外的检索手段，使读者能够快捷便利地获得一部著作中段落层次和知识点层次的内容。学术著作附有索引已是现代西方出版界的通例，在我国学术出版界也已逐步引起重视。学术出版界逐步认为，索引是以章节为构成单元的学术图书的重要组成部件，以文章为构成单元的专题性图书有时也参照使用。

* 本章执笔人：童根兴、宋荣欣。

28.1 索引的基本构成

书后的索引，是指向学术图书中相应部分概念、语词、其他项目以及相关内容等的信息检索工具，通常由前言（凡例）、索引款目（主标目、副标目、出处项）、参照系统以及排序规则 / 导引标志四部分构成。

28.1.1 索引前言

学术图书中索引前言基本是省略的，因为索引的编排和使用简单明了，读者可以直接使用。但如果索引的编排比较复杂，需要专门交代一些特殊的信息时，就需要编制索引前言（或称使用说明或凡例）。索引前言通常位于索引名称之后、索引正文之前，一般包含如下内容。

（1）索引的收录范围、标目的种类、索引类型等。

（2）有关排序方式的详细介绍。

（3）出处项的表示方法。

（4）所用符号的种类及含义。

（5）所用字体的种类及含义。

（6）编制流程及致谢信息。

28.1.2 索引款目

索引款目（index entry）是索引的基本单元，索引款目之下也可分解成若干副款目（index subentries），两者都由索引标目、副标目、说明词及出处组成。

中产阶级 23,47,194,228-230，第 5 章，
245 注 23

阿隆，雷蒙 312-314

刘秀（汉光武帝） 553
刘秀（晋元帝时将军） 235

医院
　　的管理，22，96
　　和病人服务的需求，23,91-92
　　的效率，17,29-31,33,111-114
　　的财务，28,33,36,38,42,95,112

亚洲历史
　　中国，34
　　日本，46
　　朝鲜，56

28.1.3 索引标目

索引标目（index heading）是表示学术著作中某一概念或者事项，并确定款目排列位置的词语。索引标目由主标目（main heading）、副标目（subheading）或说明词（qualifier）组成。

28.1.3.1 主标目

通常为名词或者名词词组，比如人名、地名、物名或者抽象名词。形容词不能单独构成主标目，但它可以与名词一起形成一个词组。

现代性

机会获得

积极社会态度

先赋性因素

陈胜

冷战

28.1.3.2 副标目

如果一个索引标目在著作的不同地方出现，跟不同的名词或者形容词搭配构成不同意义，或者有很多下属的概念，当出现的位置超过五处以上，为简明以及便于读者查阅，可以采用副标目。副标目与主标目能够构成一个词组，或者有从属关系，是主标目的子类。

图书馆
　　儿童
　　高等学校
　　公共
　　科研
税收
　　所得税
　　印花税
　　消费特税
　　田赋
　　地价税
茶叶
　　种植
　　炒制
　　销售
　　福建
　　江苏
　　绿色产品

28.1.4 说明词

说明词（qualifier）又称限义词，是标目的组成部分，是置于标目后用圆括号括起的解释性词语，用以区分标目的不同含义，或表示特殊含义。通常使用标目所属的领域、学科、地域、朝代、专业、来源来进行说明，用以明确标目的具体所指。

疲劳
疲劳（金属）
张衡（东汉）
张衡（三国）
张衡（隋）
应天（河南）
应天（江苏）
续后汉书（萧常撰）
续后汉书（郝经撰）
悉尼（加拿大）
悉尼（澳大利亚）

28.1.5 索引出处

索引出处（index locator）又称索引地址，是索引款目的查找部分，跟在标目或者副标目之后，指明标目或者副标目所识别的某一概念或事项在学术著作中的具体位置。索引出处的性质和类型，取决于学术著作的性质以及结构特点，一般为页码、篇、章、节、注释、范围等。

如果对某个主题的探讨持续多页，则索引出处可用起止页码标识；如果散见于不同位置，则需用不同页码定位。如果标目也在注释中出现，则索引出处用“页码＋注号”组成。

官僚制 34-36，56 注 3，58，
123,135-139

28.1.5.1 中文起止页标注

按照中国数字标准的使用方法，起止页码一般都需要明确列出，不可省略。

3-10

82-83

100-104

101-108

321-358

1087-1089

xxv-xxviii

28.1.5.2 传统的英文起止页标注

英文起止页码的省略和标注方法，如下。

起始页码	结束页码	举例
<100	全部列出	3-10,71-72,96-117
100 或者 100 的倍数	全部列出	100-104,1100-1113
101-109,201-209 等	使用省略数字	101-8,808-33，1103-4
110-199,210-299 等	使用后两位数字或者更多，省略第一位	321-28，498-532,1087-89，1496-500,11564-615,12991-3001

28.2
索引中的参照

索引中的参照（cross-reference）又称交互参照，是由一个索引标目或副标目指向另一个或多个索引标目或者副标目的指示，显示并增强相关索引标目之

间的联系，因而又被称为索引的连接系统，通常分为见参照、参见参照两大类。

参照条目一般由标目、参照词和参照目标三要素组成。

28.2.1 见 参照

见 参照（*see* cross-reference）是一种反映等同关系的规定性参照，是由非规范用词的索引标目指向规范用词的索引标目的参照形式，是一种单向的参照形式，主要用于控制同义词、准同义词。主要用于以下几种形式：同义词之间；简称与全称之间；旧称与新称之间；原文与中译名之间；反义词之间。

的士	见	出租车
麦克风	见	话筒
中国	见	中华人民共和国
北京图书馆	见	国家图书馆
列宁格勒	见	圣彼得堡
KFC	见	肯德基
漏检率	见	检全率
吸毒	见	戒毒

28.2.2 参见 参照

参见参照（*see also* cross-reference）是一种相关参照和建议性参照，反映等级关系和相关关系，即由一个索引标目或者副标目指向一个或多个相关的索引标目与副标目的参照形式。编制参见参照后能够扩大读者的视野，并提供扩展的检索思路，主要用于上下位概念之间以及相关概念的标目之间，用以相互指示。

联合国	参见	国际法院
国际法院	参见	联合国
曹雪芹	参见	红楼梦

红楼梦	参见	曹雪芹
孙中山	参见	辛亥革命
辛亥革命	参见	孙中山

28.3 索引版面编排

索引款目的编排包括两个部分：一是通过款目中的标目进行分类排序，以明确某个具体索引款目在整个索引中的确切位置，从而形成可以检索的顺序；二是通过款目的排版，提供给读者一个版面秩序。

28.3.1 索引款目排序

中文索引款目排序法有字序排序法（拼音排序、笔画排序、汉字四角号码排序、汉字和非汉字混合排序）、分类排序法、年代排序法、地区排序法、号码排序法等。学术著作中一般采用字序排序法中的笔画排序或拼音排序。

（1）笔画排序：按照首字的笔画顺序排列，不同笔画款目之间，用“一画”“二画”隔开。

（2）拼音排序：按照首字拼音的字母顺序排列，不同部分之间，用 A,B,C 隔开。

28.3.2 索引版式

书末索引按照款目排序，通常采用双栏排版，也有采用三栏或者多栏排版的，栏数多少取决于开本大小，基本不用通栏排版。款目的版式通常悬挂缩进（flush-and-hang 或者 hanging-indention），即第一行顶格，第二行缩进两格。

28.3.3 索引款目排版

按照副标目排列的方式，索引款目可分为分行式（line-by-line）和连排式（run-on）两种。

分行式是指每个标目、副标目、次副标目等均另起一行。副标目、次副标目、次次副标目（如果有）等渐次缩排。

例 1:

索引
　定义 2
　功能和性质 3
　类型 4.2
　历史 5
　质量 3.3
索引款目
　定义，9
　构成，10.2
　句法，11.2–11.5,13.2
　排序，12

连排式又称凝聚式，从属于主标目和副标目的次副标目不另起一行缩排，而是用标点符号（如分号）代替。也可以在标目下的副标目仍然保留分行式，但副标目之下的次副标目采用连排式。

例 2：

索引
　定义，2；功能和性质，3；类型，4.2；
　历史，5；质量，3.3
索引款目
　定义，9；构成，10.2；句法，11.2–11.5，13.2；
　排序，12

28.3.4　标点符号

每一标目、副标目或说明语后均需附加空格或者逗号与出处分开，当索引款目最后一个字符为数字时尤其应当注意。所有并列资料出处需以标点符号或另起一行加以分隔，标点符号采用逗号、分号或者分隔符。

标目
　副标目，9
　次副标目，28

标目　副标目，9；
　　副标目，20。参见 标目；标目

28.3.5　眉题

应当设置页眉，页眉注明“索引”二字。

28.4 索引的编制

28.4.1　编制要求

质量较好的索引囊括该书的所有关键词和主题，按照字母或者笔画排序，提供交互参照或者相关联参照信息，并且包括页码或者其他定位标引。高度组织化的索引作为目录以及其他导航信息的补充，可以简明而全面地揭示学术著作所包含的所有重要主题或特征信息，帮助读者迅速判断关于阐述某一主题或特征的信息的具体位置，从而快速了解所需信息，减少查找的盲目性，提高检索效率。

（1）索引能发挥图书的学术价值和实用价值，符合读者需要，查找方便。

（2）选取可索引内容精当，重要的可索引内容没有遗漏。

（3）提取可索引内容准确，忠实于图书原文。

（4）标目措辞恰当，符合图书内容及读者思路，前后一致。

（5）出处的表示与正文的被索引内容相符。

（6）索引款目排列次序准确。

（7）标点符号和空格使用准确。

28.4.2　编制者

理想的索引编制者能够统揽全书，理解各部分的重点内容所在，明晰各部分与全书的关系，对书稿体系、逻辑全面精熟，能够准确判断读者的需求，又非常熟悉出版流程。

在没有理想编制者的情况下，一般由作者提供索引标目及参照信息，编辑和排版方使用计算机系统协助编排。

28.4.3　编制流程

第一，制订编制计划，确定以下内容。

（1）索引类型，综合索引或专门索引。

（2）标目类型。

（3）排版形式：分行式或连排式。

（4）字体、字号、分栏、行距、空行、空格、标点、符号、缩格等。

（5）排序方法，如笔画或拼音。

第二，在接到供正式做索引的书稿后，通读或浏览原文，边阅读边分析，在书稿上画出可索引内容，草拟索引标目，并随时记下需要做的参照。

第三，将草拟的索引标目交给排版员输入计算机，并提取页码，制作款目。

第四，与原书稿进行第一校，修改其中存在的提取错误等，补录新增款目。

第五，对存于计算机中的第一稿进行修改，打印出第二稿。

第六，进行第二校（仍须与书稿核校），在第二稿上做其他检查修改，并做关于合并条目的勾画。

第七，对存于计算机中的第二稿进行修改。若计划按其他顺序排序，则调整次序。根据版面设计要求进行排版格式整理，添加助检标志，编写凡例。打印第三稿。

第八，对第三稿进行审核，由作者、书稿编辑、索引人员（如有）分别审核。

第九，汇总审核意见，并进行修改，确定最终稿。

28.4.4　索引篇幅

索引的篇幅往往与需要做索引的学术著作有关，并且也受作者、编辑、索引编制人员以及出版成本、索引编制成本的影响。

28.5 索引标目的选择

28.5.1　索引项

索引项（indexing item）是文献或文献集合中被标引对象的类称。凡是文献中论及的主题（整体主题或局部主题）和事项，诸如人名、地名、团体名、事件名、物品名、著作名，文献中的字、词、句，文献的某种功用，以及文献与文献之间的关系等，只要具有检索意义，皆可用作索引项，制成索引标目。

28.5.2 索引的类型

索引有多种类型，按照索引标目的类型区分，可以分为主题索引、人名索引、地名索引、团体名索引等。普通的学术著作，除非特别必要，一般只有一个综合性的索引，索引的标目包括主题、人名、地名、团体名等。

（1）主题索引：是指学术著作中对表达著作主题内容具有实质意义的词语为标目的索引。

（2）人名索引：也称姓名索引，是以著作中的人名为标目的索引。

（3）地名索引：是指以著作中的地理名称为标目的索引，包括行政区域地名索引、自然区域地名索引、名胜古迹索引等。

（4）团体名索引：是指以著作中的团体名为标目的索引。

28.5.3 索引标目选用的基本原则

应尽量选用学术术语和读者可能使用的词语，具有较大参考价值，并且是该著作的重点内容和新颖内容，反映了著作的主要观点及论述过程，反映了新材料、新方法的运用。

为满足读者的需求，索引标目应该尽可能专指。

识别同一概念或特征的索引标目，应该前后一致地用同一个词语，同时尽量为该词的同义词或替换词编制见参照。

28.5.4 索引标目的选用范围

（1）学术著作的正文，以及包含实质内容的注释，都应当成为可标引内容的范围。

（2）导言、导论等，无论处于正文前还是作为正文一部分，都应当作为标引内容的范围。如果序或前言为他人所写，并且包含该作品主题的实质性信息，而不仅仅是成书过程的介绍，应当作为标引内容的范围。

（3）附录如果包含补充、增进对正文理解的信息，而不仅仅是正文已经讨论过内容的复制或者问卷，则应当成为标引内容的范围。

（4）书名页、题词、献词、卷首引语、致谢、目次、图表目录、章首纲要、篇章标题、提要、摘要、文摘、广告等商业性信息、参考书目、词汇表等一般不作为标引内容的范围。

（5）如有需要，可在索引前言中加以说明标引的范围。

28.5.5 人名作为索引标目

（1）尽可能使用正式姓名作为索引标目，将各种别名置于圆括号中附于正式姓名之后。

（2）书中出现别名，应编写参照条目引向正式采用的标目。

（3）遇有同姓名不能辨认时，应在正式姓名后用圆括号括注身份或时代或籍贯或其他特征予以区别。

（4）外国人名用译名做标目，一律姓在前名在后，有时候也可以将原名附于译名之后用圆括号括起来。

陈胜（陈涉、陈王、楚隐王）

陈涉 见 陈胜

陈王 见 陈胜

刘秀（汉光武帝）

刘秀（晋元帝时将军）

迪毕克，R.(Dubuc,Robert)

28.5.6 地名作为索引标目

编制地名索引，只要以被索引的图书为准，把其中的地名逐一做成索引款目即可。遇有重名，一般括注所属的上级地名或括注注释性文字进行区别。

28.5.7 关键词作为索引标目

选作关键词的词语，应是单词或术语，是能揭示文献主题内容的实词，包括名词、名词性词组等。

关键词应是单义性的，即一个关键词应表达事物的一个概念；有些名词性词组也可选取作为关键词，如市场经济、信息高速公路、和谐社会等；人名、地名、事物名称等名词，也可选为关键词，如毛泽东、延安、解放日报、西安事变等。

不能用作关键词的情况有如下几个方面。

（1）冠词、介词、连词、感叹词、代词和某些动词。

（2）不具有学科性质的通用词语。如理论、报告、方法、问题、对策、措施、特点、发展、研究、思考等，它们运用于不同学科、不同领域，所指示的对象往往千差万别，缺乏专指度和唯一性。

（3）表示时间性的词，如新时期、转型期、20 世纪等。

附录 A

社科文献学科出版机构简介*

社科文献对标人文社科专业学科分类，结合自身出版方向与专长，目前下设 15 个分社、1 个出版中心和社科智库电子音像出版社，共 17 个学术出版部门。同时，社科文献在总编室下设重点项目办公室专门负责全社重点项目的申报与运营管理，设立学术资源建设办公室专门负责与合作科研机构及院校的学术资源共建工作。

* 本部分由柳杨组织撰写，内容由各相关部门提供。

一 学术出版业务协调机构简介

A.1　学术资源建设办公室

社科文献出版社学术资源建设办公室，依托与我社合作的知名院校、研究机构的学术科研资源，以高水平专家顾问团队、专业的学术服务团队，为您提供学术出版、数字出版、定制科研平台、国际出版等学术产品咨询服务，学术会议筹办、学术成果推广等学科建设服务，助力学者的学术成果转化、科研机构的学科建设，搭建社科文献学术资源建设服务平台。

联系方式：010-59367113　xszy@ssap.cn

A.2　重点项目办公室

社科文献出版社总编室下设重点项目办公室，负责与中宣部、国家新闻出版署、全国社会科学工作办公室以及中国社会科学院的沟通衔接，专人专岗统筹全社重点项目的申报、管理与运作、结项。近年来，社科文献出版社在“十三五”重点出版物规划项目、主题出版、国家出版基金、国家哲学社会科学成果文库、国家社科基金后期资助、古籍整理出版资助等方面，积累了丰富的申报与管理经验，也在业内保持了较高的申报成功率。在项目申报方面，重点项目办公室为多家科研院所及高等院校提供专业的指导与服务。

联系方式：010-59367220　zdxmbgs@ssap.cn

A.3　融合发展办公室

社科文献出版社融合发展办公室负责统筹全社的数字项目管理与运作。近年来，我社依托优势内容资源，以作者、科研机构及用户需求为导向，深度发掘学术需求，提供包括专业数据库、学术科研平台等数字项目的策划和开发服务，以期为人文社会科学研究机构和学者搭建资源共享交流平台，最大限度实现学术增值。

联系方式：010-59366585 rhfz@ssap.cn

A.4 学术传播中心

学术传播中心是社科文献出版社学术成果营销推广工作的组织协调部门，隶属于市场营销中心，致力于为作者、读者与出版者营造良好的学术传播生态。学术传播中心主要负责出版社年度营销计划制订与实施，出版社品牌建设与图书品牌营销推广、学科出版影响力建设、学术成果发布与推广、营销活动策划与执行、广告投放、媒体资源维护、读者服务等工作。通过不断创新营销手段与模式，不断整合营销资源与渠道，助力作者实现学术成果价值最大化。

联系方式：010-59367037 shichangbu@ssap.cn

二 学术出版部门简介

A.5 皮书出版分社

皮书出版分社是社科文献核心品牌产品——“皮书系列”的主要编辑出版部门。年出版新书 300 多种，分社下设国情、产业经济、经济和社会发展三个编辑室，共 15 人，形成了以“皮书”为主打品牌，同时观照产业经济、宏观经济、国情调研、教育、文化等领域前沿学术成果。目前分社年出版“皮书”约 190 种，其中“经济蓝皮书”“社会蓝皮书”“世界经济黄皮书”等项目影响重大，充分体现了皮书作为决策参考、政策先声、投资指南、新闻来源、研究基础库的社会价值。此外，调研报告也是分社的出版特色，分社运作了如中国社会科学院国情调研特大项目——“精准扶贫精准脱贫百村调研丛书”等大量重点项目，积累了丰富的项目运作经验。

A.6　经济与管理分社

经济与管理分社致力于优秀经管类学术图书的策划与出版，年出版新书近300种。分社下设理论经济编辑室、应用经济编辑室、投资与管理编辑室，共有编辑13人，所有编辑均为经济学、管理学专业背景，其中具有博士学历的编辑2人。近年来，分社充分利用我社“皮书”品牌的溢出效应及社科文献“八大平台”提供的支撑和资源，不断扩大在国内经管学术出版方面的影响力。分社策划出版蔡昉的《超越人口红利》获得第三届中国出版政府奖图书奖；彭文生的《渐行渐远的红利》获得孙冶方金融创新奖；《美国经济评论百年经典论文》《美国金融创新史——从大萧条到美丽新世界》获学界高度评价。

A.7　人文分社

人文分社以策划编辑出版汉语言文学、民族、哲学、宗教、历史及古籍文献整理等人文学科的精品学术图书为主。分社设古籍文献、文史、民族哲学宗教、数字融合四个编辑室，现有编辑15人，其中博士博士后5人，硕士3人，顾问3人，年出版图书240多种。分社承接大量国家重大委托项目、国家出版基金项目的编辑出版任务，如西南工程、西藏工程等，多种图书荣获国家级或省部级奖项，自主策划出版的《一个大国的崛起与崩溃》《西花厅岁月》《毛泽东诗词赏析》《广东改革开放史》等双效益俱佳。

A.8　政法传媒分社

政法传媒分社是社科文献面向法学、政治学、公共管理学、新闻学、传播学、教育学、心理学等学科领域提供全方位知识服务的平台，年出版专业图书近260种。分社下设政治学与公共管理、传媒与文化两个编辑室和一个法学学科组，出版形式包括皮书、集刊、连续出版物和系列丛书。现有专业编辑15人，绝大部分具有硕士以上学位，其中两位具有博士学位。政法传媒分社是社科文献出版社最早组建的分社之一，成立十多年来，为社科文献出版社二次创业中的品牌建设、人才培养和资产积累，做出了突出贡献。分社出版的学术图书以其专业、严谨而享誉学界。

A.9　城市和绿色发展分社

城市和绿色发展分社立足自身优势，在做优做大做强皮书等智库产品的同时，在生态文明、健康中国、文化和旅游、绿色发展和城市研究等领域不断发力，年出版图书 280 多种。分社设有城市和生态文明、健康产业、文化和旅游、新经济四个编辑室。现有专业编辑 13 人，其中硕士以上学历 11 人，博士后 1 人。聚学术精华，塑学术精品，2019 年分社创立“世间之盐”图书品牌，每年都有图书荣获省部级社科优秀成果一、二、三等奖，出版国家哲学社会科学优秀成果文库和国家社科基金后期资助项目数十种，出版 CSSCI 来源集刊 8 种。

A.10　群学出版分社

群学出版分社以服务中国社会学界学术科研为宗旨，是社科文献出版社面向社会学领域提供全方位知识服务的平台，年出版专业图书近 200 种，形成了专著、集刊、皮书、智库报告、教材等全方位的产品群。分社下设社会学、社会工作与社会政策、人类学与民族学三个编辑室，共有专业编辑 11 人，全部具有硕士以上学位，其中 3 人具有博士学位。经过多年的努力与探索，群学出版分社出版的社会学类图书已形成了较强的学界认同，多次在教育部、各省（市）社科类成果的评选中获奖，连续多年有较大比例的图书入选“中国社会学会年度好书推荐”活动，近年出版的部分青年学者成果也成为其代表作。

A.11　马克思主义出版分社 / 当代世界出版分社

当代世界出版分社发源自我社早期的国际部，秉承我社编译当代外国马克思主义研究和社会科学理论著作，介绍国外新兴学科、边缘学科、世界文化、学术思潮等宗旨，历经编译中心、全球与地区问题出版中心等几次更名，十数年来专注于国际问题研究和马克思主义两大方向开展原创和引进版学术图书编辑出版业务。分社下设国际研究编辑部、当代马克思主义编辑部和思想会工作室，拥有数十名专业编辑，年出版图书 200 种左右。“全球化译丛”“资本主义研究丛书”“社会理论译丛”“国际政治论坛”“世界社会主义研究丛书”“美国研究丛书”以及近年的“思想会”书系等丛书套书的多年持续出版，在学界产生良好反响。《苏联的最后一年》《现代世界体系》《国家的视角》等经典学术名著的持续引进出版在中外学者中享有盛誉。

A.12　甲骨文工作室（分社）

作为社科文献旗下出版学术门店书的内容部门，从 2013 年创立至今，甲骨文工作室（分社）累计出版 170 余种图书，推出了一批海外作者的精品力作，如“地中海史诗三部曲”、《金雀花王朝》、《天国之秋》等。通过不断整合社科文献的学术出版资源与国内外优秀的作者、译者资源，译介国外的经典学术著作和在全球图书市场引起广泛关注的大众学术著作，甲骨文品牌聚集起一批忠实的粉丝，树立起优质的品牌形象和良好的读者口碑，获得了业内外的广泛认可。

A.13　历史学分社

历史学分社专注于历史学研究领域新成果，以学术前沿和史学经典为立足点，同时致力于选择其中可读性强、学术品质过硬的精品图书打造既有学术影响力又有看点的大众学术史书。历史学分社现有编辑 10 人，其中博士、博士后 5 人，硕士 3 人，顾问 2 人，分社设中国古代史编辑室、中国近代史编辑室两个编辑室。与中国社会科学院中国历史研究院、北京大学、复旦大学、中山大学、南京大学、北京师范大学、华东师范大学、中国人民大学、南开大学等史学重镇都建立了良好的合作关系，分社每年出版超过 100 种历史学图书，并承接大量国家社科基金工作办项目、国家出版基金项目的编辑出版任务，出版图书多次荣获中国出版政府奖、中华优秀出版物奖、国家图书馆文津图书奖等，并在各类好书评选中榜上有名。“近世中国”丛书、“东方历史学术文库”、“书与人”系列等在学界享有良好口碑，近年来推出的图书子品牌“启微”和“九色鹿”也得到了学术界和大众读者的广泛认可。

A.14　期刊分社

2013 年，社科文献出版社开始承担中国社会科学院 70 余种学术期刊的集中运营工作并为此设立期刊运营中心。2019 年期刊分社成立，经营业务扩展到图书项目、学术推广等领域。目前，分社经营期刊品种数已达 84 种，基本涵盖了人文社科的各个领域，其中收录 CSSCI 、CECHSS、北大核心等国内重要评价体系的刊物数量近 60 种，期刊年出版任务近 600 期，总印量近 170 万册，出版各类学术图书 50 余种。期刊分社以期刊集约化生产运营、资源整理、信息化建设、新媒体融合发展、市场化营销拓展、专业学术推广为特色，以“中国社会科学院学术期刊方阵”集群品牌为依托，不断向着构建社科学术领域资源融合发展平台迈进。

A.15　国际出版分社

社科文献国际出版分社成立于 2011 年初，主要负责对外合作出版、外事工作等，拥有独具国际视野的员工 12 人，至今已与欧美、亚太及港澳台地区近 40 家出版和学术文化机构建立了长期稳定的合作关系，累计输出图书 1000 余种，近 30 个语种，其中 95% 以上图书获得了翻译资助。在与施普林格 · 自然、博睿、泰勒 · 弗朗西斯、麦克米伦等国际出版机构的深入合作下，社科文献协力向海外推出了英文版的“中国梦与中国发展道路研究丛书”等一系列在世界范围内引起强烈反响的作品。此外，社科文献在俄罗斯成立了分社、在马来西亚设立了编辑部，还搭建了“中国社科图书俄语地区数字传播平台”，连续五年被评为“国家文化出口重点企业”。

A.16　数字出版分社

数字出版分社立足社科文献的学术出版资源和优势出版领域，以数据库产品建设为导向，坚持“学术、权威、专业”的产品定位，全力打造中国发展与中国经验、国际国别问题研究、中国乡村问题研究、古籍与大型学术文献四大数字产品线，陆续推出了皮书数据库、“一带一路”数据库、台湾大陆同乡会文献数据库、中国减贫研究数据库、中国乡村研究数据库等产品。在做好数据库产品建设与销售营销工作的同时，也面向人文社会科学领域专家学者和研究机构，进行学术资源整合合作和提供全流程数字出版解决方案。

A.17　国别区域分社

国别区域分社是社科文献出版社旗下的融合发展部门，重点围绕国别区域研究，综合开展纸书出版、数据库建设、学术科研平台打造等学术出版工作。分社下设国别区域编辑室、全球治理编辑室、《当代韩国》编辑室、“国别区域与全球治理数据平台”运维部，拥有专业编辑13名，其中博士3名，硕士10名。自2016年成立以来，分社已出版图书100余种，形成了国别区域皮书、集刊、“列国志”与“国际组织志”丛书等多层次的图书产品体系。其中，“列国志”丛书多次被列入国家重点图书出版规划项目，已覆盖全球171个国家，成为中央及有关部门领导和外事工作者出访、国际经贸企业考察海外市场、中国人了解外部世界的必备参考书。分社重点建设的学术数据库“国别区域与全球治理数据平台”，全面对接国别区域研究的文献获取、成果发布与传播需求，已入选多个国家级出版奖项。分社不断积累学术出版融合发展经验，强化知识服务能力，得到国别区域研究学界的高度认可。

A.18　集刊分社

2012年社科文献出版社开始探索集刊发展，2019年底，出版集刊超过300种，其中34种为CSSCI来源集刊。社科文献出版社设立集刊分社对集刊进行统一管理，分社下设集刊出版中心、学术出版测评联合实验室、集刊数字中心、集刊传播中心，运营中国集刊网（集刊数据库）（www.jikan.com.cn），并制订《SSAP 学术集刊手册》。集刊出版及评价工作的规范性和精细化促进了集刊学术声誉和主编及主办单位影响力的提升。集刊分社致力于以集刊数据库为核心，整合文集资源，建立集投约稿、OA 数据库及预出版数据库于一体的学术论文出版平台，为集刊主编、编辑组、评审专家、作者、读者等提供全方位服务。

A.19　教育分社

教育分社的前身是社科文献救护图书事业部，作为中国红十字会总会的出版合作伙伴，十几年来出版了几十种安全救护培训教材和读物，在业内有较大的影响力和知名度。分社主营业务是安全救护类教材和健康、心理类图书的出版发行，以及应急救护教育培训（线上 + 线下）。产品线主要有红十字初级救护员培训教材《救护员指南》、大中小学救护学习教材《学生生命安全读本》、安全应急普及读物《市民安全救护手册》、救护培训云平台——“救护在线”等。

A.20　联合出版中心

联合出版中心在原独立编辑工作室基础上组建成立，是社科文献在编辑转型、机制创新和融合发展方面所做的大胆探索和试点。中心以历史地理类和社会政法类图书为主要出版方向，设有历史文化、社会政法、国际问题三个学科小组，共有编辑 11 名，均为研究生以上学历。同时，中心下设“索·恩”工作室，专门打造“索·恩”品牌，代表作品《西方通史：从古代源头到 20 世纪》《于尔根·哈贝马斯：知识分子与公共生活》等图书在业界赢得了良好口碑。

A.21　北京社科智库电子音像出版社

北京社科智库电子音像出版社，其前身是成立于 1993 年的社科文献出版社音像部，2007 年更名为北京社科智库电子音像出版社，下设音像出版中心和图书编辑部两个模块。音像出版中心目前主要服务于影像学术成果出版和定制出版，未来将推出更广泛的媒介融合产品。图书编辑部以出版人文社科领域有品质的大众阅读作品为主，2018 年孵化“方寸”品牌，推出“樱花书馆”系列，聚焦日本文化译著，取得了较好的社会反响，此后还将致力于新知类和通识类优秀作品的发现和推广。“方寸”品牌代表作品有《我的先生夏目漱石》《日本的“近代”是什么》《场景》《致命流感》《陈从周说古建筑》等。

SSAP

手册系列

I

作者
手册

附录 B

选题信息表

<table>
<tr><th colspan="4">选题信息表</th></tr>
<tr><td>著作权人（合同签字或盖章人）</td><td colspan="3"></td></tr>
<tr><td>丛书名称</td><td colspan="3"></td></tr>
<tr><td>中文书名</td><td colspan="3"></td></tr>
<tr><td>英文书名</td><td colspan="3"></td></tr>
<tr><td>作品类型</td><td colspan="3">专著 / 主编 / 文集 / 教材 / 译著 / 工具书……</td></tr>
<tr><td>作者署名</td><td colspan="3"></td></tr>
<tr><td>作品字数（万）</td><td></td><td>作 品 语 言</td><td></td></tr>
<tr><td>是否彩印</td><td></td><td>经 费 来 源</td><td></td></tr>
<tr><td>交稿时间</td><td></td><td>要求出版时间</td><td></td></tr>
<tr><td>联系人</td><td colspan="3"></td></tr>
<tr><td>联系人电话</td><td></td><td>联 系 人 邮 箱</td><td></td></tr>
<tr><td>地址和邮编</td><td colspan="3"></td></tr>
<tr><td>内容提要
（内容简介、所属学科、研究方法、研究结论、创新之处、精彩观点）</td><td colspan="3"></td></tr>
<tr><td>关键词</td><td colspan="3"></td></tr>
<tr><td>书稿目录</td><td colspan="3"></td></tr>
<tr><td>读者对象及可能推广渠道</td><td colspan="3">（含作者自媒体、公众号等）</td></tr>
<tr><td>作者介绍</td><td colspan="3">请注明每位合作者的相关信息和联系方式。
另请附作者近照一张，像素 200-300dpi，用于宣传。</td></tr>
<tr><td>其他要求</td><td colspan="3"></td></tr>
<tr><td rowspan="4">出版社联系信息
www.ssap.com.cn;</td><td>组稿编辑：</td><td colspan="2">组稿方向：</td></tr>
<tr><td>电　　话：</td><td colspan="2">邮　　箱：</td></tr>
<tr><td colspan="3">地址：北京市西城区北三环中路甲 29 号院华龙大厦 A/B 座 13、15 层
社会科学文献出版社 100029</td></tr>
<tr><td colspan="3">注：我社选题论证会为每月召开一次，如要参加当月的选题论证，请与相关学科组稿编辑联系并准备填写好本选题信息表。</td></tr>
</table>

附录 C

作者信息表

<table>
<tr><th colspan="6">作者信息表（简版）</th></tr>
<tr><td>姓　　名</td><td colspan="4"></td><td rowspan="5">作者照片</td></tr>
<tr><td>曾 用 名</td><td colspan="2"></td><td>性　　别</td><td></td></tr>
<tr><td>身份证号码</td><td colspan="4"></td></tr>
<tr><td>国　　籍</td><td colspan="2"></td><td>民　　族</td><td></td></tr>
<tr><td>学　　历</td><td colspan="2"></td><td>学　　位</td><td></td></tr>
<tr><td>毕业院校</td><td colspan="5"></td></tr>
<tr><td>工作单位</td><td colspan="5"></td></tr>
<tr><td>职　　称</td><td></td><td>职　　务</td><td></td><td>手机号码</td><td></td></tr>
<tr><td>通信地址</td><td colspan="5"></td></tr>
<tr><td>微　　信</td><td colspan="3"></td><td>E-mail</td><td></td></tr>
<tr><td>专业方向</td><td colspan="3"></td><td>研究方向</td><td></td></tr>
<tr><td>特色研究</td><td colspan="3"></td><td>所属学科</td><td></td></tr>
<tr><td>个人简介</td><td colspan="5"></td></tr>
<tr><td>主要工作经历</td><td colspan="5"></td></tr>
<tr><td>代表性成果（著作/论文）</td><td colspan="5"></td></tr>
<tr><td>所获荣誉</td><td colspan="5"></td></tr>
</table>

<table>
<tr><th colspan="7">作者信息表（详版）</th></tr>
<tr><td>姓　　名</td><td></td><td>曾 用 名</td><td colspan="2"></td><td colspan="2" rowspan="5">作者照片</td></tr>
<tr><td>性　　别</td><td></td><td>个人 / 机构 / 课题组</td><td colspan="2"></td></tr>
<tr><td>国　　籍</td><td></td><td>民　　族</td><td colspan="2"></td></tr>
<tr><td>出生日期</td><td></td><td>出 生 地</td><td colspan="2"></td></tr>
<tr><td>学　　历</td><td></td><td>学　　位</td><td colspan="2"></td></tr>
<tr><td>毕业院校</td><td colspan="6"></td></tr>
<tr><td>工作单位</td><td colspan="6"></td></tr>
<tr><td>职　　称</td><td></td><td>职　　务</td><td></td><td>身份证号</td><td colspan="2"></td></tr>
<tr><td>手机号码</td><td></td><td>单位电话</td><td colspan="2"></td><td>家庭电话</td><td></td></tr>
<tr><td>通信地址</td><td colspan="6"></td></tr>
<tr><td>QQ 号码</td><td></td><td>微　　博</td><td colspan="2"></td><td>博　　客</td><td></td></tr>
<tr><td>微　　信</td><td colspan="3"></td><td>E-mail</td><td colspan="2"></td></tr>
<tr><td>专业方向</td><td colspan="3"></td><td>研究方向</td><td colspan="2"></td></tr>
<tr><td>特色研究</td><td colspan="3"></td><td>所属学科</td><td colspan="2"></td></tr>
<tr><td>个人简介</td><td colspan="6"></td></tr>
</table>

教育背景								
学校名称	入学日期	毕业日期	学历	学位	国家 / 地区	省 / 区 / 市	城市	备注

工作经历								
工作单位	入职日期	结束日期	职称	职务	国家 / 地区	省 / 区 / 市	城市	备注

教授课程	
科研项目	

学术成果

著作

序号	合著者	书名	书号	出版社	出版时间	备注

论文

序号	文章名	刊名	期刊社 / 出版社	出版时间	刊号	页码	备注

研究报告

报告名称	报告时间	备注

其他

学术活动	
获奖情况	
个人主页	
社会兼职	

SSAP

手册系列

I

作者
手册

主要参考文献

（一）法律法规及相关标准

《关于使用全国自然科学名词审定委员会公布的科技名词的通知》，国家科学技术委员会、中国科学院、国家教育委员会、新闻出版署 1990-06-23 发布。

《中华人民共和国法定计量单位》，国务院 1984-02-27 公布。

《出版物汉字使用管理规定》，新闻出版署、国家语言文字委员会 1992-07-07 发布。

《科技期刊学术类质量要求及其评估标准》，国家科学技术委员会（现科学技术部）1994-08-02 颁布。

《全国中小学教材审定委员会工作章程》，国家教委 1996-10-30 发布。

《中华人民共和国国家通用语言文字法》，2000 年 10 月 31 日第九届全国人民代表大会常务委员会第十八次会议修订通过，2001 年 1 月 1 日起施行。

《第一批异形词整理表》，中华人民共和国教育部、国家语言文字工作委员会 2001-12-09 发布，2002 年 3 月 31 日起试行。

《中国高等学校自然科学学报编排规范（修订版）》，中国高等学校自然科学学报研究会 2004-07 发布。

《图书编校质量差错认定细则》，中国出版工作者协会校对研究委员会 2005-06 修订。

《关于进一步规范出版物文字使用的通知》，新闻出版总署 2010-11-23 发布。

《通用规范汉字表》，国务院 2013-06-05 公布。

《GB/T 6447—1986 文摘编写规则》，国家标准局 1986-06-14 发布。

《GB/T 7713—1987 科学技术报告、学位论文和学术论文的编写格式》，国家标准化管理委员会 1987-05-05 发布。

《GB/T 3304—1991 中国各民族名称的罗马字母拼写法和代码》，国家技术监督局 1991-08-30 发布。

《部分计量单位名称统一用字表》，中国文字改革委员会、国家标准计量局 1977-7-20 发布。

《GB 3100—1993 国际单位制及其应用》，国家技术监督局 1993-12-27 发布。

《GB 3100~3102—1993 量和单位》，国家技术监督局 1993-12-27 发布。

《GB/T 7714—2015 信息与文献 参考文献著录规则》，国家质量监督检验检疫总局、国家标准化管理委员会 2005-03-23 发布。

《GB/T 15835—2011 出版物上数字用法》，国家质量监督检验检疫总局、国家标准化管理委员会 2011-07-29 发布。

《GB/T 15834—2011 标点符号用法》，国家质量监督检验检疫总局、国家标准化管理委员会 2011-12-30 发布。

《CY/T 118—2015 学术出版规范 一般要求》，国家新闻出版广电总局 2015-01-29 发布。

《CY/T 119—2015 学术出版规范 科学技术名词》，国家新闻出版广电总局 2015-01-29 发布。

《CY/T 120—2015 学术出版规范 图书版式》，国家新闻出版广电总局 2015-01-29 发布。

《CY/T 121—2015 学术出版规范 注释》，国家新闻出版广电总局 2015-01-29 发布。

《CY/T 122—2015 学术出版规范 引文》，国家新闻出版广电总局 2015-01-29 发布。

《CY/T 123—2015 学术出版规范 中文译著》，国家新闻出版广电总局 2015-01-29 发布。

《CY/T 124—2015 学术出版规范 古籍整理》，国家新闻出版广电总局 2015-01-29 发布。

《CY/T 154—2017 中文出版物夹用英文的编辑规范》，国家新闻出版广电总局 2017-04-17 发布。

《CY/T 170—2019 学术出版规范 表格》，国家新闻出版署，2019-05-29 发布。

《CY/T 171—2019 学术出版规范 插图》，国家新闻出版署，2019-05-29 发布。

ISO 690, *Information and Documentation—Guidelines for Bibliographic References and Citations to Information Resources*, Third Edition, 2010-06-15.

（二）著作及论文

《常用语言文字规范手册》，北京：商务印书馆，2016。

《辞海》（第六版 缩印本），上海：上海辞书出版社，2010。

《古代汉语词典》，北京：商务印书馆，2014。

《全国科学技术名词审定委员会公布名词》（光盘），北京：高等教育出版社，2010。

《现代汉语词典》（第7版），北京：商务印书馆，2016。

〔美〕安东尼·格拉芙敦：《脚注趣史》，张弢、王春华译，北京：北京大学出版社，2014。

曹志彪、何伟渔：《词辨百话》，上海：上海锦绣文章出版社、上海咬文嚼字文化传播有限公司，2012。

陈云豪：《注释传统与学术规范浅谈——几种注释标准之比较》，《云梦学刊》2011年第1期。

杜兴梅等：《学术论文摘要与关键词的写作及其格式规范》，《韩山师范学院学报》2008年第29卷第2期。

国家新闻出版广电总局出版专业资格考试办公室编《出版专业基础·初级（2015年版）》，武汉：崇文书局，2015。

国家新闻出版广电总局出版专业资格考试办公室编《出版专业基础·中级（2015年版）》，北京：商务印书馆，2015。

国家新闻出版广电总局出版专业资格考试办公室编《数字出版基础（2015年版）》，北京：电子工业出版社，2015。

何朝晖：《英语学术界的若干论著体例及其启示——对建立中文学术规范体系的思考》，《大学图书馆学报》2005年第4期。

何星亮:《中西学术研究之异同》,《社会科学管理评论》2003 年第 3 期。

贺国伟:《现代汉语标点符号数字用法规范手册》，上海：上海辞书出版社，2011。

黄一九、刘堤地:《科技编辑工作手册》，长沙：湖南科学技术出版社，2003。

教育部社会科学委员会学风建设委员会编《高校人文社会科学学术规范指南》，北京：高等教育出版社，2009。

教育部语言文字信息管理司组编《〈汉语拼音正词法基本规则〉解读》，北京：语文出版社，2013。

教育部语言文字信息管理司组编《〈标点符号用法〉解读》，北京：语文出版社，2012。

教育部语言文字信息管理司组编《〈出版物上数字用法〉解读》，北京：语文出版社，2012。

〔美〕拉尔夫·罗斯诺、米米·罗斯诺:《心理学论文写作——基于 APA 格式的指导手册》(第八版)，刘文译，重庆：重庆大学出版社，2010。

黎洪波、利来友编《图书编辑校对实用手册》(第四版)，桂林：广西师范大学出版社，2016。

李伯重:《论学术和学术标准》,《社会科学论坛》2006 年第 4 期。

李行健编《现代汉语异形词规范手册》，上海：上海辞书出版社，2011。

李寿星编著《量、单位及数字实用 300 问》，北京：中国标准出版社，2008。

李杨:《著作权法基本原理》，北京：知识产权出版社有限责任公司，2019。

刘春田主编《知识产权法(第五版)》[21 世纪法学系列教材；教育部全国普通高等学校优秀教材(一等奖)]，北京：中国人民大学出版社，2014。

刘辉、廖峻、唐允华:《科研课题检索和查新中主题词、关键词的使用》,《成都中医药大学学报(教育科学版)》2001 年 12 月第 3 卷第 2 期。

刘志基、鹏宇:《字辨百题》，上海：上海锦绣文章出版社、上海咬文嚼字文化传播有限公司，2012。

美国人类学协会编《美国人类学协会伦理法典》，王媛译，张海洋校，《共识》（2010秋刊04）。
美国芝加哥大学出版社编著《芝加哥手册——写作、编辑和出版指南（第16版）》，吴波等译，北京：高等教育出版社，2014。
〔美〕默顿：《科学社会学》，鲁旭东、林聚任译，北京：商务印书馆，2003。
钱寿初：《从传统摘要到结构性摘要》，《编辑学报》1990年第2卷第1期。
沈浚成编《校对手册》（第二版），北京：科学出版社，1984。
石雄：《如何设计及发布数据库产品》，《出版参考》2014年第10期。
汪继祥主编《科学出版社作者编辑手册》，北京：科学出版社，2016。
王宁主编《〈通用规范汉字表〉解读》，北京：商务印书馆，2013。
王卫、李纬光、刘金朝：《基于生命周期的数据库产品动态定价模式》，《情报理论与实践》2012年第2期。
吴立志：《学术论文关键词的概念及标引方法辨析》，《现代情报》2009年6月第29卷第6期。
夏征农、陈至立主编《辞海》（第六版彩图本），上海：上海辞书出版社，2009。
谢曙光等著《学术出版研究——中国学术图书质量与学术出版能力评价》，北京：社会科学文献出版社，2018。
新闻出版总署科技发展司、新闻出版总署图书出版管理司、中国标准出版社编《作者编辑常用标准及规范》（第三版），北京：中国标准出版社，2015。
徐中舒主编《汉语大字典》，武汉：湖北辞书出版社、成都：四川辞书出版社，1986—1990。
张春芳、刘志新：《近15年国内科研论文摘要研究透视》，《中国科技期刊研究》2010年21卷第3期。
张积玉：《论学术论文摘要的写作编辑规范》，《吉林大学社会科学学报》1993年第5期。
赵丕杰：《成语误用辨析200例》，北京：商务印书馆，2013。

中宣部出版产品质量监督检测中心组编《图书编校质量差错案例》，北京：商务印书馆，2019。

周奇主编《常见语言文字错误防范手册》，北京：中国标准出版社，2011。

周祥森：《新旧中西的冲突：关于学术规范讨论的思考》，《史学月刊》2003年第10期。

American Psychological Association (APA), *Publication Manual of the American Psychological Association, Sixth Edition*, 2009.

The Chicago Manual of Style: The Essential Guide for Writers, Editors and Publishers (16th Edition), the University of Chicago Press, 2010.

The Modern Language of Association of American, *MLA Handbook for Writers of Research Papers, Seventh Edition*, 2009.

（三）相关网站

全国科学技术名词审定委员会网站：www.cnctst.cn。

术语在线网站：www.termonline.cn。

中国规范术语网站：shuyu.cnki.net。

外国国名、组织机构名可参考外交部网站。

图书在版编目(CIP)数据

作者手册 / 谢曙光主编. -- 北京 : 社会科学文献出版社, 2020.5
（SSAP手册系列）
ISBN 978-7-5201-6780-2

Ⅰ. ①作… Ⅱ. ①谢… Ⅲ. ①社会科学 - 文献服务 - 手册 Ⅳ. ①C3-62

中国版本图书馆CIP数据核字（2020）第097717号

· SSAP手册系列 ·
作者手册

主　　编 / 谢曙光
执行主编 / 童根兴

出 版 人 / 谢寿光
责任编辑 / 姚冬梅　魏小薇　蔡莎莎

出　　版 / 社会科学文献出版社
地址：北京市北三环中路甲29号院华龙大厦　邮编：100029
网址：www.ssap.com.cn
发　　行 / 市场营销中心（010）59367081　59367083
印　　装 / 北京盛通印刷股份有限公司

规　　格 / 开　本：700mm×1000mm 1/16
印　张：25.75　字　数：385千字
版　　次 / 2020年5月第1版　2020年5月第1次印刷
书　　号 / ISBN 978-7-5201-6780-2
定　　价 / 138.00元

本书如有印装质量问题，请与读者服务中心（010-59367028）联系